幼儿园课程研究
与实践方案丛书

林瑛熙 霍力岩 / 丛书主编

幼儿园全环境支持系统课程

——探索与成长

姚 艺 霍力岩 / 主编

北京师范大学出版集团
BEIJING NORMAL UNIVERSITY PUBLISHING GROUP
北京师范大学出版社

图书在版编目（CIP）数据

幼儿园全环境支持系统课程：探索与成长/姚艺，霍力岩主编.
—北京：北京师范大学出版社，2018.4（2023.10 重印）
（幼儿园课程研究与实践方案丛书/林瑛熙，霍力岩主编）
ISBN 978-7-303-23206-2

Ⅰ.①幼… Ⅱ.①姚… ②霍… Ⅲ.①学前教育-课程-教学研究 Ⅳ.①G612

中国版本图书馆CIP数据核字（2017）第310293号

图书意见反馈 gaozhifk@bnupg.com 010-58805079
营销中心电话 010-58805530 58808064
编辑部电话 010-58808898

出版发行：北京师范大学出版社 www.bnupg.com
北京市西城区新街口外大街12-3号
邮政编码：100088
印　　刷：唐山玺诚印务有限公司
经　　销：全国新华书店
开　　本：787 mm×1092 mm 1/16
印　　张：17.5
字　　数：350千字
版　　次：2018年4月第1版
印　　次：2023年10月第6次印刷
定　　价：58.00元

策划编辑：罗佩珍　　责任编辑：王艳平
美术编辑：陈　涛　焦　丽　　装帧设计：邓　聪
责任校对：陈　民　　责任印制：马　洁

丛书序

幼儿园课程是实现幼儿园教育理念和目标的途径或桥梁，没有高品质的课程，就没有优质的幼儿教育。幼儿园进行课程研究和实践的过程，是办园理念提升的过程，是办园特色形成的过程，是文化积淀的过程，是多层面、多因素协同推动教育品质的过程。

基于对高品质幼儿教育的不懈追求，“实验幼教”（深圳市实验幼教集团有限公司）作为深圳市22所市属公办幼儿园的管理者，一直将创办“全国一流幼儿园”作为自身不懈追求的目标，始终坚持公益导向，积极探索内涵式发展模式。近年来，我们顺应深圳多元化文化背景，赋予幼儿园更多课程决策权，支持各园自主、因地制宜开展课程研究与实践工作。在此过程中，我们根据幼儿园课程特点和需求，引入国内外高校专家资源，组织各类课程培训、课程诊断建构活动和课程论证会，帮助幼儿园掌握更为行之有效的课程实施方法，不断增强课程规划与实施的科学性和合理性，进而提升教育质量和教育内涵。

“实验幼教”所属幼儿园是深圳市最早成立的一批公办幼儿园和首批优质特色示范幼儿园，拥有近三十年成熟办园经验和优质教科研成果，多年来一直在深圳学前教育行业中发挥骨干示范作用。近十年来，在国内外专家团队介入指导、“实验幼教”倾力支持下，各园秉持对学前教育事业的热爱，肩负起促进儿童发展的责任感，吸纳并融合中西方教育思想，不断学习、反复实践，调整优化课程实施方法与路径，开展多种形式的课程研究与实践活动。这是一个漫长而又艰辛的过程，期间园长和教师们遇到过困难、产生过疑惑，但他们凭借创新的勇气和坚守的耐力，在完善和发展过程中收获了一系列具有操作价值的课程建设经验，创造性地构建出一批既立足中国本土文化，又符合世界主流学前教育理念，而且能有效促进儿童发展的幼儿园课程模式，创设出了一个个精彩、多元的教育实践现场，在深圳市、广东省乃至全国的学前教育学术交流活动中获得一致赞誉。

由此，我们在梳理总结深圳市属公办幼儿园课程研究与实践经验的基础上，充分吸收专家团队的专业反馈建议，精心筹划本套幼儿园课程研究与实践方案丛书，用幼儿园课程一线实践者的话语，为大家了解“实验幼教”幼儿园课程提供一个全方位的开放性平台。可以说，本套丛书是对“实验幼教”已有优秀课程成果的筛选与展示、提炼与再创造。丛书所选择的幼儿园课程研究与实践方案，皆以我国《幼儿园教育指导纲要（试行）》和《3—6岁儿童学习与发展指南》为指导，以帮助我国学前儿童主动学习、合作学习为主要价值取向，展示了通过不同方法和路径达成教育目标、且有益有效于儿童发展的课程范式。各园课程方案具有清晰的课程理念和目标，设计了操作性较强的课程内容和组织实施形式，希望能为广大幼教同行开展课程实践提供启迪与参考。

我们要特别感谢北京师范大学教育学部霍力岩教授及其研究团队对“实验幼教”的关注与专业支持。霍教授用自己贴近世界前沿水平的教育主张和教育思想指引着“实验幼教”的课程探索之路。她深入幼儿园课程现场考察与调研，主持课程诊断与指导活动，确保各园课程发展的科学性、适宜性和有效性。在本套丛书的筹备阶段，霍教授用她独到的教育智慧和视角把脉丛书框架，跟进指导编写全程，使“实验幼教”课程研究成果终得以面世。这是高校专家团队、“实验幼教”和深圳市属公办幼儿园“三位一体”伙伴合作，走出以前学前教育大力崇尚借鉴国外课程的窠臼、共同打造具有中国实践特色本土化幼儿园课程模式的探索与尝试。

同时，我们衷心感谢北京师范大学出版社的领导和编辑为丛书的出版发行工作所做的努力。

最后需要说明的是，幼儿园课程并没有既定模式，也没有最完美的课程方案，本套丛书呈现的仅是幼儿园开展课程研究与实践工作时总结的较完整和系统的案例，其中必有不尽完善之处，望能借此抛砖引玉，为广大幼儿园依据自身特点研发园本课程带来一点经验和启发，欢迎广大读者提出批评与建议。

深圳市实验幼教集团有限公司

2017年10月

推荐序

多年前，一个寻常的夜晚，铃声响起，电话那头传来熟悉的声音："大师姐啊，我们在希望的田野上又重逢了！"原来是多年老友及同门师妹姚艺园长。几十年来，我们同在学前教育沃土中默默耕耘，师妹更是在幼教第一线孜孜不倦，播撒蒲公英般的种子。师妹希望我能给她所在的深圳市梅林一村幼儿园正在探索的课程以指导。我曾匆匆去过师妹所带领的幼儿园，依稀记得那是一个欢欣、生机勃勃、活力四射又沉静的园所。那里的老师热情、积极、向上，那里的孩子自然、活泼、灵动。

"我们幼儿园研究多年的课程已取得了许多成果，但这些成果犹如一颗颗散落的珍珠，迫切需要一根专业之线、智慧之线将之串起来，形成更加系统、完善的课程体系。"是的，我愿意和师妹的团队一起，用五彩丝线串起一颗颗晶莹剔透的珍珠，在"美丽的项链"中重逢！

2012年，我再次走进梅林一村幼儿园，不再匆匆，而是细细感受。不远处是一条车水马龙、声音嘈杂的大街道，穿过嘈杂走进幼儿园时，仿佛踏进了一个完全不同的世界。幼儿园里绿树成荫、鸟语花香，绿油油的爬山虎爬满整个墙面，其旺盛的生命力和不断向上的生长力是那样的朝气蓬勃、和谐自然。置身其中，心不由自主地变得安静、平和。幼儿园四四方方的建筑风格像一个扩大版的四合院，孩子们在中间的操场里嬉戏欢笑，两边是庭院，亦是错落有致生意盎然。老师们走过，温柔、有礼、发自内心的笑容……幼儿园犹如家一样温馨、安定、自在。我们坐下来，让在场的人用一个词来表达对幼儿园的感受，蓬勃的、活力四射的、美的环境、整洁有序的……梅林一村幼儿园的孩子就在这样的环境中度过欢乐、和平、游戏、学习和生长的童年时光，心灵种子在这样一个"美的完全的环境"中生根发芽！

一年过去，我再次来到园里。姚园长高兴地带我看她的"全环境"课程的实践："我们的课程以蒙台梭利教育为基础，以主题教育为线索，但不同于一般的主题探究，也不同于一般的蒙台梭利教育，而是吸收两者优点，建构出符合梅林一村特色的课程。"

我看到一种全新的主题活动和内化了蒙台梭利教育哲学的课程模式。主题是一根丝线，串起了孩子们在园内的一日生活与各项学习活动。教师们根据幼儿的已有经验、年龄特点、生活环境、发展目标等，预设主题框架，提供一个自然化、生活化、可随时发展的有准备的环境，把教育目标落实在教室里的每一份材料中。在一日生活的各个细节中，帮助幼儿实现独立、自由、自主的发展，这是一种创新的主题与环境高度融合、互相支持的课程。更难得的是，主题活动从小班到大班，体现孩子内在秩序建立的自然法则，从“我自己”系列到“植物”“动物”系列，最后到“中国文化”系列，孩子的认知以“我”为起点，及他人，及周围的人与物，再及世界，层层递进。在年级中，每个班在大主题下又有不同的研究切入点，每个班的主题活动各具特色，精彩纷呈，纵横交错又和而不同。

作为课程支持系统的重要一分子，家长在课程中不再是匆匆观光客的角色，而是作为主体之一参与课程的建构与孩子的成长。家长督察日、蒲公英读书会、妈妈故事分享日、周五故事会、爸爸温暖周、萱花椿树辩论会、家长参与班级主题特色活动……形式丰富而又独具特色的活动让家长们深度参与课程，成为课程的主体之一。

师妹和她所带领的团队，探索出的课程如此清晰地传递了亲、子、师三者密切的关系及彼此互动、共同成长的综合性教育主张与价值，形成了家长与教师支持系统：参与儿童成长、认同儿童文化、自主参与、持续成长，最终让每一个人获得更好的发展。此课程系统是在教师、家长提供的支持下，教师、家长和幼儿等相关人员在活动中互相交往、互相依赖、互相影响而建立起来的能够积极促进和强化幼儿自主性发展的一切环境，包括物质环境和精神环境。它植根于中国优秀的传统文化，以脑科学、教育学、心理学为理论基础，以儿童的学习与发展为中心，课程体系建构的逻辑起点是清晰明确的儿童观、教育观、课程观。一日生活皆课程，生活中一切影响儿童发展的物质环境及精神环境即课程。这是教育应当追求的境界，所谓“无为而治”之境界也。“全环境课程”不够精准表达这种美的教育状态，“全环境支持系统课程”应如是。

此后，我多次来到梅林一村幼儿园和老师们交流探讨课程目标、内容与评价，在对儿童、家庭、幼儿园、社区等进行大量深入研究的基础上，历经一次次课程建构、解构、重构的不懈努力后，具有梅林一村幼儿园独特气质与特色的“全环境支持系统课程”逐步完善清晰。此课程有丰富的内涵与本质，在家园合作、促进共同发展的基础上，以亲师陪伴、师幼活动、幼儿活动为核心组织形式，为幼儿营造全环境支持系统，最终实现幼儿独立、自由、自主的发展。

2001年，自《幼儿园教育指导纲要（试行）》颁布以来，我国学前教育课程的探索进入了百花齐放、百家争鸣的时代，园本化课程层出不穷。作为幼教课程改革大潮中的一朵浪花，经过多年的深厚积淀与辛勤耕耘，梅林一村幼儿园的《幼儿园全环境支持系统课程——探索与成长》一书终于破茧而出。这期间，我见证了师妹带领梅林一村幼儿园的老师们秉承师大人潜心研究、开放创新的专业品质和坚持不懈的精神，我对此感到由衷地赞赏。

中国的灵魂，国际的视野。我相信扎根本园、立足中国、放眼世界的“全环境支持系统课程”能够成为又一个具有中国特色的学前教育课程，能够为实现学前教育的中国梦贡献一份力量。我也真切地希望，“全环境支持系统课程”能够像幼儿园里的爬山虎一样不断向上生长，永葆蓬勃的生命力！

霍力岩

北京师范大学教育学部教授　博士生导师

前言

早在《幼儿园教育指导纲要（试行）》颁布以前，深圳市梅林一村幼儿园就开始了课程与教学的探索与研究，努力创建适宜幼儿发展并具有个性化的园本课程。身处创新之城——深圳，教育不断急速变革，许多新的教育资讯冲击着我们的头脑，我们一直敏锐地关注和践行幼儿教育课程改革，紧紧追随国内外幼儿教育发展的趋向，不断学习世界主流课程的理论与方法，结合本园实际，探索与实践着园本课程的建构。但在不断实践急速变化的课程研究中，我们教师团队收获驾驭不同课程模式能力的同时，也历经着浮躁与迷惘。就在课程研究的瓶颈期，2009年，我们有幸遇到北京师范大学霍力岩教授，霍教授用专业之慧眼发现梅林一村幼儿园的课程研究中有许多值得分享的经验，如同散落的璀璨发光的颗颗珍珠，急需更精美的设计、更精准的加工，让其成为件件艺术品，发挥更大的价值。多年来，在霍教授的持续推进与指导下，"全环境支持系统课程"研究与实践全面启动。历经一次次课程建构、解构、重构的不懈努力后，梅林一村幼儿园园本课程在课程目标、课程内容、组织形式、课程评价等课程要素方面日益完善并富有园本个性，也让我们不断坚定"全环境支持系统课程"的研究方向：为幼儿提供学习经历，获得学习经验，构建具有中国时代特征和深圳特点的园本课程体系。

全环境支持系统课程是我园亲、子、师三大人群经由思考、实践、反思、创造而产生的。全环境支持系统课程不是一个模式，更确切地说，它是基于梅林一村幼儿园教师团队对教育的理解与认识形成的一些具体做法与实践。全环境支持系统课程以促进幼儿主动学习为价值取向，以直接感知、实际操作和亲身体验为主要学习方式，强调全环境支持系统对幼儿学习与发展的重要性，在全环境支持系统中，幼儿在对话、互动、建立关系的基础上积极、主动构建自己对事物认知和理解的过程。全环境课程的组织和实施是通过全环境支持系统来实现的。全环境支持系统是在教师、家长提供的支持下，教师、家长及幼儿等相关人员在活动中互相交往、互相依赖、互相影响而建立起来的能够积极促进和强化幼儿自主学习与发展的一切环境，包括物质环境和精神环境。幼儿的学习是通过观察、探究、模仿、再创造、亲近自然等方式来完成对实际问题的解决。幼儿更需要成人给予适宜的支持：要为幼儿营造安全的心理环境，选择适合并且贴近幼儿实际生活的学习内容；确保幼儿在安全有序的前提下进行有意义的自主选择性活动。当幼儿主动探索周遭的环境，思考与探究时，需要的是精准的和能引发幼儿持续、深度学习的指引，需要教师给予幼儿全方位的心理与物质支持，让幼儿的自主学习得到最大限度的满足。教师怎样“教”，儿童如何“学”这个问题是我们永远关注与研究的话题。

课程构建是一个持续发展的动态过程，完善课程的同时，我们充分发挥和调动着教师的专业潜能以及教师在课程发展中的作用。在课程实践中，教师不断学习、思考、探索，在团队中持续分享思考、反思实践、沟通心得，在课程的发展中我们更惊喜于教师团队的专业成长。唯有教师的专业发展才能持续让富有特有气质与个性的“全环境支持系统课程”更具生命力。作为深圳市课程变革领头雁的梅林一村幼儿园，有责任与同行推广我们的课程实践，分享我们的优质教育经验。但在通过文字完整梳理课程内容后，我们深切地感受到适宜的、稳定的、可操作的课程文本会进一步更系统地促进课程构建保持“动态”，优质课程的构建永远在路上。

课程构建和在文本写作过程中，我园一直“借力”于霍力岩教授及其教育团队的老师和同学们，是你们的协助与支持、鼓励与认同让我们全神贯注、勇往直前，在此表示衷心感谢。同时，要感谢深圳市实验幼教集团有限公司林瑛熙董事长及各位领导的信任与支持，感谢实验幼教集团有限公司教务部的同人的指导与关心，是你们的专业督导和资源提供，让我们有平台有机会分享课程研究成果。感谢参与本书梳理与撰写的梅林一村幼儿园每一位专业又富有激情的教师，是你们的实践与责任，让我们平凡的工作变得更有意义。

《幼儿园全环境支持系统课程——探索与成长》一书凝聚了专家学者、幼儿园园长和骨干教师的智慧，体现了团队的力量。我们很清楚从事幼教工作的读者都有许多丰富的幼儿教育经验，但我们仍会从实践的层面以“案例”贯穿全文的形式呈现给大家。我们试图从幼教工作实践者的角度，提供“我们所要学习去做的，应该通过做来学习”的工作理念，用行动研究的方式解决教育发展过程中的问题。在此也恳请同行和读者批评指正，让我们携手继续努力！

姚　艺

2017年6月

目　录

CONTENTS

第一章 全环境支持系统：本质与内涵

【全环境幼儿园】

儿童的时代应该是
欢乐、和平、游戏、学习和生长的时代
聚焦一所25年历史的幼儿园
它的存在俨然和自然融为一体
和谐中透露着与众不同的气质
历史赋予了它文化的内涵
时间见证了它过往的记忆
清风拂过校园，鸟语咿咿、花香沁脾
无忧无虑的童年里有孩子们轻摇的秋千荡漾起舞
绿荫下，驻足仰望
菠萝蜜快长大了吗?
它会和小杧果握手言和成为朋友吗?
哦！调皮的小足球你要和我玩吗?
一起追逐，一路奔跑
当爬山虎的枝叶绿满校园时
春天已悄然而至
我们一起陪小嫩芽长大吧
当爆杖花的花瓣红遍校园时
夏天已骄阳似火
我们一起沐浴花瓣雨吧
当石榴树的枝叶微笑着弯腰时
秋天已硕果飘香
我们一起寻找小虫子吧
当小黄鸟用羽毛被子取暖时
冬天的湿冷已如约而至
我们一起吹散蒲公英的小种子吧
走过一年四季，俯瞰冬夏春秋

一、人类行为与环境的关系

儿童的时代应该是欢乐、和平、游戏、学习和生长的时代。只有尊重儿童的天性，师幼平等互助，儿童才能在和谐、快乐的环境中自主学习，充分享受自由。在二十几年的办园历程中，我们对儿童、家庭、园本课程等课题体系做了大量深入的研究，逐步形成了具有幼儿园独特气质的课程体系——全环境支持系统课程。“全环境”是在教师、家长提供的支持下，教师、家长和儿童等相关人员在活动中互相交往、互相依赖、互相影响而建立起来的，能够积极促进和强化儿童自主性发展的一切环境，包括幼儿园内外部的物质环境和精神环境。而“全环境支持系统”则是希望把“全环境”作为幼儿园的课程主体部分，共同作用于教师、儿童及家长身上，以达到预期的幼儿园培养目标。

“全环境”课程体系的确立有赖于幼儿园在多年的探索中一直坚持的儿童观、逐渐明晰的教育观以及有成效的课程观。在不断汲取现当代著名幼教理论家和实践者对于儿童观点阐述的基础上，我们着力于让儿童在幼儿园里充分享受快乐的童年。儿童期是人生非常特别和重要的时期，幼儿园教育应该遵循儿童生长发展的规律和天性，给予其自主成长和成熟的机会与环境。同时，儿童是有能力的学习者，他们在体力、智力、情感、社会性、道德感等方面都不同于成人，他们是正在发展中的人。儿童是有能力的、积极主动的权利主体，应该有主动发展自己潜能的机会，在出生、发育和成长的过程中，成为自主的行动者，表达自己的主张和意见，根据自身特性积极主动探索生活世界的奥妙。

全环境课程主要体现在对儿童的培养目标上，我们是以儿童学习与发展为中心，在家园共育的基础上，为儿童营造全环境支持系统，通过一日流程的各个细节教育，帮助儿童最终实现独立、自由、自主发展。

幼儿园外景

（一）相互依赖，给予能量

在人类发展历史中，人类行为与环境相互依赖。人类行为改变自然环境和社会环境，而环境本身也在潜移默化地改变着人们的行为和生活状态，有准备的、积极的环境，可以促进人类的行为朝着有意义、有效率的方面发展，尤其是对一个刚接触到世界的儿童来说，环境对其的影响更是不可估量。人类文明的进步是从文字符号进化到语言开始的。语言是人类行为的一种表达方式，这应该比其他任何成就都伟大而重要。语言是经过代代相传的方式持续发展而来的。语言作为媒介将人类的行为与环境相结合，当人类在不懂得文字符号的意义时，外部肢体动作和环境的影响就显得尤为突出。

当人类行为在与环境发生关系时，语言便成为沟通的主要途径。儿童所生活的最初环境应该是使他的心智迈向成熟的第一间语言教室，儿童的行为大部分是在环境中习得，环境中的人和物是他们的直观经验来源。

（二）在人类与环境交互中，才能发生改变

儿童与成人不同，对世界的了解主要是通过直接感知、实际操作和亲身体验等手段，以游戏的方式在日常生活中实现的，儿童的学习、成长基本上是依赖对形形色色的环境的探索得来的，好的、有价值的环境可以支持儿童学习的发生和持续，实现有意义的学习。这就对幼儿教育提出一个要求，即在儿童成长过程中，尽可能提供有意义、有准备的环境，激发儿童自主学习探索的内驱力，达到有效学习的目的。而何为有意义、有准备的环境呢?

有准备的环境一词来源于蒙台梭利教育理念，它是指创建“一个符合儿童需要的真实环境，是一个供给儿童身心发展所需之活动和练习的环境，是一个充满自由、爱、营养、快乐与便利的环境”。在二十几年的教学实践中，我园逐渐形成了其有教育特色的、完整的课程体系——全环境支持系统课程，发展出在主题教学中生成的环境课程和在活动中应运而生的全方位支持系统。具体来说就是以3~6岁儿童为主要对象，基于家园合作，促进共同发展的基础上，以亲师陪伴、师幼活动和幼儿活动为核心组织形式，通过提供全方位的支持，采取有层次的过渡方式，最终实现儿童独立、自由、自主发展的课程。

环境可以教育儿童。《幼儿园教育指导纲要（试行）》指出：“环境是重要的教育资源，应通过环境的创设和利用，有效地促进幼儿的发展。”从蒙台梭利对儿童的理解以及对儿童生理和心理发展的论述中，不难看出她强调儿童天赋的潜能，主张让儿童在充满爱与自由的环境下发展其内在的生命力。所以教育必须自儿童的出生开始，以对他们的观察研究为起点，把发展个体潜在的可能性作为目标。在尊重和理解儿童的基础上，

为儿童提供一个“有准备的环境”，使其能最大限度地发展自身的潜能。父母和社会都要承担起各自的责任——关心儿童，承认他们的权利，满足他们的需要；社会必须给教育提供物质和精神的帮助，最后达到培养新人类、建设新社会的教育终极目标。

幼儿园大厅一角

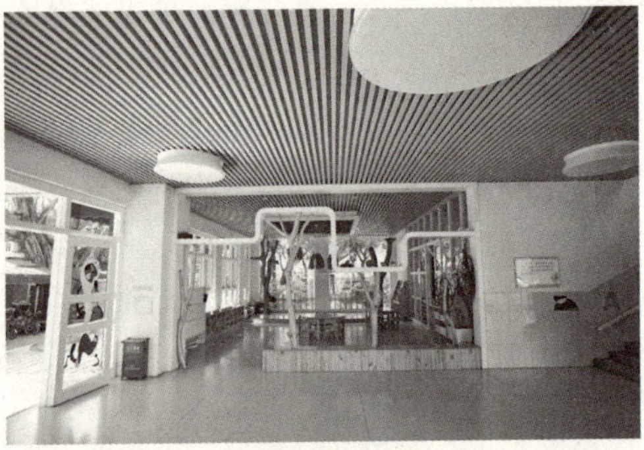

幼儿园大厅

细节

二、儿童的学习与环境的关系

儿童的学习大抵可以分为自我习得和他人指导两种。儿童既可以自己解决问题，同时又会自我生成很多问题，这个过程就是儿童学会解决和寻求创新并接受挑战的最好时机。儿童的自我习得即借由环境中具有吸引力的材料进行互动学习，这也说明了环境中材料的重要性。他人指导是理解创设儿童学习环境的关键要素，儿童在环境中的学习，强调的应是学习的过程而不是纠结于完成某一作品的结果。

环境中最重要三个因素：儿童、教师和材料。儿童是环境的主人，教师是环境课程的设计者，材料是环境的主体，三者缺一不可。因此，环境是儿童学习获取直接经验的首要资源，不单单是在外在装饰与美观的层面上而言，更多的是让环境真正服务于儿童，并且能够满足不同年龄层次的需求，让儿童在这个学习的环境中有归属感。容许儿童在活动中自主作出选择，形成内心的独立和与材料互动学习的喜悦，进而体验到学习成功的感觉。记得在小班时，大轩最喜欢说："胡老师，我喜欢去你家!你家有沙发小床和很多好玩的!"儿童口中的"你家"就是他生活的教室，这是儿童朝夕生活的场所，也是他们小小的童年之梦开始的地方。儿童的直接经验大多来源于与环境的互动，我们为儿童准备的学习环境，应该让儿童在幼儿园毕业后仍能记得他曾经在这里生活的感觉，回忆起这里的声音、味道和过往，这应该是非常唯美的画面!

环境对儿童的学习很重要，因为它可以影响到孩子的情绪情感，可以让儿童建立归属感，促进其良好生活习惯的养成。

（一）如何看待儿童的学习

儿童是独立的个体，成人如何正确看待儿童的"玩"与"学"，这个问题一直备受关注。一种理解是：儿童与外界接触、与人交往、与环境对话、与材料互动等都属于学习。我们要善于用发现的眼睛去看待儿童，提供有准备的环境来满足儿童学习的好奇心。在3~6岁阶段，儿童对于学习的需求是不同的，合理规划儿童学习显得尤为重要。我们系统规划儿童每个年龄段的学习内容，目的是尊重儿童对学习的需求。儿童对于周围世界的感知，主要通过游戏和亲身经历等直观感受的方式探究习得，教师为儿童设置丰富有层次性的学习环境有助于他们获得多元领域的认知。一个优质的学习环境，能为儿童提供人生中第一次亲手建构起来的经验，能为儿童提供同伴、师幼之间的互动学习。

在课程内容上，主要包括个别教育内容和团体教育内容。个别教育内容通过区域活动完成，让儿童在不同的区域中"工作"，操作各项教具材料；团体教育则是通过主题教育来实现，教师和儿童以系列问题为导向，在问题解决过程中让儿童有所体验和发展。个别教育内容和团体教育内容是统筹安排的，两者相互补充、相互呼应。如果说区域活动主要以儿童个别探究的形式进行，那么主题活动则主要以师幼合作、幼幼合作等形式进行；如果说区域活动主要以儿童在室内探究的形式进行，那么主题活动的探究场所则没有边界，可以在儿童能到达的任何地方；如果说区域活动主要以儿童安静“工作”的形式进行，那么主题活动则主要以儿童活跃表现的形式展开。

在教学方法上，强调以“有准备的支持性环境”为中心，“环境”“教师”和“工作”三位一体，引导儿童自由、自主活动。在充分考虑儿童发展水平与节奏的基础上，了解儿童需要，教师创设能让儿童有安全感的环境，让其能自由地在环境中“工作”。教师能把所有的教学内容“物化”为儿童可以操作的材料和教具，引发儿童探索的兴趣，使他们主动探索并解决问题。

1. 儿童的学习方式

根据皮亚杰的研究，所有的学习是通过同化与调适的过程而发生。学习者对环境加以考量，借由择取资讯本身的整体特征为工作预期，最后确认或者推翻原本的预期。儿童喜欢尝试新事物，会在原有的认知基础上加以创造并获得新的知识，进而推翻原有的知识层面。儿童在学习的过程中受教育者提供环境的影响，学习品质也会有相应的提升。

儿童的学习方式有很多种，其中最直观的就是直接感知、实际操作、亲身体验。儿童的学习就像说话、走路、奔跑等生活中的技能一样，在直接的而有意义的方式中自然习得，儿童每一个阶段的成长都有其自身发展的规律，这些直接经验就是儿童认识世界的第一步。为了让儿童成为学习者、沟通者，学习的方式非常重要，教师提供的学习机会、学习资源（包含学习材料、充足的时间、自由的选择）是儿童通过实际操作、亲身体验获得的。儿童经常接触高结构的学习材料，在充足的时间里自由选择并与材料亲密互动，经过反复使用材料，儿童会对这些学习资源产生兴趣，进而达成通过使用环境中的一切，形成良好的教育循环。作为全环境支持系统课程的老师，应为儿童提供多种形式的学习活动，与同伴、与环境互动的机会，以及丰富而有层次性的教室环境，以此来支持儿童的学习。曾有很多人质疑什么是儿童学习。以儿童为本位，关注儿童在不同年龄阶段的需求，不去一味强调知识灌输才是学习，不是只有有目的地教学才是学习。我们为儿童提供丰富主动的全环境课程理念与儿童发展的哲学观是相一致的。

一起生长的植物

2. 儿童在游戏中学习与发展

游戏是儿童通过语言表达、情感认知、社会交往等记录童年生活的一种方式，也是儿童最喜欢的活动之一。良好的学习环境，可以让儿童有更多的机会参与高质量的

班级环境

语言区

游戏活动，游戏在儿童日常生活中所体现的价值是无法估量的，并且无法取代。

儿童游戏被认为是儿童学习的重要形式，我们的文化背景决定和影响着儿童的游戏。儿童在游戏中扮演着自己所理解的角色，他们喜欢尝试和挑战新的角色，通过游戏可以让其建立游戏规则概念，增强自信及表达能力。儿童在丰富的环境中开展游戏活动，满足其社会认知的需求，体验不同的游戏角色的乐趣，学会了如何解决问题，如何与人交往等。

儿童游戏分为自愿积极游戏、被动参与游戏、无目的想象游戏、有组织团体游戏等。儿童大多喜欢进行重复性游戏，可以一段时间都重复一个动作或几件事情，能够在不断重复中找到乐趣，这是儿童阶段的年龄特点所决定的。教师在这个时期要不断

穿大鞋

好朋友

满足儿童对游戏的渴望与热衷，给儿童创设支持性的游戏环境，保证游戏的时间和所需的材料。

教师和儿童共同讨论制定一日生活中的游戏规则，目的在于让每个孩子建立内在秩序，知道怎样合理规划和安排自己的学习生活。

（二）环境对儿童学习的支持

1. 儿童的学习与发展在环境中发生

（1）提供支持性的心理环境

儿童的学习活动需要有安全探究的、宽松自由的、成人提供的支持性心理环境。

作为教师要积极地参与并支持儿童的互动讨论，儿童遇到困难时教师要第一时间给予鼓励，积极与儿童进行正面的沟通与分享，给予儿童精神支持。在儿童进行自主选择区域学习时，教师要做敏锐的观察者，允许儿童在学习过程中出现问题甚至犯错误。孩子的学习就是要不断地重复尝试，才能找出经验所在。因此，教师要尊重和理解儿童出错的权利，用宽容的胸怀等待儿童的改变，不要直接斥责或者打消儿童主动探索的欲望，接纳儿童所出现的各种行为适当行为，鼓励儿童大胆尝试，这样才会为儿童的有效学习提供良好的支持。

【学习小故事】

助教Miss Zhou今天忙完餐厅的工作就正式进入角色了，上午她解决了两个小男生的纠纷事件（2015年10月27日）。

Miss Zhou：来，你们两个跟我到洗手间谈一下吧！（双手交叉抱胸前，留一只手指边指边说）

（林林伤心不语）

包包：你干什么呀？

Miss Zhou：林林你为什么哭呢？

林林：包包不理我了，也不和我做朋友了！

包包：是你做操碰到我的手了，我才不想理你的。

Miss Zhou：林林我跟你说，你这个小孩子要小心啊！你碰他手多疼啊！来，包包，我看看你的手怎样了。（开始各种揉、按、吹）

（林林仍然好伤心）

Miss Zhou：来，你们两个都跟我坐在这里谈一下。（从洗手间转战到书包柜前，给两个小男生每人搬把椅子坐下继续谈）

包包：是你碰到我的手，你还一直哭啊！

林林：那你说不和我玩了啊！

Miss Zhou：你们俩还不和好，互相道歉吗？我都没时间帮助别人了！快点抱抱，我把美国带来的巧克力给你俩吃啊！别哭了啊！（拍拍肩膀，喂巧克力）

同伴模仿

尝试

一起玩

（2）提供支持性的学习内容

在儿童阶段的成长过程中，教师所设计的学习活动要符合儿童的年龄特点，并且与他们所熟知的生活息息相关，激发儿童对学习活动的兴趣，进而主动参与和尝试。教师在为儿童提供支持性的学习内容时要充分了解儿童的年龄特点、认知水平、已有经验，帮助儿童完成健全的心智发展，否则可能会本末倒置，适得其反！

儿童的生活经验是儿童最直观的学习方式，容易引发儿童的学习兴趣。儿童的学习规律是从简单到复杂，遵循着自然成长的法则。因此，教师在为儿童提供支持性学习时，要将儿童周遭常见的事物转化为儿童可以学习的内容，让儿童产生亲切感。

（3）提供支持性的材料和工具

儿童的学习是直观的，需要与具体的材料进行互动习得，因此，给孩子提供支持性的材料是教室准备的首要条件。支持性材料包含基础性材料、自主选择性区域材料、日常生活材料、小组学习或集体学习的所用材料。所有这些材料都用于支持儿童进行探究性学习活动。

一间有内涵的教室里，首先入眼的应该是丰富材料所沉淀下来的内在文化。教师根据儿童的年龄特点用心考量材料如何提供，并注重材料本身的层次性、丰富性、结构性，因为只有合适的材料才能支持儿童的自主性学生活动。例如，在日常生活区，让儿童学会自我服务，教师就要提供相应的自主学习机会和基本练习的材料。儿童对真实的、贴近生活的材料最感兴趣，那么在日常生活区就应给儿童准备真实的烹饪材料，烤箱、烘焙工具、烘焙所需材料等。儿童可以自己动手烘焙蛋糕，学会如何搅鸡蛋，如何将蛋清、蛋黄进行分离，了解制作蛋糕时需要加入牛奶的量、糖的量等，这些都是让儿童学会制作蛋糕的程序性工作。

丰富的材料

准备环境

美工区

教室中的树

【学习小故事】

上周胡老师发现日常生活区的蛋糕杯快要用完了，准备周末购置。可是周五早上，胡老师突然发现办公桌上多了一叠。嗯？难道是班级的老师买来的？早操回来后胡老师询问孩子们才知道，原来是乐乐从家里带来的。

胡老师：乐乐，你怎么带蛋糕杯来了？

乐乐：周四我在日常生活区工作啊！你不是说快用完了吗？我就拿来喽！

胡老师：哎呀！你好细心啊，太谢谢你了！

区域工作结束后，上午有手球比赛，主攻手小圳突然发烧了，需要重新调整团队阵容。孩子们奋力拼搏，林林突然有个绝佳进球，这让乐乐激动不已，他一

食物准备

个飞奔过去，抱住林林说：林林你好样的！你太棒了！

下午放学时舅舅来接乐乐。

乐乐：舅舅把这个垃圾带走。

舅舅：啊？拿到哪里啊？

乐乐：帮刘老师带到楼下垃圾桶丢掉哇！

刘老师听到后非常感动，连说不用不用，可他们已经带着垃圾袋下楼了……

乐乐情感细腻，总有乐观的心态，我们时常会被他感动。小小孩却有那么宽广的胸怀，他的行为着实与父母的影响密不可分，乐乐的妈妈就是每天放学默默帮刘老师丢垃圾的那个人。感谢你，我们的阳光男孩！

支持性工具：儿童大多会对一些建筑类的工具极为感兴趣，他们喜欢用手直接去感知世界。我们会为儿童在每一个区域内提供相应的工具：日常生活区提供真实的烤箱、刀叉、切刀、砧板、削皮刀、蛋液分离器、果汁机、各种陶瓷和玻璃器皿等；科

自己做的食物

体验

学区提供测量工具、磁铁、放大镜、投影仪、天平等；美工区提供剪刀、刷子、各种笔类、各种纸张、陶泥融合器等；建构区提供不同型号的钉锤、扳手、螺丝、种菜工具、小铁铲、小扫帚等。提供这些真实工具，旨在让儿童体验不同工具在我们一日生活中的作用，通过对各种工具的了解和使用，知道很多事情需要借助工具来完成，而且每种工具的功用各不相同。

（4）提供安全有序的支持性自主选择活动

儿童进行自主选择活动首先是要自动自发的，儿童与教师一起计划活动时间和内容，在教师提供安全的、有序的、多样的、有层次的材料后，儿童自然会对材料产生兴趣，并主动探究。每一份区域材料的出现都应该有一定的层次性与教育意义，都应渗透着教师的教育智慧，教师要随时关注儿童，支持、引导、帮助儿童参与各种活动。另外，在主题活动和其他学科领域及综合性活动中，教师也要适时、适当地给予儿童支持性的帮助，充分发掘儿童的内在潜能，关注儿童个体发展，确保每一个活动中的儿童都能够发现和寻找到自己最感兴趣的活动。

2. 环境可以支持儿童学习持续

给予儿童充分的自由，让他们享受自由学习的快乐，让孩子们在操场上奔跑，下雨的时候去踩踩水、聆听小雨点落下来的声音。“水枪大战”的时候，他们光着小脚丫，感受泼水节一样的酣畅淋漓；当阳光照射在娇嫩的草地上时，孩子们一起寻找小昆虫的足迹吧，在小草坡上打滚，坐在树荫下和小昆虫对话；户外活动时间，孩子们用无忧无虑的叫喊声打破幼儿园瞬间的宁静，唤醒沉睡一个晚上的玩具朋友。儿童的微笑是最自然、最真实的，一个完整的全环境教育能够释放儿童的所有天性，用自然的心去满足儿童学习的兴趣与热情。

美工区

细节的学习

班级一角

儿童的学习方式有很多种，完美的教育是每个教育者的不懈追求。追随儿童成长的节奏，顺应儿童发展的需求才是理想的课程方式。儿童的学习需要有不被割裂、不被打断，可以持续进行的完整的时间。儿童是环境教育中的自发性观察者。毋庸置疑，当儿童专注于某一项学习活动时，他们投入的状态是饱满的，大量的情感蕴含其中，这是让儿童内在潜能得以唤醒的过程。

同伴

体验

【学习小故事】

昆虫的主题学习进行了一段时间后，孩子们收集了很多关于昆虫的书籍，语言区成为他们近期热衷去的地方。

一帆：我认为这个书上的蜘蛛画错了。

胡老师：哪里错了呢？

一帆：蜘蛛本来只有两节，这本书画成了三节。

胡老师：是吗？你指给我看一下。

一帆：蜘蛛分为头部和腹部两部分，书上给多画了一节。

胡老师：哦！这样看真是多了一节呢！我们再上网查查，好吗？

一帆：好的，你看是不是我说的对啊！

胡老师：嗯！你说得可真对呀！那这个问题我们怎么解决呢？

一帆：我给出版社打个电话，我就说："下次印刷不要再印错了啊！"

胡老师：行，我找一下出版社的电话号码。

一帆：如果他们认为蜘蛛有三节，我就做个蜘蛛标本给他们，我用小纸片包着寄去，上面写着：如果你们觉得蜘蛛是三节的话，请看这个标本！

胡老师：嗯！这个办法非常好，那我们班小朋友怎么办呢？

一帆：我负责告诉他们，并且我直接就做两个标本，给他们挨个看，蜘蛛是只有两节的！

胡老师：行，你的解决方案非常具体，我们马上来打电话吧！

一帆：我除了打电话还要附一封信。

胡老师：哈哈哈！太有想法了！附函怎么写呢？

一帆：把我妈妈孙××的QQ邮箱告诉他们就好了，你留我的名字一帆，别留全名啊，胡老师你说我是不是很有安全意识啊！

封面

阅读图书

封面

胡老师：嗯！确实太让我惊讶了！我都没有你想的周全啊。

一帆：附函你写上：只要是关于蜘蛛的问题，出版社都可以找我，不过还有一种叫作蚂蚁蛛的，千万别认为是三节的，前面的触角很像三节，是用来伪装的，捕食需要，它是专门跟蚂蚁混在一起的！

附作者回信内容：

亲爱的一帆小朋友：

当我收到××出版社程编辑电话的时候，我正在研究一本关于蜘蛛的绘本，名字叫《小蜘蛛斯巴达克斯》。我认真地看了你的来信，你对蜘蛛的了解程度让我感到惊讶，我把这本关于蜘蛛的绘本也一并邮寄给你，你一定会爱上它的。

你信里提到的小蜘蛛，我是它的爸爸，在我画它的时候，刚刚给它买了一条新的围巾。因为蜘蛛的头和胸是连在一起的，和腹部相连的腹柄又非常细，为了让这只小蜘蛛看起来更帅，我放大了它的胸部，并帮它戴上了围巾。如果不这样，它的头胸就要为围巾淹没啦！作为这个小蜘蛛的爸爸，我总是希望我的孩子们更特别一点儿！

特别开心能和你在这里讨论关于蜘蛛的问题，以后还想让你继续看我的漫画，我也会让它们更具有科学气质。我猜想你长大一定可以成为一位非常优秀的自然科学家，不知道你有没有兴趣成为一名优秀的绘本画家呢？

你很有安全意识，我写给你的信一定画上一只小蜘蛛，这是我们两个人的秘密。

另外，期待你的蜘蛛标本哦！我会把它们分享给不熟悉蜘蛛的小朋友们！

××出版社
回信人：一只蜘蛛的爸爸
2016年5月22日

儿童对周围一切充满兴趣与探索欲望，教师会尽最大努力为他们提供发现和解决问题的平台。一帆对蜘蛛的研究热情，让人感到惊讶！为了满足他的好奇心，我们和他一起查找了出版社的联系方式，他自己与编辑部的工作人员进行了电话沟通，幸运的是，他的想法与质疑得到了出版社编辑的热情回复与解答，在此表示感谢！

（三）儿童在环境中自主学习

营造温馨、和谐，符合儿童身心发展规律的自主选择区域环境，对于儿童学习非常重要。当我们成人用心留意环境时，除了它单纯的空间装饰意义，我们应从环境中感知儿童之间、儿童与环境之间、儿童与成人之间的互动关系，学习和观察到更多有价值和有意义的东西。儿童生活在温馨、祥和、像家一样的区域环境里，可以健康地和喜爱的小伙伴们一起无忧无虑地长大，有自己感兴趣的各种活动，各种异想天开……这应该就是儿童最幸福快乐的童年生活！

环境设置必须遵循儿童身心发展规律，能够让儿童产生归属感。宾至如归的环境是教师文化层面的最好表达，在这样的环境中，儿童能够提升自我学习品质。环境如一面镜子，可以折射出其与儿童的关系，环境中细节的注意，呈现出来的真实生活，都是环境所赋予每间教室的文化轨迹！儿童对环境的喜爱来自于他内在的感受力，儿

探索

专注

尝试

讨论

童天生就是热心的观察员，他们会对成人的言行举止特别关注，甚至模仿。因此，成人更有责任和义务为儿童提供适合其身心发展的宽松而愉悦的区域学习环境。

1. 自主学习是一种内驱力的学习

在瑞吉欧的教育理念中，儿童具有发展的巨大潜能，是教育的出发点，教育目的就是让儿童的潜能得以自由发展。我们创设全环境支持系统的学习环境旨在为儿童营造平等、开放和自由的氛围，有利于儿童乐观、自信地发展。瑞吉欧重视环境的教育作用，每一处环境都有教育的意义，这也有利于刺激儿童的好奇心。在全环境主题课程探究中，儿童通过小组合作，既能独立地根据自己的经验和能力进行想象、思考和分析，并用各种方式表达，还能发展操作技能、提高认知水平以及社会交往水平。在互动交往、合作参与中，为儿童营造一个健康、平等的环境，教师的教学设计能力、家长的教养能力以及社区的服务能力都能得到大幅度的提升。这种全环境课程设计方式和有准备的学习环境创设的理念就是全环境课程最显著的体现。

（1）根据教室的基本特点，合理布局，动静交替，创设动态的、随时可根据需要调整的自主选择区域

全环境是一个有生命的可持续发展的空间，它考验着教师对于环境的整体感受、思考和对生活品质的欣赏水平，它是需要用心来经营的一个空间。全环境需要适应儿童成长发展的步调慢慢地建立，而且需要谨慎地对每个区域进行规划，区域之间一定是存在联系的，不是孤立的。最直观的规划原则就是可以根据需要自由调整，是充满弹性的。其大抵分为安静的区域、可持续工作的区域、可移动的适合急促步调的区域。不管怎样，最重要的原则就是要创设安全的，可以自主选择的和可以解决问题的环境。我们必须尊重儿童的需求来创设区域。

（2）提供内容丰富、形式多样的自主选择区域材料

环境不是只停留在表面上的，而是具有内在的文化沉淀。儿童和家长一起为班级提供的材料其实也创造了一种特殊的文化，例如家长们提供了自然材料，如各种松果、贝壳、各种颜色的珠子等，我们视这些真实的材料如珍宝般，用玻璃器皿盛装起来，这让幼儿园与家庭的生活能够相互建立联系。

2. 自主学习在支持性环境中发生

儿童的学习主要是通过和周围环境的互动习得的，通过观察、探究、模仿、再创造、亲近自然等方式来完成对实际问题的解决。当然，儿童更需要成人给予适当的支持：要为儿童营造安全的心理环境，选择适合并且贴近儿童实际生活的学习内容；确保儿童在安全有序的前提下进行有意义的自主选择性活动。当儿童自主探索他的环境，思考他对环境的第一印象时，他们需要的是精准而科学化的指引。因为，儿童才是环境的继承者，他在自己熟悉的环境中所拥有的一切都是最宝贵的，所以，教师要

给予儿童全方位的支持，让他们的自主学习得到最大限度的满足。儿童的学习方式多种多样，通常他们喜欢透过亲身的体验和操作来完成，他们也会在不断的尝试中寻找解决问题的办法，因此，教师要运用不同的教学方式给儿童的学习提供支持。

一间有准备的教室里，除了外在的感官印象，更重要的应该是教师在这间教室里所扮演的角色。教师怎样“教”，儿童如何“学”这应该是我们永远关注的话题，教师能够透过有准备的环境及时发现儿童的个性成长、行为习惯、发展水平，并随着儿童的年龄变化，适当地对环境进行调整，这就是教师要扮演角色的前提条件。

首先，在整个自主性选择区域环境的创设过程中，教师需要考量的是一间教室的整体设计风格、是否适合儿童生活、每个区域之间的关联、区域中的材料如何投放等问题。当这些准备工作完成之后，教师的角色又不仅仅是准备环境而已，重要的是要知道如何与儿童更好地互动，教师需要提供适宜的教育方式来支持儿童学习，帮助儿童建立内在秩序与自我管理的能力。教师也是儿童学习中的观察者，要善于发现儿童的学习兴趣与心理变化，透过对儿童的观察与了解，给予儿童及时的帮助与支持。

其次，教师除了有善于发现儿童的眼睛之外，还有一项重要的工作就是，用不同的形式帮助儿童记录成长的轨迹，如图片、录像、文字描述、成长档案、观察记录表格、作业单和艺术作品收集等。这样做的目的是让儿童看得见的学习留有痕迹。每个学期开学时都应将儿童的假期见闻分享一一收集记录，他们平日的对话也要随时记下来并分享给家长。这样做的目的是更好地了解每个儿童，让他们在幼儿园的童年生活更有意义。那些充满童真的记录是儿童人生当中珍贵的财富。

老师和孩子

三、应运而生的全环境支持系统课程

全环境支持系统课程的组织与实施是指通过教师、家长提供的支持，及教师、家长和儿童等相关人员在活动中互相交往、互相依赖、互相影响而建立起来的能够积极促进和强化儿童自主性发展的一切环境课程，包括物质环境和精神环境。物质环境是指活动场地、操作材料、器材设施等物的环境，包括教室环境的布局、家具及摆放，像“家”一样；精神环境是指儿童、教师等所有相关人员所营造的心理环境，通过亲、子、师的互动给儿童营造家的温馨感。全环境支持系统课程是以促进和强化儿童自主性发展为目标建立的符合儿童身心发展的有机整体。

（一）全环境支持系统课程的目标

全环境支持系统课程以促进儿童主动学习为价值取向，以直接感知、实际操作和亲身体验为主要学习方式，强调全环境支持系统对幼儿学习与发展的重要性。在全环境支持系统中，以儿童学习与发展为中心，在家园合作的基础上，为儿童营造学习、生活环境，帮助儿童最终实现独立、自由、自主的发展。

全环境课程自主选择区域模式是依据一定的教育思想、教育规律和活动区教育的

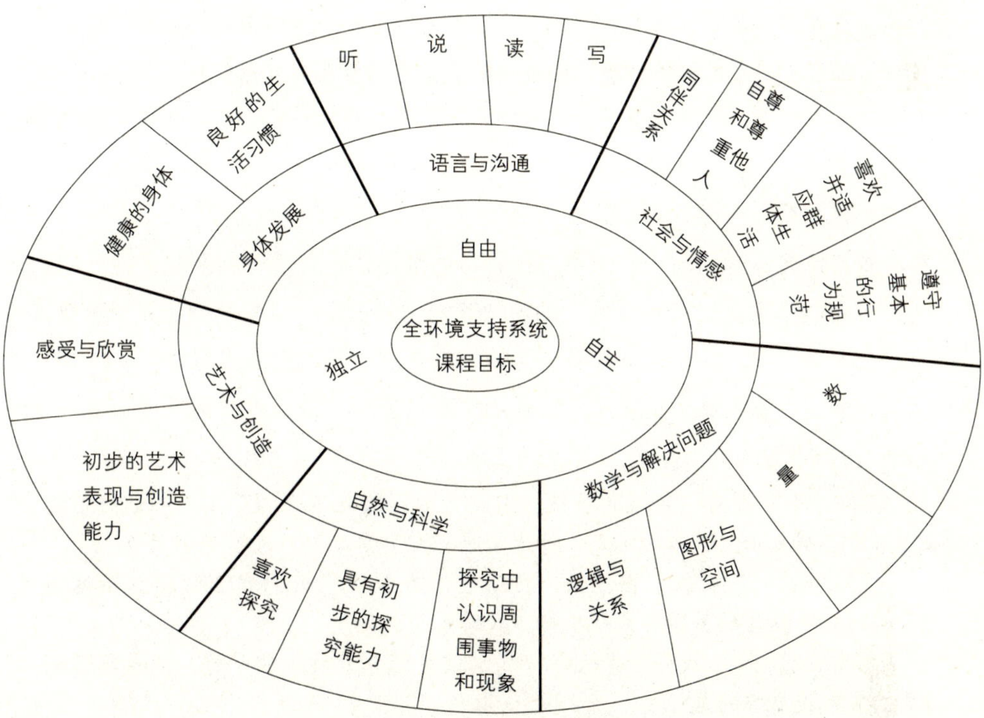

全环境支持系统课程

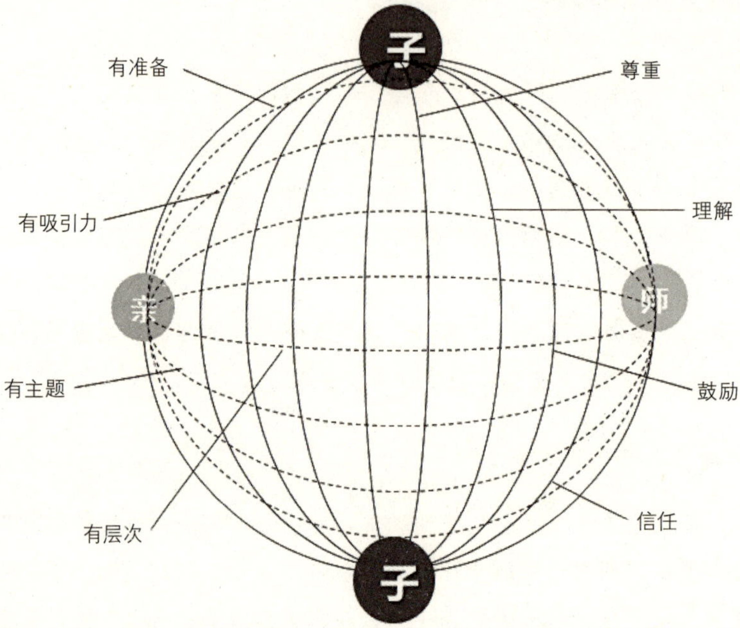

全环境支持系统中亲、子、师三者关系

目标设计而成的，作为幼儿园课程的一种教育载体，它与集体教学活动相比，具有更大的优势。开展自主选择区域教育活动，可以向儿童展现一个丰富多样、多功能、多层次、多角度的自主选择活动的环境，通过各种适宜性游戏满足儿童交往的需要，丰富和完善儿童的生活经验，让儿童勇于尝试与探索，培养儿童的积极态度，促进儿童的创造性和个性的发展。引用麦斯威尔的描述：环境的物质属性，是高质量儿童教育的一部分，它与师资教育和经验同样重要。

将自主选择区域时间与一日生活流程更好地融合，是有效开展区域学习活动的首要条件。儿童的学习生活需要有固定的模块时间，我们将一日生活细化为16个教育环节。在这16个环节中，每个儿童都有自己独特的想法，发散性的思维让人不禁惊叹儿童的世界是多么丰富，将他们天马行空的思绪进行整理，便于教师更好地知道儿童对于区域学习的理解。

儿童说入园：每天必须做的事情，有点开心，有点不开心。不开心的是不能像在家里那样自由。开心的就是户外活动时可以尽情玩耍，没有规则约束。

儿童说餐点：冬瓜饭，蛋炒饭，自助餐对我来说很好，我还帮佳佳添过汤呢，因为我和佳佳的关系本来就很好，我喜欢照顾她。

儿童说饮水：我喜欢扮演擎天柱，喝水就像给擎天柱加油一样，胡老师你采访我其实也挺有趣的是吧？

儿童说如厕：就是把食物消化后的残渣啊、对我们非常不好的毒素都排出去，你别再和我说什么屎、尿、屁的那些事情了，我觉得好恶心啊！

儿童说盥洗：我想应该是一种和干洗相关的事情吧！

儿童说午睡：是一个可以和好朋友打招呼的好机会，如果胡老师不看午睡就好了，你看午睡我还得装睡来欺骗你，不过我还是最喜欢和你交流一下的。

儿童说整理：就是整理一些琐碎的事啊，还可以换新衣服，尤其是我喜欢的那件大白衣服，我那件衣服绿色是主色，很容易就被我的朋友发现。

儿童说离园：对我来说是一件很快乐的事情，我可以和佳佳一顿猛交流，猛交流啊！哈哈！

儿童说过渡：过一座山，渡一条河，我觉得那种地方应该是个山清水秀的地方吧，肯定有一箩筐的山坑鱼，螃蟹啊，肯定很好吃很好吃啊！

儿童说晨读：这是最宁静的事情，还可以探秘昆虫啊、海洋鱼类啊，书上的字我已经都认识了，我小时候听姥姥读婴儿画报，可能就是从那个时候开始认识字了吧！

儿童说集体教学：应该有三种集体学习吧，一种是晨读时间，一种是英语学习时间，还有一种就是体育课了。

儿童说小组学习：这个我就有点不清楚了，大组就是很大的一种组合，小组就是像我们班这样的人，大组应该是说军事上的那些事，打仗啊。我知道一种小组，叫作“敢死队”，是一群很勇敢的人组成的小组，他们的任务极其艰巨、重要，他们叫作“敢死队”就说明他们连死也敢。

儿童说区域活动：在我眼里就是操作材料的一个区一个区的意思吧！分成了很多不同的种类，这是跟某个东西相关的才叫区域，有的跟视觉相关啊比如感官区，如果谁长大想当建筑师的，就得去建构区，这些都是一个个小组的学习。

儿童说团体操：这是一个可以到四楼数蚂蚁的好时机，团体操在我的意思里面应该是比大组还要大的团，比如幼儿园这种团体一起做操啊，什么的。

儿童说体育教学：可以有体育作用的活动吧，我的理解就是扩胸运动啊什么的，如丢沙包啊，猎人打兔子啊，都是一种体育，也可能是身体的教育吧！

儿童说户外自由活动：一个让我非常开心的时候啊，我在户外活动的时候可以保护佳佳，可以让佳佳不被铭铭碰到，铭铭他是一个问题，我就是可以解救佳佳的办法，让佳佳可以摆脱铭铭。

作品

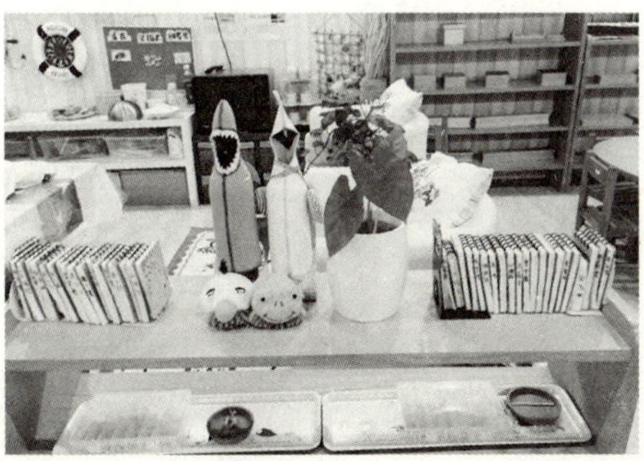

区角

看完孩子们的思想丰富而有趣的谈话，我们会觉得：儿童更加清楚地知道一日生活中每个流程是什么，让儿童学会生活，是一件非常重要的事情。当然，这是以尊重为前提的，在儿童对于区域学习有更浓厚的兴趣时，教师会延长儿童在区域活动的时间。

（二）全环境支持系统课程的内容

全环境支持系统课程的内容涵盖健康、语言、社会、科学、艺术等领域。各领域的内容相互渗透，促进儿童健康与安全、情绪与情感、认知与能力等方面的发展。

全环境支持系统课程内容具有以下特点：

第一，以“儿童为中心”，尊重“幼儿自主发展”；

第二，清晰传递“亲、子、师”三者密切联系、彼此互动、共同成长的综合性教育主张与价值，致力于在建构“亲、子、师”三者亲密互动教育关系的环境下，提供生活化亲子课程，让儿童拥有主动学习的热情和健康的身体，拥有一个自信、愉快、懂得理解和尊重他人的完善人格；

第三，体现了3～6岁儿童健康与安全、情绪与情感、认知与能力方面的发展及培养的重要性。

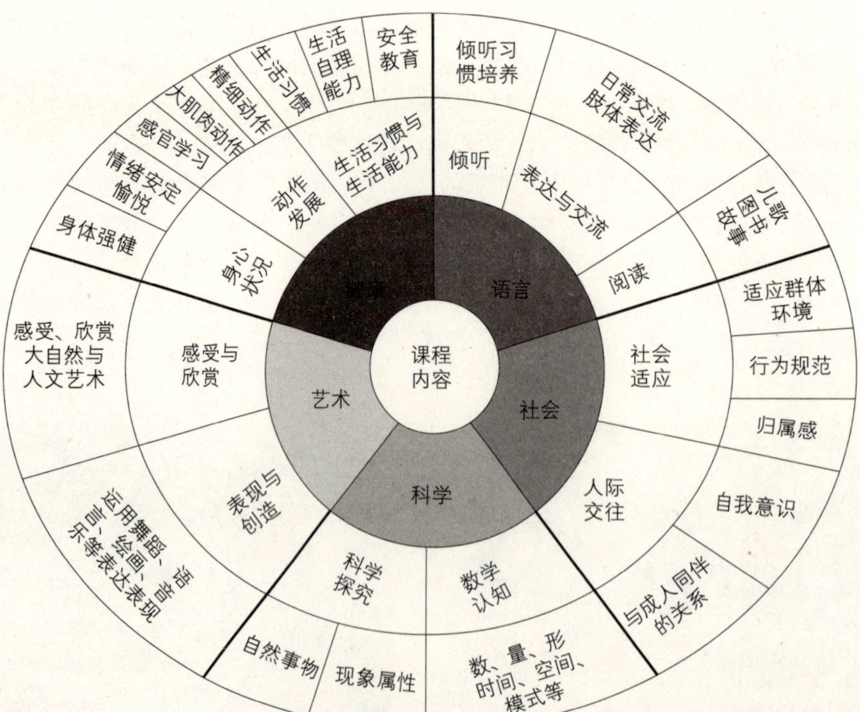

全环境支持系统课程部分内容

（三）实现全环境支持系统课程的途径

幼年时期是儿童心智形成的关键期，这个时期幼儿受到环境潜移默化的影响。

1. 教师是全环境的思考者和设计师

精心设置的环境是儿童所喜爱和乐于生活的地方，《幼儿园教育指导纲要（试行）》提出："环境是重要的教育资源，应通过环境的创设和利用，有效地促进幼儿的发展。"环境可以教育和影响儿童身心发展，教师利用有准备的环境满足儿童的需求，并让儿童从环境中获得一切，这是教师应该做到的。我们力求为儿童营造和创设有准备的主题环境，每个领域对于儿童的早期发展都是至关重要的。在一个精心创设的环境里，儿童的多元智能能够得以发展。

有准备的全环境主要体现在以下6个方面：

（1）自然流畅有内在秩序且符合幼儿成长规律需求的环境；

（2）能够凸显主题内容的具有学习功用的环境；

（3）足以吸引儿童自主选择的支持性区域环境；

（4）满足儿童各种感官、心理、运动发展的环境；

（5）富有美感并且具有浓郁童趣的环境；

（6）体现师幼和谐共处如家般温馨的真实环境。

思考

研究

2. 全环境具有强烈的物质基础和人文色彩

提供富有美感且有趣、自然而真实，同时规范秩序的是物质环境，而人文环境则要营造出关怀与爱的氛围，并且强调个体独立与集体互助的共融。在有准备的全环境中，教师应该是支持者和帮助者，在其中给儿童提供有层次、蕴含教育目标的多元化学习材料，同时让儿童自主而有秩序地发展，这和上面的各点能相结合。这两者看似独立，实则息息相关。

（1）有准备的全环境中的物质环境

第一，教室大环境的创设。儿童生活的教室，不应该拘泥于一种固定的形式，它应根据儿童的年龄增长而做适当的调整。我们将可以沉淀三年具有生命延续能力的教室视为最珍贵的“物质财富”，它的每一次变化都凝聚着教师、儿童、家长们的智慧与心血，所以它和我们有着非一般的深厚情感。

第二，关于区域规划及设置。我们将教室环境布置成不同的区域，分别是日常生活区、语言区、科学区、感官区、美工区、建构区等，这样做的目的是促进儿童在不同领域的均衡发展。区域设置需要把握几点：空间布局预设主题；准备环境，合理规划；巧妙装置，体现秩序、真实、自然、精美。

第三，基础性材料与主题性材料的联结。支撑儿童主题课程学习的材料有基础性材料、与主题相关的材料和创意性主题材料三种。基础性材料包含蒙台梭利材料、日常生活区材料、美工区材料、主题性材料；与主题相关的材料包含蒙台梭利材料原有的地理文化材料等；创意性主题材料主要是老师创意性设计思考的体现，是教师集体智慧的整合。

教师设计好材料以后，尝试在基础性材料的基础上进行延伸创造，同时要思考：儿童是否喜欢？是否经得起岁月的推敲？教师智慧火花的小宇宙还会继续爆发吗？这些问题会促进我们考虑基础性材料与主题性材料的联结，因为材料本身是可以互通的，并且存在着共性，教师要观察儿童在区域中对材料的使用情况以及儿童对材料的专注时间。

（2）有准备的人文环境

人文环境是潜移默化的，根据儿童年龄特点创设环境时，营造出的温馨美好的氛围儿童是能感受到的，这就是为什么说物质环境与人文环境是相通的。儿童在园的三年时间里，他们会出现强烈的自我主张和迫切的自我表现欲望。尊重儿童、强化儿童的独立性也是蒙台梭利教育的核心理念之一，所以我们会根据儿童个体的发展情况制订个案计划，让他们根据自我发展的法则自由选择活动区域、活动内容。

教师是儿童活动的协作者，负责引导和帮助儿童发展自我的活动，在儿童需要指引方向的时候，及时给予指导，当儿童专注投入的时候，教师就隐身于后，让儿童真正成为学习的主人，同时他们的独立性也会在活动中得到发展和与完善。因此教师与儿童和谐互动的师幼关系建立就显得尤为重要，在“维尼班”，我们之间是相互尊重、理解、关爱的；我们之间也是可以直呼姓名的朋友；我们之间用有爱、温暖而亲切的言语互动。教师给予儿童的回应是简洁、积极而正面的，在儿童的工作时间里，我们平等自由地邀请儿童参与活动，教师的引导轻松自然，会让儿童大方自信地接受，目的是引导儿童对材料有更深入的了解。教师用敏锐的眼睛发现儿童的阶段性心智变化，才能创设适合于儿童的有准备的环境。

尝试

（四）全环境支持系统课程的评价

针对3～6岁课程目标，我们制定了系统、完整的评价体系，主要采用质性评价和量化评价相结合的手段，评价对象是儿童、家长和教师，评价方式包括教师对儿童的评价、家长对儿童的评价、教师对家长的评价、家长对教师的评价，以及教师、家长的自我评价。为儿童创设具有家一般温馨的学习环境，可以满足儿童探索的欲望，符合儿童发展的需求，再通过细微观察，记录每一个儿童的成长经历和学习过程，使全环境的课程体系更加系统完善。记录的方式方法不拘于一种，照片、文字、视频、图片、图表、记录单等，都是平日里资料收集的一部分，这样学期末的评价资源就会丰富而又有实效性。

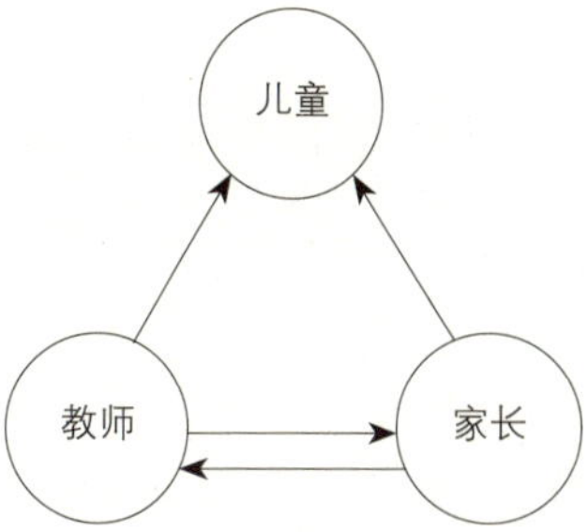

评价图

全环境支持系统课程的评价包含儿童学习过程评价和教师专业成长评价。

1. 儿童学习过程评价

教师为每个儿童准备一份成长档案袋，内容包含平日的记录单、美术作品、教师记录儿童各方面的发展情况的便笺纸、区域计划本，教师、家长或同伴作出评价的有关资料，及其他相关成长记录材料等。这些资料收集由教师和儿童共同完成，让儿童学会整理归纳自己的物品，逐步建立良好的内在秩序感，这也是学习的一部分。在成长档案袋内有一本最珍贵的《儿童成长档案册》，这是一本综合性的儿童评价册，记录儿童学期初、末的身高体重，一个学期的学习与生活内容，每个领域的评价量表，各种活动纪实照片，父母参与的教育活动，父母对儿童的祝福语，同伴眼中的自己，教师客观的综合性描述等。制作印刷这本档案册的目的在于真实记录和描述儿童三年丰富多彩的幼儿园生活，若干年后他们回看童年的人和事，这本档案册应该会是每个儿童最暖心的纪念！

2. 针对教师的评价量表

（1）《学期综合性评价》

教师的自我评价量表，综合一学期的工作、生活各方面，包含健康、认知、情绪情感、教学能力等各方面的总结与反思。

（2）《深圳市梅林一村幼儿园教师沟通能力检核表》

幼儿园针对教师沟通能力方面的评价，包括倾听能力、表达能力、肢体语言和沟通意识等方面。

（3）《教师成长档案袋》

记录教师的成长情况和他人对其作出的评价，及其研究成果和反思等。

第二章 全环境支持系统：区域游戏活动

【走进小世界里的秋日私语】

推开那扇窗有风自来
窗边的小树叶
是如此的自由自在
原来是秋叶醉了那一抹淡淡的橙黄

这个独立的空间
是不是你们喜欢的小世界呢
我们在思考
我们在观察
我们在留意
我们在改变

一起行走的轨迹是每一天的清晰印痕
你们不在的时候
它们在原地静静等待
也许晚上会有窃窃私语哦
你们回来时
它们在热情地拥抱
也许白天会有欢呼雀跃哦
也许……

这间小世界和你们一样悄悄在长大
和你们一样
它承载着老师们的小小梦想
润物细无声

它成就着你们的大大世界
流年似清风
泛起我们想念那已经毕业的孩子们的千般思绪

落叶纷飞了思念
指尖弹走了黄昏般的“秋日私语”
每次握紧小手的那一抹温柔
都是放在生命里最重要的回忆

这里的秋日无处不绿
却绿中映黄
如同你们的每张笑脸都笑得金灿灿

我等待飞舞的黄叶，漫天铺来，
犹如你们的笑声
时而清晰，时而动听
这就是我能给予你们的小世界
因为我正在读懂你们
一本世界上最宝贵的书

儿童对世界的了解主要是通过直接感知、实际操作和亲身体验等途径，以游戏的方式在日常生活中实现的，丰富的区域游戏可以让儿童在各种各样的环境中探索学习。真正有价值的区域游戏可以支持儿童学习的发生和持续发展，进而实现有意义的学习过程。因此，这就对儿童教育提出一个要求：在儿童成长中，尽可能提供有意义、有支持的区域游戏，激发儿童自主学习探索的内驱力，达到有效学习的目的。基于全环境支持系统课程来说，有支持的环境主要是指在环境创设中，尽可能考虑到儿童的特点和需要、教师的能力和特长，以及活动课程的开展情况等各方面的要求，提供有准备的物质环境和人文环境，为儿童的学习和成长提供支持。

第一节 日常生活区

一、日常生活区对儿童发展的促进作用

“生活即教育”是陶行知先生教育思想的核心，生活是教育的源泉，教育根植于儿童的日常生活。《3—6岁儿童学习与发展指南》中强调：幼儿在与成人和同伴交往的过程中，不仅学习如何与人友好相处，也在学习如何看待自己、对待他人，不断发展适应社会生活的能力。

区域活动是儿童一日活动的重要组成部分，成为幼儿园实施素质教育的一种重要的活动形式。区域活动是一种有目的、有计划的学习活动，它将教育目标渗透于教育内容之中，将教育内容分成几个区域，在规定的时间内，让儿童按照自己的意愿，自由选择活动内容、材料，自主操作、实践，从而发挥儿童积极性、主动性、创造性，使他们在自己原有水平上得到发展。日常生活区是给儿童提供一个生活体验场。儿童通过反复体验、不断尝试生活中随处可见却容易被忽视或包办的活动，积累生活经验，习得生活能力，学会社会交往、生活技巧、做事流程、照顾自己、照顾环境，在生活中形成思考、专注、组织、合作等品质。

日常生活区一角

（一）日常生活区活动有利于提升儿童自我服务和为他人服务的能力

当今社会，很多成人对于儿童全面发展这方面没有给予充分重视，他们对全面培养儿童能力缺乏意识、方法不当、耐心不够，有包办代替的现象。正是由于缺乏动手能力的锻炼，部分儿童入园后生活不能自理，自信心受挫。日常生活区的科学设置与有效开展有利于培养幼儿的自我服务能力和为他人服务的能力。例如：儿童通过帮助娃娃穿衣服、叠衣服、将衣服整齐地放在衣架上，学会自己穿衣服；利用衣饰架学习扣纽扣的技能，练习手的灵活性；玩穿线板，培养手眼协调能力；通过擦桌椅、洗毛巾、插花等工作，培养日常生活技能和兴趣。

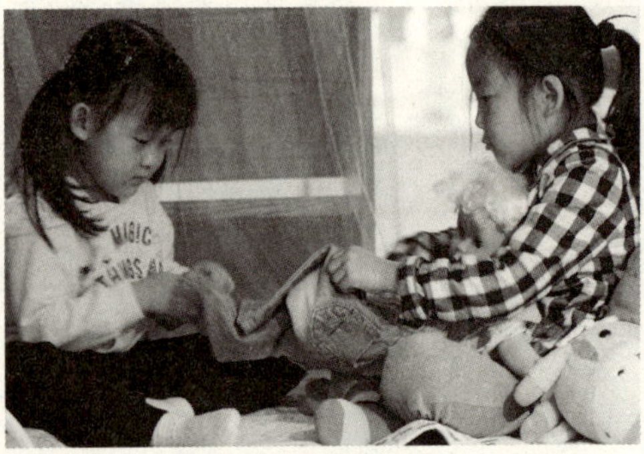

一起给宝宝穿裤子

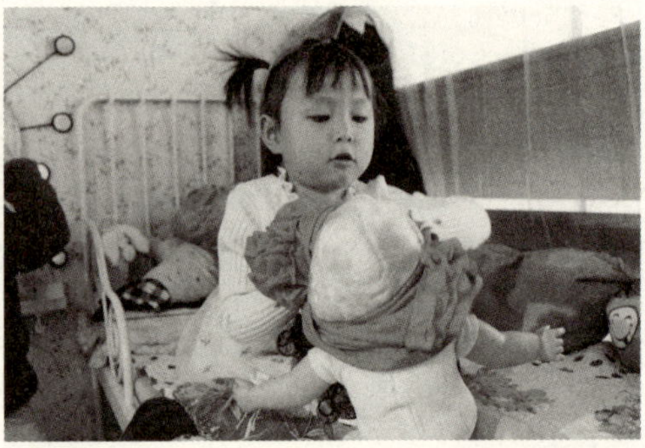

给娃娃穿衣服

（二）日常生活区活动有利于发展儿童的主动性、探索性

首先，日常生活区活动是儿童发挥主动性的重要活动形式之一。心理学家艾里克森指出：促进儿童自主性和主动性的发展，是早期教育的基本任务。儿童主动建构自己的认知结构，关键在于教育者与儿童之间的相互作用。这个“作用”除了直接的教之外，还可以通过中介来开展，教师把教育意图化为一个富有教育性的环境，通过人或物来调控教育过程，让儿童更充分地汲取外部信息，建构自己的知识结构和生活经验。如：在每天活动开始时儿童自由讨论选择区域里的哪一个角色或哪一份工作，在时间安排上有一定的弹性，允许儿童按自己的认知速度和经验主动地进行学习。它貌似一种开放性的、低结构性的自然状态，实际上教师将整个教育目标、教育意图通过环境创设、材料投放、活动内容与形式加以渗透。儿童以兴趣为导向，自主选择操作内容、活动方式和活动伙伴，通过摆弄、操作等方式生成活动过程，了解活动结果，从而调整活动内容与材料，使日常生活区活动丰富儿童原有生活经验。

其次，日常生活区活动有利于儿童探索性的发展。儿童天生就具有好奇、乐于自己动手的本能，具有探索、探究的欲望，日常生活区活动为儿童营造了宽松、自

泡花茶活动区

泡花茶材料

由、和谐的环境氛围，激发了儿童的兴趣，变被动学习为主动学习，变接受性学习为探索性学习。如：在小班下学期“多彩的花”的主题学习中，日常生活区设置了泡花茶的工作，儿童可以辨识各种花茶的味道。在实践过程中，儿童不断地相互交谈、讨论各种花茶的茶色，如黄色的、橘色的、有点红有点黑、有一点点黄等，然后又说出自己在泡花茶过程中闻到的茶香，引出第二个交谈内容，如清香的味、淡淡的香、有点酸酸的香味等。接着，有儿童提出，不仅仅是鼻子能嗅出各种气味，嘴巴也能品尝各种味道，于是，“尝一尝这是什么味道”的活动便在幼幼互动中自发生成了。

可见，日常生活区活动突破了传统教育中儿童处于被动静止状态的局面，不是让儿童被动静止地接受知识，而是通过教师设计的可供儿童操作的环境，让儿童在和环境的相互作用中主动发展。

（三）日常生活区活动有利于儿童主体性、创造性的发展

1. 日常生活区活动对儿童主体性发展的作用

对儿童来说，日常生活区活动的开展确保了儿童的主体地位，使儿童的主动性得到进一步发展。在宽松、自由、安静的环境里儿童可以主动选择工作和材料，主动运用多种感官学习探索，减少了心理压力，可以自主地和环境与材料相互作用，通过实践活动，加深体验、积累经验。儿童教育的对象是儿童，其目的是促进儿童的和谐发展，在此体现了儿童是教育的主体，教师是引导者和观察者。开展日常生活区活动，可以更好地体现儿童主体性的特征。

2. 日常生活区活动对发展儿童创造性的作用

在幼儿园创设丰富的日常生活区活动有利于儿童创造性的培养。儿童初步的创造意识是在不断操作事物的活动中萌发的，儿童初步的创造能力也是在这样的活动中发展的，持续不断的实践活动是儿童初步创造活动的起点。从这一意义上讲，日常生活

区活动为促进儿童进行持续不断的探索实践活动，进而促进儿童创造意识的萌发和初步创造能力的发展提供了广阔的空间。同时，日常生活区活动中要求教师提供给儿童的活动材料应不断引发儿童思考“我要做什么”和“我该怎么做”，不断促进儿童从多个角度、用不同方法解决问题，促进儿童进行持续的探索、尝试、实践，进而促进儿童创造意识的萌发和初步创造能力的发展。

3. 日常生活区活动有利于儿童社会性的发展

《幼儿园教育指导纲要（试行）》指出：“要创设一个能使幼儿感受到接纳、关爱和支持的良好环境。”根据皮亚杰的发现，儿童的意识产生于他们对自身动作的反思：儿童因为动作而认识了世界，儿童也因为动作而意识到那个发出动作的“我”。在日常生活区活动中，儿童由于共同的活动目的而产生的合作行为（中大班尤为明显），由于公共资源的有限而发生的分享、争执、攻击、协商、交换等行为，由于个别资源的不均衡而发生的赠予、求助、索取等行为，由于个别能力或经验的不均衡而发生的帮助、求助等行为，有助于儿童民主、自由、平等、公正、协商等社会品质的发展。

在日常生活区活动中，儿童与成人（教师）之间的互动关系得到很大程度的改善。教师既是活动的引导者又是活动的合作者，既是活动的观察者又是活动的支持者，“时刻关注幼儿在活动中的表现和反应，敏感地觉察幼儿的需要，及时以适当的方式予以回应，形成合作探究的师生互动”。日常生活区活动的有效开展，拓宽了儿童与环境、儿童与材料、儿童与教师、儿童与儿童互动的渠道，随着人物活动、人际关系的增加，儿童的社会适应能力、交往能力得到了良好的发展。

活动的规则也有利于儿童学习自律、尊重他人、认识体验并理解基本的社会行为规则。比如，在每一份操作材料中都设置了盛放垃圾物品的器具，时刻提醒儿童讲卫生；日常生活区要使用到的各类餐具和工具要分类摆放，引导儿童保持有序整洁；美食坊的店长讲解怎样购买商品，店员如何销售套餐，进入美食坊的消费者被要求不大声喧哗，文明用餐，如果区内人数较多，则可以协商处理等。总之，日常生活区活动有助于儿童形成健全人格和发展和谐的社会性特征，避免孤僻离群等不良社会性，培养合群友好的品质，使其社会化程度增强。

二、日常生活区环境创设

环境是一种显性的文化，更是隐性的教育资源，所以在创设日常生活区环境的过程中我们不仅仅要考虑美化，更要考虑它的教育价值，传递我们的教育理念、理想追求。儿童教育是通过与环境的相互作用生成并开展活动的，创设适宜的环境是儿童“发展的关键”。因此，在实践中，我们要注重儿童自身与环境的交互作用，给儿童提供

环境创设一

环境创设二

一个自己思考、主动操作的环境暗示空间，不断引导儿童主动地去观察发现、探索方法，从而自主获取为他人服务和生活的经验。

环境创设三

第一，教室里设置日常生活区需要半围合空间、靠近水源、有操作台面；区域中有可利用的安全电源，放一些方便与儿童分享、围坐的桌子、沙发与椅子；提供的工具与材料要真实、安全、优质，不同的材料按其特质集中、分类排放；摆放材料有序，方便在日常生活或区域活动中取用。

第二，小班儿童喜欢独立活动，特别能被精确、精准的动作吸引，喜欢玩“娃娃家”游戏，在小班可以将日常生活区设置成“家”的情境，提供材料内容以单项动作为主，如扣纽扣、倒水、摆放物品等，促进儿童精细动作的发展，培养其照顾自己的

小班生活区环境一

小班生活区环境二

能力。中大班儿童随着能力、社会性发展，对新的生活技能、技巧的学习兴趣会增强，日常生活区可以设置成社会体验情境，如餐厅、小店等环境布置，提供更多的统整性、程序性活动，突出孩子运用已有的经验探索，如清洗餐具、清洁桌椅、磨制豆浆等，让儿童在真实活动中实践、体验，了解做事技巧，扩展认知。

第三，运用标识的方法发挥日常生活区活动的间接性指导。日常生活区活动是区域活动的一个重要组成部分，也是一种重要的自主活动形式。它是以快乐和满足为目的，以操作、摆弄为途径的自主性学习活动。但由于教学形式以及师生比的关系，教师不可能顾及每一个操作的全过程，所以在区域设置中我们要关注到小标识的应用。

生活区的标识设计与应用一

生活区的标识设计与应用二

1. 标识性环境的创设

生活区的标识设计与应用三

每一个年龄段的日常生活区都会受到空间的限制，容纳儿童的数量是有限的，因为每一个活动的进行都必须以遵守游戏规则作为前提，规则不仅是有效开展活动的依据，更是培养儿童良好行为习惯的基础。标识性环境不仅能起到隐性教师的作用，还能发挥隐性助教的作用。所以在创设的过程中我们更要关注标识的具体形象化。不同年龄段的儿童标识表征的形式不同，小班儿童易于看懂图画式的标识提示。在小班区域划分区的地板上，可用相应数量的小脚丫图案，代表此区域可以接受参与工作的儿童数量；或者制作限额区域卡，区域卡有几张表示可以进入几个人。中班则可以制作图与数字共同出现的标识，例如，同样是人数限制的图标，教师可以画出儿童的简笔画，在其后写上数字“5”。大班就可以出现简单的文字标识，例如在明显的位置写上“5个小朋友”，提示幼儿学习看标记，并遵守标识的隐形要求。

2. 标识具有一定的指向性

引导儿童通过看标识来进行分布操作，明白操作的全过程。例如：中班的煎鸡蛋制作流程图和大班的烤面包流程图。幼儿通过清晰的图示，自学了煎鸡蛋和烤面包的制作方法，获得成就感。

3. 利用标识提示儿童安全操作

在日常生活区的创设中，教师运用了真实的使用工具，例如，中班的茶庄，摆满了各种茶具，以及装各种茶叶的玻璃罐子。活动之初老师难免会有担心，后来在托盘处或放玻璃罐子处贴上“小心摔破”的标识，并且在儿童操作前进行适宜的语言提示，一学期下来所有物品完好无损。中大班很多班级设置了厨房或烹饪馆，因活动需要在设备中投入了一些小电器，为了保障儿童安全操作，教师先让儿童观察各种电器，让儿童找出这些电器危险的地方，并用红色圆点贴在相应的地方，提示儿童不能用手触碰，会发生危险，以保障儿童活动的安全性。

三、日常生活区材料提供

区域活动的教育功能主要是通过游戏材料来实现的，活动材料可直接影响儿童活动的质量。心理学家皮亚杰指出，一个被动的观察者无法得到知识，必须通过在分析种种活动中自行挖掘或建立知识，儿童的主动活动与教师根据目标精心设计的丰富多彩的活动环境及投放的材料之间有着密切的关系。可见，区域活动中材料的投放是决定儿童活动的重要因素之一。那么，日常生活区投放什么样的材料才能更有效地帮助儿童提升自理能力，增强自我服务意识呢？

（一）从儿童日常生活动作发展出发，为增强幼儿的生活自理能力以适应现实生活需要而设置材料操作练习

例如，梳头的工作，提供镜子、梳子、发圈、发夹，让儿童学习按从上往下的顺序梳理头发；叠衣服的工作，提供各种季节、各种款式的衣裤，让儿童练习取出衣物叠放整齐。

（二）遵循儿童自身的发展规律，根据儿童的年龄特点提供不同层次性材料

例如，小班是自理能力学习的起步阶段，也是发展较快的阶段，儿童的手、手指

以及手眼协调的能力都将在这一阶段获得突飞猛进的发展，但这一阶段的儿童对一些精细度高的动作还不能较好完成，所以在材料的提供上会着重小班儿童手部运动的特点，由易到难地选择内容和材料，比如小勺舀豆、倒水、夹玻璃球、串珠子等发展小手五指抓、三指捏、二指捏的材料。

夹东西材料

倒水材料

（三）儿童操作材料生活化，家园合作提供真实材料

日常生活自理是儿童进入社会的第一步，在生活区练习儿童自理能力，所体现的是“教育为了生活准备的原则”，所以材料的选择要生活化。如叠衣服、喂宝宝喝奶、剥花生、削黄瓜、切苹果等，我们所提供的材料都是真实、安全、优质的，所有物品依照儿童的尺寸大小，适合儿童使用，材料摆放有序、完整、有吸引力，以便于儿童操作，激发儿童的兴趣，发展儿童的动作，提高儿童的动手能力。

在整个日常生活区的环境中，根据主题内容，提供了适合儿童个性差异，能激发儿童成长的各类难易程度不等的“工作材料”，这些材料时时吸引儿童乐意去触摸、去自由挑选并“工作”，使儿童乐在其中，体验到成功的乐趣，有效促进了儿童自主性的形成和自理能力的提高。

（四）日常生活区提供四大类材料

1. 基本动作练习类：拿取的托盘、搬运的桌椅，以及训练倒、折、贴、缝拧、夹、卷、绣等各种手部精细动作的发展内容物等。

2. 照顾自己类材料：洗手、梳头的物品，适合穿脱、折叠的衣服、围裙、鞋袜

磨豆子材料

切苹果材料

削黄瓜

榨橙汁

等物品。

3. 关心环境类材料：打扫、整理、清洁教室的扫把、毛巾、水桶等，照顾动物、养护植物的喷壶、水勺等。

4. 社会交往类材料：创设真实情境所需物品，如餐厅、茶吧、娃娃家布置中，准备烹调用具，如锅、碗、碟、勺等，各种适合于烹调、食用的物品，如鸡蛋、面粉、苹果、西红柿等，以及调味瓶。

表2-1　日常生活区操作材料提供清单

名称	目的	材料	幼儿操作	老师指导
剪贴的练习	正确使用剪刀； 手眼协调，为握笔做准备； 学会糨糊的使用和粘贴的方法； 手眼协调，三指练习，为写字做准备； 形成几何相等、相似的概念； 培养独立性和专注力。	儿童用剪刀一把； 三角形、圆形、正方形等图形，胶棒，擦手小海绵，画有以上几何图形的底纸，一块方形垫子。	用剪刀把三角形、正方形、圆形等形状剪出来； 把画有图形的贴工底纸放在桌子上； 找出和底纸相同的形状，用胶棒在图形背面涂上糨糊，把色纸图形对准底纸上的图形贴上去； 手指轻压抹平褶皱； 手指上的糨糊用小毛巾擦拭。	留意儿童拿剪刀的方法：右手的拇指、食指、中指插进剪刀的握把。为能力稍弱的儿童多示范几次。
缝纽扣	正确使用针，锻炼小手肌肉； 学习如何打结； 手眼协调，能够对准纽扣孔； 培养专心、细心的习惯； 学习如何保护自己、爱护他人，小心尖细的针头。	粗大的针一支； 穿针器一个； 线一条； 衣服形状的布底板； 各种纽扣。	先把线穿到针孔里面，可以借助穿针器； 选择一个喜欢的纽扣； 把它钉在衣服底板上； 给线打结。	留意儿童拿针的正确方法； 协助能力较弱的儿童穿针和打结，以免造成孩子内心的受挫感。
绣工	正确使用针，锻炼小手肌肉； 学习如何打结； 手眼协调，能够把线绣在图案上； 培养专心、细心的习惯； 培养良好的审美能力； 学习如何保护自己、爱护他人，小心尖细的针头。	粗大的针一支； 穿针器一个； 各种颜色的线若干； 画有花样的刺绣布。	先把线穿到针孔里面，可以借助穿针器； 选择自己喜欢的颜色的线； 在绣花布上沿着画好的花样进行刺绣。	留意儿童拿针的正确方法； 协助能力较弱的儿童穿针和打结，以免造成孩子内心的受挫感。
榨橙汁	锻炼小手肌肉，学习如何切； 培养安全意识，知道如何安全使用刀具，会观察刀的背面和切面； 学习如何巧妙地运用手腕旋转橙子，榨出最大量的橙汁； 培养节约不浪费的意识，要观察橙子是否榨干净，避免浪费。	手动榨汁器一个； 切菜板一块； 西餐刀一把； 托盘一个； 小毛巾一条； 橙子一个； 小杯子两个。	儿童先用西餐刀把橙子切成两半； 拿起橙子在手动榨汁器上转动，观察流出的果汁； 把榨出来的橙汁倒到小杯子里； 用小毛巾擦拭榨汁器的出汁口。 清洗各种工具； 用毛巾擦拭干净，把工具归位。	引导儿童要把橙子榨干净，避免浪费； 指导能力稍弱的儿童正确使用道具。

续表

名称	目的	材料	幼儿操作	老师指导
切香蕉	锻炼小手肌肉，练习剥、夹，学习切； 培养安全意识，知道如何安全使用刀具，会观察刀的背面和切面； 培养讲卫生的好习惯，剥下来的香蕉皮要及时放到指定的垃圾碗里； 培养整理分类的好习惯，将果皮和果肉和各种工具有序放好。	西餐刀一把； 切菜板一块； 托盘一个； 小毛巾一条； 小夹子一个； 装香蕉肉的盘子一个； 装香蕉皮的小碗一个。	儿童先把香蕉剥皮，把皮放到垃圾碗里； 把香蕉放在切菜板上，拿西餐刀切成小片； 用小夹子把切好的果肉夹到小盘子里； 清洗各种工具； 用毛巾擦拭干净，把工具归位。	指导能力稍弱的儿童正确使用道具。
三明治	锻炼小手肌肉，学习如何切； 培养安全意识，知道如何安全使用刀具，会观察刀的背面和切面； 学习如何巧妙地运用手腕旋转橙子，榨出最大量的橙汁； 培养节约不浪费的意识，要观察橙子是否榨干净，避免浪费。	切片面包一袋； 果酱一瓶； 切菜板一块； 西餐刀一把； 果酱刀一把； 托盘一个； 小毛巾一条； 小盘子一个。	儿童拿出切片面包，把面包切成小块； 用果酱刀把果酱涂抹到小块面包上； 把做好的三明治在盘子上摆整齐； 清洗各种工具； 用毛巾擦拭干净，把工具归位。	留意儿童拿刀的正确方法。
整理桌面，摆好用餐器皿	锻炼儿童的抓握能力； 懂得计数和配对； 培养愿意为他人、为集体服务的精神； 培养爱整洁、爱整理的习惯。	小毛巾一条； 餐垫数块； 用餐碗； 小椅子。	儿童拿着小毛巾把桌子擦拭干净； 在桌子上铺好就餐的餐垫； 摆好小碗和勺子； 摆好相应数量的椅子。	提醒儿童注意餐具与用餐人数相符。
煎鸡蛋	锻炼儿童的抓握能力； 锻炼手眼协调，儿童打蛋时要控制适度的力度，尽量不要把蛋打到外面； 锻炼观察能力，观察到蛋熟了。	新鲜鸡蛋一个； 花生油、酱油少量； 煎蛋器一个； 打蛋器一个； 小木铲一个； 小碗一个； 装蛋壳的垃圾碗一个； 托盘一个； 小毛巾一条。	洗干净一个新鲜鸡蛋； 打破蛋壳，把蛋液盛入小碗； 用打蛋器打蛋； 打开煎蛋器开关，加适量油； 把蛋液倒入煎蛋器； 用小木铲轻轻翻滚； 闻到蛋香四溢，看到蛋面轻微焦黄，便可以用木铲铲到盘子里。	关注儿童用电安全； 帮助儿童打开插座开关等。

四、日常生活区的材料使用实例与反思（结合主题延伸材料）

（一）有准备的材料提供

案例

给宝宝穿衣服（小班）

六名儿童进入日常生活区活动，按照自己的意愿选择了各自的角色与工作，其中，邦邦扮演“爸爸”，萌萌扮演“妈妈”。

萌萌对邦邦说：“太阳出来了，我们带宝宝去公园玩吧。”萌萌叫醒还没起床的宝宝：“宝宝，妈妈带你出去玩，赶紧起来吧，我们换上漂亮衣服再出去。”萌萌给宝宝脱下睡裙，先解开后背的扣子，再将宝宝的手高高举起后，提起裙角从宝宝的头上穿过，把睡裙脱下来，然后将睡裙叠整齐地放在床尾的衣物框里。

过了一会儿，邦邦问：“妈妈，好了吗？快点啊。”邦邦走到床前看萌萌正在给宝宝穿上衣，就坐到床上和萌萌一起给宝宝穿衣服，萌萌先把上衣的“大山洞”套进宝宝的头，接着穿一只袖子，然后再穿第二只袖子，最后把上衣理顺，整理整齐。邦邦同时给宝宝穿裤子，先穿一只脚，再穿另一只脚，然后将裤子往上提到腰部。

给宝宝穿衣服

衣服穿好后，邦邦和萌萌把宝宝抱起放到婴儿车，一起推着宝宝到公园玩去了。

活动反思：

（1）生活区创设情景。投放具有吸引力的材料，引导儿童进入游戏的情景中，让儿童感受、体验照顾自己、照顾他人的游戏，以此来促进儿童的发展。

（2）在这个案例中，不仅看到了儿童学会独立给娃娃穿脱衣服、解扣子，还看到小班儿童之间有初步的分工合作意识，这样的活动充分调动了儿童的积极性、主动性，给儿童提供了充分的操作机会，还满足了儿童活泼好动的天性。

（二）使用材料中的发现

案例

剥花生（小班）

妞妞在日常生活区扮演“姐姐”的角色，选择剥花生的工作，准备招待家里的小客人。

妞妞从材料柜上双手取出剥花生的材料，将材料放在餐桌上，然后坐下来。

妞妞先打开装花生的罐子，取出6颗花生放到小碗里，随后把花生罐的盖子盖紧。

开始剥花生。妞妞拿起第一颗花生，双手用力剥开后，将花生米放到蓝色的碟子里，把花生壳放在白色的碟子里。接着用同样的方法剥第二颗花生。剥第三颗花生时，妞妞还是双手用力剥，可是剥不开，反复试了几次都不行，妞妞把花生放到嘴里，用牙咬，将咬碎的花生壳放到白色的碟子里，花生米直接放进了嘴巴吃。妞妞继续将剩余的花生剥开，双手剥不开的，妞妞就用牙咬，最后6颗花生全部剥完，妞妞还邀请生活区的小朋友一起到餐桌分享。

活动反思：

（1）小班儿童手的小肌肉动作发育还不完善，那么我们应利用日常生活教育的契机，让儿童学习一些简单的、基本的生活技能，发展他们的动手能力。除了剥花生以外，在日常生活区还可以设置更多“自己动手剥”的活动，比如剥开心果、剥橘子、剥鸡蛋等，帮助儿童在遇到吃一些带皮、带壳、带包装纸的食品时，能不依赖别人，自己动手，学会剥的技能。除了培养儿童的动手能力以外，还应注重培养儿童良好的卫生习惯，在剥食品时，不乱丢外壳和残渣，并能将其放在指定处。

（2）除了日常生活区设置相关的活动材料外，还可以创设更多的游戏活动，并利用午餐午点，进一步让儿童练习动手剥多种食品的机会，让儿童不断尝试，练习，巩固。日常生活中，成人要坚持让儿童自己动手剥，不要轻易地包办代替，在此基础上，再进一步扩展指导儿童掌握如何开启瓶盖、拆启粘贴物、解开绳索等其他方法，不断提高儿童的动手能力。

案例

娃娃家的那些事儿（小班）

看，彩虹班的娃们喜滋滋地入伙了，呵呵。

芊芊戴上小皇冠，拉起粉纱装扮自己。

妞妞不但佩戴好橙色的头纱，更在展示丰厚家当。

柏峻爱心满满地给小宝宝喂奶，小样子很专业。

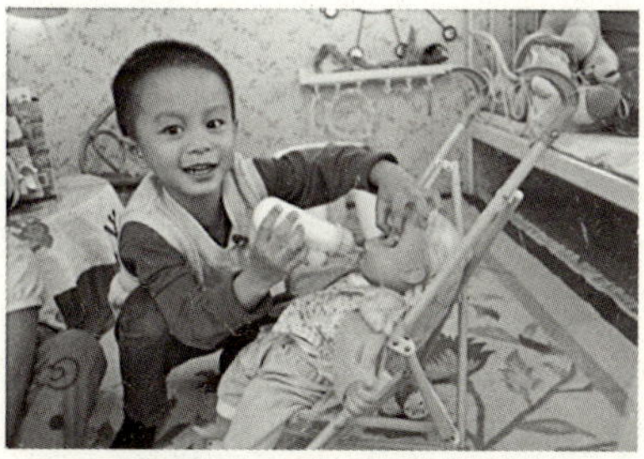

给宝宝喝奶

恩宇饶有兴趣地品尝娃娃家里的花茶，好独特的探索。

坐在儿童床上很低调很满足的就是艺德和璐璐啦！

儿童在娃娃家刚开放的阶段表现出相当的热情，每天来这里活动的人数都是爆满。女孩子们在这里利用各种头饰、纱巾、首饰装扮自己，自发分配角色，扮演家庭成员。男孩子们也喜滋滋地参与爸爸、哥哥或弟弟的扮演中。而买菜、斟茶倒水、照顾娃娃这样的工作，甚至运用丰富的饰品装扮自己，男孩子们也是不亦乐乎地参与着。

合合、田田宝贝为装扮自己更是突发奇想，把自己的头发用水弄湿，然后在梳妆台对着镜子，一手拿梳子一手拿电吹风有模有样地给自己做造型。

可可和小丁丁扮演起生病的小朋友和照顾病人的母亲也是很专业。

娃娃家开放一个学期后，儿童对这里已经很熟悉，每天都有不同的小朋友到来，他们活动起来也愈发自主和有组织，能够自己处理在“家”里发生的事宜，包括一些小矛盾。

活动反思：

（1）娃娃家的投放很大程度满足了儿童扮演生活中熟悉的各种角色的需要，在这里也锻炼了他们独立分配角色、处理小事件、分配道具和利用环境思考的能力。

（2）客观地说，女孩子们更喜欢这个温馨的家，男孩子有几个也是情有独钟，带给老师的思考是：也许娃娃家里能够满足男孩子需要的元素还不够丰富。

（3）活动过后儿童整理环境的程度不能达到整洁，这个问题与老师的要求与督促有关系，更与儿童在家庭中的习惯有关联。现今的家庭结构使儿童动手整理环境的机会减少，成人过多的包办代替形成儿童依赖、懒散、不愿承担责任的习惯，改变这一点需要家长、儿童、老师共同努力。帮妈妈叠衣服、整理自己的衣柜、参与餐前准备和餐后整理、照顾家里的植物等，这些生活中看似平凡的能力都是儿童成长所需要的，更是儿童承担照顾自己和家庭的责任所需要的。

材料调整：

有了思考后再结合班级的学习主题，娃娃家在下学期有了新的变化。增加新工作：整理被褥、整理书包、折叠衣服、洗袜子、给植物换水、泡花茶等。这些新的工作不但能锻炼儿童照顾自己的能力，而且为提升儿童自我照顾的独立能力以及日后上小学的适应能力都起到至关重要的准备作用。

区域的创设是永恒的思考，不是一时的兴起而为之，儿童工作的设置也是随着能力的需要和主题的变化而变化的，这样才能使区域与时俱进，达到以环境吸引儿童工作的目的。

（三）创造性材料衍生

案例

西式餐点（大班）

结合班级主题活动，生活区变成了一个“西餐厅”，进入生活区的小朋友共同制作西式餐点，要制作的餐点包含：三明治、果汁、水果。

餐桌、餐具准备：一位小朋友负责把餐桌整理干净，将儿童用餐所需的餐具洗净、擦干，摆放盘子，营造一个温馨整洁的用餐氛围。

三明治：两位小朋友负责烤2片面包，将面包放入烤面包机烤热，接着拿西餐刀将烤好的2片面包切成8小片，分别放进餐盘里，每个餐盘放4片面包。然后给每一片面包抹上花生酱或者果酱（一盘抹花生酱，一盘抹果酱）。

果汁：一位小朋友负责，从颗粒果汁区选取自己喜欢的口味，用勺子取颗粒果汁适量放入果汁壶，加入温开水，搅拌均匀。果汁冲好后，分别给5个杯子倒上果汁，摆放在餐桌上。

水果：一个小朋友负责，从水果区选取自己喜欢的水果（莹莹选择了苹果），要拿削皮器把苹果皮削掉，然后拿切苹果器把苹果切成8块，分别放到2个餐盘上，并将水果叉放在果盘里。

孩子们各自做完工作之后，五位小朋友一起坐下来品尝自己的劳动成果，用餐完毕，要集体合作整理和清洗所有的器皿。

活动反思：

（1）基于生活区的特点，老师要先进行环境的准备，打造真实、优美、如家的生活区，让儿童置身其中就有家的感觉，有操作的愿望。所提供的材料都经过精挑细选，比如切水果的“刀”，都是西餐刀，煎鸡蛋的锅，都是安全不溅油的电饼铛。所提供的材料都是符合儿童身高、手能握取的大小尺寸以及符合大班儿童能力范围内的。每份工作都只有一份，减少混乱行为，培养儿童的秩序性。

（2）在儿童进区操作前，老师会先与孩子们进行讨论，探讨“西餐厅”要提供什么食物，每位孩子自己想好要选择的工作，说出来讨论，避免重叠。明确生活区的规定：一定要由老师开烤面包机的开关，这是绝对不可以违反的规则。当儿童进区时，老师及时为有需要的儿童提供适宜的帮助，但是更多的是让儿童自己尝试，自己思考。

（3）儿童的动作发展更加完善，积极动用感官去探索、了解新事物。儿童相互进行程序性的工作，享受完成一个完整流程并且享用其成果，而且在活动中乐于享受合作过程的快乐。

第二节 语言区

一、语言区对儿童发展的促进作用

《幼儿园教育指导纲要（试行）》指出："语言能力是在运用中发展起来的，发展幼儿语言的关键是创设一个能使他们想说、敢说、喜欢说、有机会说并能得到积极应答的环境。幼儿语言的发展与其情感、经验、思维、社会交往能力等其他方面的发展密切相关，因此，发展幼儿语言的重要途径是通过互相渗透的各领域的教育，在丰富多彩的活动中去扩展幼儿的经验，提供促进语言发展的条件。"

皮亚杰认为，幼儿的发展是在主客体交互过程中获得的。儿童的语言也是在与环境的交互作用中发展起来的。抓住儿童这一时期，幼儿园在全环境支持系统的语言区域的创设中，尝试创设具有各种特色、适合儿童语言发展的环境。

（一）语言区活动，促进儿童自主性学习和社会性的发展

语言学习如果只有集体教学课程，不利于儿童发展出自主性学习的能力。语言区域里材料丰富，取放自由。儿童通过与语言材料的互动，自我建构、自我探究，在愉悦的学习环境中，允许儿童按自己的意愿选择活动材料和内容，积极体验，主动发现、探索，这是促进儿童自主性学习的关键。语言区里除了有趣的材料，还可以设计好玩的活动，鼓励儿童的自主学习的发展。例如，在"恐龙"的主题中，语言区里的一个角落，设计成"恐龙悄悄话"。给儿童设置一个安静、隐秘的环境，放上恐龙的手指偶、头饰、服装等，儿童可以尽情地在里面讲悄悄话，而不用担心有人打扰。打电话是儿童特别喜欢的说话游戏，煲起"电话粥"来可以没完没了。"喂，你在哪呀?""我在医院呢。"……儿童总喜欢模仿大人的样子说话。对于这个"悄悄话"专区儿童喜欢极了，这个活动使儿童的自主学习能力和语言能力有了很大的提高。

（二）语言区活动，促进儿童更多表达、交流

儿童在日常的生活中，使用的语言大多都是功能性的重复语言。正确的示范和丰富的环境是帮助儿童表达、交流，提高语言能力的基础。语言区设置促进儿童说话、交流的语言环境，在语言区儿童可以跟着录影机学习讲故事，朗诵儿歌，念绕口令等。例如，在区域里，老师请本班级发音正确和清亮的孩子录制了学过的歌谣、故事、古诗，放在区域的录音笔中，儿童喜欢听到自己同学的声音和学过的歌谣，会反复倾听，并希望自己录制。还可以举办每月主题活动，为儿童提供运用语言的机会。有了主题活动，儿童的话题就会围绕着主题交流，语言表达的丰富性会逐渐提高。

二、语言区环境创设

（一）语言区环境创设要求

语言区的环境创设要与整个教室的整体环境风格统一，营造温馨、自由、宽松的氛围；语言区选择在光线充足而且柔软舒适的环境中，语言区要相对安静，所以要设计隔断，为儿童创设一个温馨、安全、典雅的小天地，里面可以放置舒适的靠垫、小沙发、地毯、娃娃等，加强儿童在阅读中的安全感和舒适感。

语言区的材料要丰富，营造听、说、读、写的语言环境，培养儿童良好的倾听习惯，发展儿童的语言理解能力，支持、鼓励、吸引儿童表达自己的想法和感受，学习使用适当的、礼貌的语言技巧。可以根据班级的主题创设具体的情境，如书吧、报社、电视台等。

教师要根据儿童的发展现状和发展目标，创设丰富有趣的、多样性的学习环境，提供有深度有层次的活动材料，儿童根据自己的兴趣和能力，自愿地选择活动材料，在环境中有效、系统地进行活动。

（二）如何设置语言区

1. 突破单一语言区的局限，在多个区域营造语言环境

给儿童发展语言能力的环境和条件，不局限在语言区的一个小区，帮助发展儿童的语言能力，语言活动也可以在其他区域中出现。在美工区可以提供制作小书的材料，建构区中可以通过操作，来进行故事的创编。把各区域的作用结合起来，发挥系统的作用。

儿童的语言能力包括听说读写，但是完整地编出故事，需要做大量的阅读积累，儿童的思维需要具体的东西来支持思考。幼儿园的建构区是一个可以让儿童的想象变成现实的区域，在这里儿童可以讲述分享他们的思考，也可以通过具体的实物搭建，

搭建

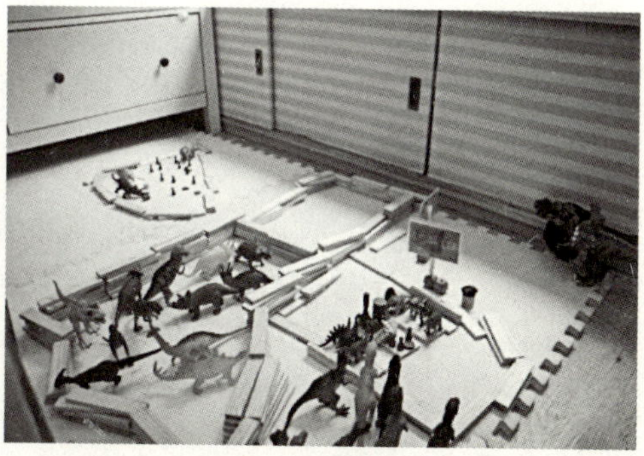

作品

创编出自己的故事。在“恐龙”的主题中，老师在建构区投入了大量的恐龙模型，并制作了许多场景的图片，投入建构区后，儿童会自主地运用这些道具，搭建好后，一个个鲜活的故事就从他们的嘴里讲出来了，所以，除了语言角，在全环境系统中，每一个区域都可以是语言、文化区域，可以帮助发展儿童的语言能力。

附：幼儿创编的故事

阿拉达去天安门看阅兵

建构、故事讲述：马煦尧、罗焯云

阿拉达问：“儿子，你想去天安门看阅兵吗？”

儿子：“我要去，我要去，爸爸你一定要带我去哦！”

阿拉达抱起儿子说：“那我们现在就出发啰！”

原来爸爸阿拉达和妈妈爱菲菲早就和朋友约好了，要带儿子去天安门看军队阅兵，一起同去的还有朋友王军叔叔和贾彬叔叔。王军叔叔非常胖，他还会说英文，贾彬叔叔很瘦，因为他们都是好朋友，所以一起邀请了他们。

来到火车站，火车很帅气，上面有红、黄、蓝、绿、黑各种颜色。因为火车没票了，所以同去的恐龙朋友上了5号巴士，跟在火车后面。阿拉达一家已经上火车了，但是孩子们都想上厕所，车上没厕所，大家都憋着，因为车还有点儿晚点，所以一路上都有点儿恶心。

终于看到了北京天安门，那里有好多军队站岗，还有很多军队的车辆。白天看完天安门的阅兵，晚上阿拉达和爱菲菲还有其他人一起住在酒店里。这个酒店好大呀！里面的花园很大，游泳池也很大，大得说话都有回音。

阿拉达的儿子说：“爸爸，我喜欢这次旅行。”

2. 设置语言展示区，为儿童提供沟通表达的环境

设置语言展示区，提供语言沟通表达的环境，促进儿童社会化发展。

语言文化区是主题语言学习的重点区域。其设置目的是促进儿童的思维发展，达到交流信息、增强理解力的目的。例如，在“果实”的主题中，老师会设置瓜果展示区域，到市场上购买冬瓜、南瓜、芋头等果实，布置瓜果打扮成卡通形状，摆在显眼并能触摸到的位置，吸引儿童欣赏、用手去探索、讨论。

3. 语言文化区提供丰富、高质量的书籍，提升儿童的阅读兴趣与自主阅读的能力

研究证明，儿童语言的获得与发展是遗传、环境及教育相互作用的结果，幼儿园教育的一个重要任务，就是通过创设科学的环境，促进儿童的语言能力。语言文化区的科学设置与有效开展，有利于提升儿童阅读的兴趣和自主阅读的能力。经典优质的

图书阅读活动有利于激发儿童对书籍、阅读和书写的兴趣，培养儿童对生活中常见的简单标记和文字符号的兴趣。

在阅读区投入的书籍，并不是越多越好，应注意适合的数量和书籍的质量。高质量的绘本，可以很好地吸引儿童主动地选择书籍。在语言区中，创意的画面安排、精简优美的文字和有趣的故事，深受儿童的欢迎。语言区的书籍，除了丰富绘本，还要选择高质量的画报和科学、体育等趣味读物，使书架丰富起来，增加书籍的种类，打造吸引儿童的乐园。除了投入不同种类书籍，还要注意不同年龄的特点，投入的书籍要有层次性。每天下班前，老师要检查书籍是否整洁、干净、不破损，有的书投入很久儿童已经失去兴趣了，要及时调整数目，做好新书投放和旧书收纳，保证提供的材料适合儿童发展。

儿童进入阅读区，开始还未建立阅读习惯时不会待太久，看书时更换书目较频繁，但是不久后，认真阅读的时间会越来越长，儿童会主动寻找感兴趣的书籍。

教师应介入儿童的阅读，每天有固定的故事分享时间，因为儿童的心理特点是喜欢重复，老师分享过的书籍，理解了内容后，儿童会产生更浓厚的兴趣。所以在语言区内，经常会出现热门书籍，以及儿童热烈地讨论同一本书，一起阅读的情形。

如在大班，老师分享了绘本《妈妈生气了》后，把书放入语言区，这本书成了儿童欢迎的热门书，经常能看到几个小脑袋凑在一起，在书里找新发现。因书的内容贴近自己生活，他们被深深打动了，一边看一边大笑，还情不自禁地说："我妈妈也是这样的。""你看，妈妈都被气得喷火了。"一群名副其实的小书虫模样。

语言区还应该为主题服务，例如在做"水果"主题时，老师投放了关于水果生长的趣味读物，可以为主题书籍设置特别的书架，把书籍展示出来。这样书籍的阅读率会更高，很好地配合主题。阅读区除了提供书籍，还是一个主题展示区，主题中的记录表、主题报告、主题自制小书等，都可以投放到阅读区，提供给儿童阅读、学习、欣赏，增添语言区的丰富性。

4. 根据不同学习目标设计和投放操作材料

在与材料互动的过程中，促进儿童对语言图画和文字的感知。

利用主题，设计出与主题相关的学习材料。例如，在"汉字"的主题中，儿童对同学的名字很熟悉，把全班同学的名字制作成卡牌，将卡牌与同学的照片对应，儿童在操作起来时，兴致勃勃，遇到自己不认识的名字时，向同学询问。这一活动既有趣味又有难度。

操作材料要丰富并有层次，尊重儿童不同的学习兴趣，将汉字设计成各种游戏，例如百格板、汉字多米诺、汉字演变接龙、三段卡等，儿童通过与一份份材料互动，对汉字产生了浓厚的兴趣。

5. 在幼儿园学习生活中，利用各种活动创造丰富的语言环境

儿童生活的每一个环境，都是培养儿童语言能力的有机土壤，我们要在丰富多彩的生活中去拓展儿童的经验，提供促进儿童语言发展的条件。那么，我们就从幼儿园生活、家庭生活以及社会生活的环境中创设适合培养儿童语言能力的情境，从而激发儿童的表达兴趣，使其积累运用语言的经验，乐意与伙伴合作交流，最终达到培养儿童语言能力的目的。

一日生活中利用绘本阅读，提高阅读兴趣与能力。幼儿园早期阅读活动的教育，对儿童语言发展具有重要的价值。它可以帮助儿童进入知识的海洋。阅读是人们获取知识最直接和最有效的途径。《幼儿园教育指导纲要（试行）》提出把早期阅读纳入语言教育目标的体系，培养幼儿对生活中常见的文字符号的兴趣，有效地促进幼儿对书籍、阅读和写字产生兴趣，并且掌握阅读方法，形成良好习惯及运用阅读经验探索解决问题。绘本是一种艺术与文学结合的优秀读物，符合儿童的兴趣特点，可以利用绘本组织各种活动，培养儿童深度阅读的能力。

（1）启动班级图书漂流活动，提供丰富的阅读书籍，给儿童创设亲子阅读的形式下大量阅读的条件。

班级里老师与家长义工一起合作，为儿童准备高质量的漂流书袋。漂流书袋是一个蓝色的袋子，外面挂着一个牌子，上面写着规则说明书和阅读书目，放在袋子里的3本书，都是经过精心挑选，适合儿童年龄特点的优质绘本。每周发给儿童带回家阅读一周，下周拿回班级交换，如本周拿的是一号漂流袋，那么下周就是二号漂流袋，一直按号码顺延下去。

漂流书袋项目不但为儿童提供了丰富的优秀绘本，为加大阅读量提供了条件，每天晚上的故事阅读还营造了良好的亲子交流环境。

（2）亲子读书会。

亲子读书会从活动的设想、建立到成功运行，获得家长们一致支持和称赞。读书带领人由家长义工组成，每周五上午，家长们带来精心准备的故事，为孩子们带来一场阅读的盛宴。

（3）读书会义工培训营。

为了培养家长阅读推广的中坚力量，在阅读推广领域又相继推出了太阳读书会，此活动主要目的是提高家长们的阅读能力，使其了解关于儿童阅读的方法。会员每月自助举行各种主题的阅读活动，当天活动安排，从主题的选择到活动的场地，都由太阳读书会自主完成。从2013年至今，太阳读书会已经成功举办了多次作者见面会、太阳专家讲座、太阳下午茶等系列阅读活动，将阅读夯实成为课程的一大特色。

亲子活动

表演

语言区环境

三、语言区材料提供

教室里设置的语言区要提供适宜的听说教具，如录音机、故事磁带、录音笔等，供儿童练习听故事、讲新闻；提供布偶、指偶、戏剧台，供儿童练习讲故事；还要提供适宜的阅读教具，如童话故事书、经典绘本、儿童报刊等，培养儿童的阅读兴趣和阅读习惯；另外，还要提供适宜的书写教具，如各种印章、印泥、砂字板、凹槽板、书写作业单等，培养儿童初步的书写能力。

表2-2　语言区操作材料提供清单

名称	目的	材料	幼儿操作	老师指导
录音机	正确使用录音机； 锻炼倾听的能力； 培养对故事、诗歌等文学作品的喜爱； 培养独立性和专注力。	录音机一台； 儿童耳机一副； 消毒小海绵； 一个舒服的坐垫。	打开录影机电源； 坐在坐垫上； 用消毒小海绵擦拭听筒； 戴上耳机听故事。	留意幼儿开录影机的方法：按开电源开关，把听筒拿下来。为能力稍弱的儿童多示范几次。
故事内容排序板	分辨事物的发展程序，培养推理的能力； 培养专心、细心的习惯； 学习观察分析； 喜欢故事。	排序底板一个； 故事发展图片6张； 托盘一个。	把底板放在自己的正前方； 故事发展图片散放在右手边； 观察图片，选出第一张，按顺序摆到底板中。	指导能力较弱的儿童去观察，以启发的方式让儿童找到答案。
识字三段卡、写字沙盘	正确使用三段卡，通过观察学会认字； 提高儿童对写字的兴趣； 培养专心、细心的习惯； 以有趣的方式提高儿童对文字的喜爱。	三段卡盒一个； 三段卡一套； 用一个长方形较深的盘子，装上沙子； 准备一些可以参考的字卡； 一个小喷壶； 一根小筷子； 抹平沙子用的小竹片。	按顺序摆好对照卡； 对应好图片和文字； 只读文字； 用小喷壶，把沙子稍微喷湿； 拿出字卡，用小筷子在沙子上写字； 用小竹片抹平沙子，继续写。	关注儿童对三段卡的摆放是否正确，及时指导； 关注儿童写笔画的顺序； 协助儿童把沙子喷湿到适合写字。

区域展示

四、语言区材料使用实例与反思（结合主题延伸材料）

（一）有准备的材料提供

1. 提供材料的原则

幼儿园语言区主题材料投放是一种教育活动。我们应注意以下问题。

（1）注重材料多样化，能引发趣味性。

（2）材料投放应体现层次性。

（3）材料的设计具有美观性。

（4）投入适合的数量，太多或太少都不利于儿童的选择操作。

（5）材料动态性及时调整。投入使用后教师要通过观察，了解材料的科学性，是否适合儿童操作。

2. 提供材料的方法

可围绕以下活动提供主题材料：

（1）在图书角安静地阅读；

（2）使用一些听读、录音设备进行听、说练习；

（3）独立完成语言操作材料；

（4）邀请同伴、教师合作，完成采访、表演、讲故事、新闻播报等活动；

（5）根据活动需要，选择合适的操作空间，使用材料后，整理、分类，物归原位；

（6）分享、表述自己的活动过程，总结自己的经验和收获。

3. 提供的材料种类

语言区提供四大类材料：

（1）听。如录音机、故事磁带、录音笔、发音挂图等。

（2）说。如布偶、指偶、戏剧台、小话筒等。

（3）读。如童话故事书、经典绘本、儿童报刊、三段卡等。

（4）写。如各种印章、印泥、砂字板、凹槽板、书写作业单等。

操作类材料：人物配对

操作类材料：图文嵌板

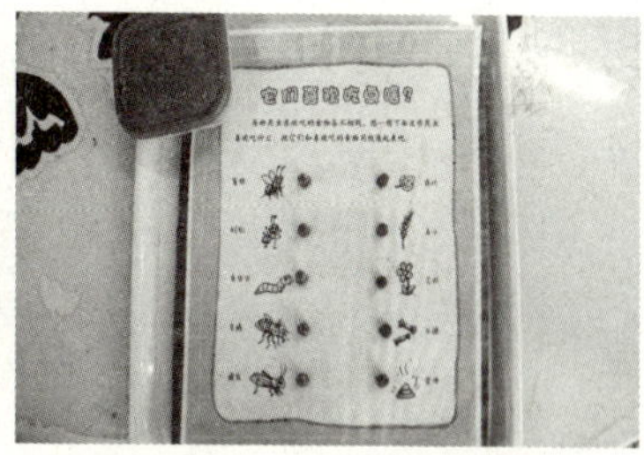

操作类材料：拉线图文配对

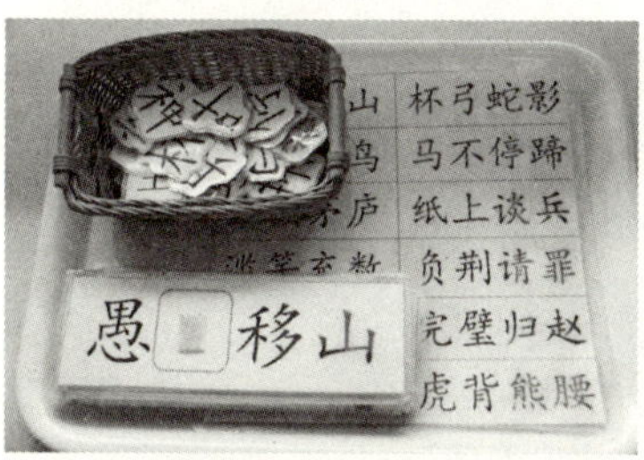

操作类材料：成语填空

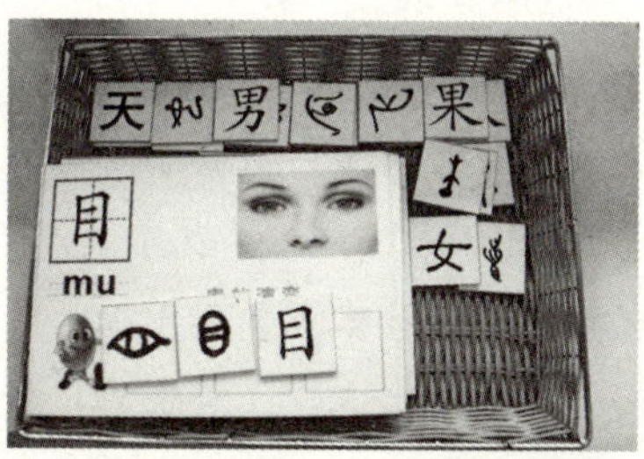

操作类材料：字的演变

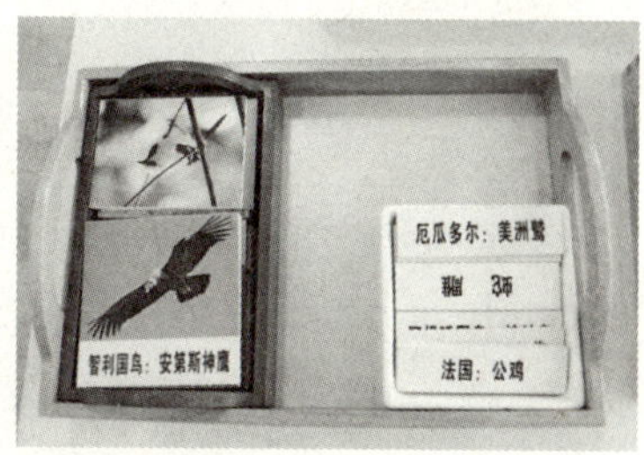

操作类材料：动物三段卡

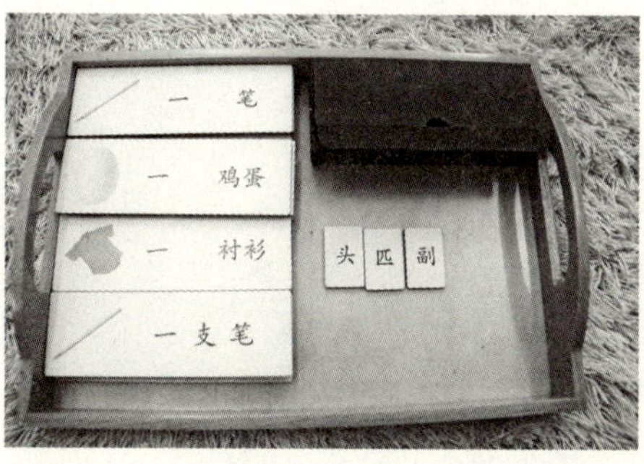

操作类材料：量词填空

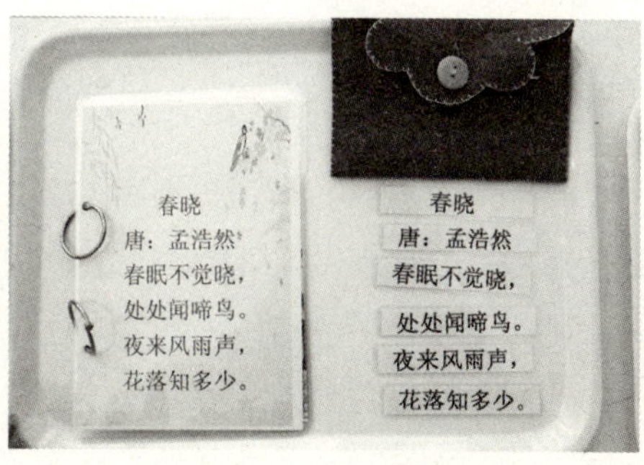

操作类材料：古诗三段卡

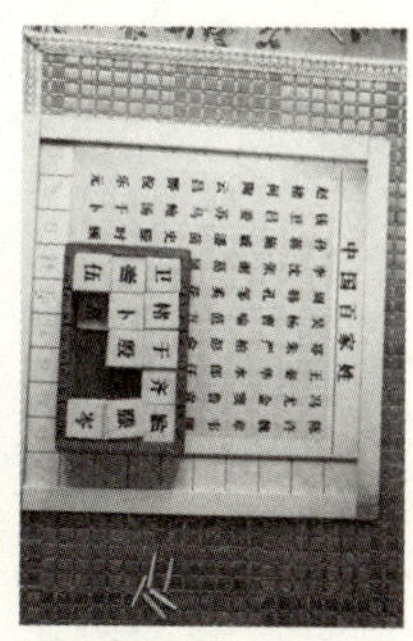

操作类材料：百家姓配对

写的材料：笔顺笔画

写的材料：写字小书

（二）使用材料中的发现

教师根据教学内容和儿童的发展，设计出学习的材料。材料的设计融入了教师的教学经验，但在使用过程中，要观察使用情况，并给予调整。

材料的制作和使用要注意以下几点。

1. 在提供的语言材料中，要注意与主题的内容推进相结合

以“恐龙”的主题为例，在了解了恐龙在各大洲的分布后，老师趁着儿童对地图和地名感兴趣的时刻，给儿童提供了一份各大洲国家的“国旗与国名对应”操作板，根据教学内容趁热打铁，增强儿童的操作兴趣。

2. 教师操作难度是否适宜

教师在儿童使用中观察，材料是否需要调整。太难或太容易的操作材料，都不能激发儿童操作的兴趣。开始提供的“国旗与名称对应”操作板，把五大洲的国家名称，都分别放在一块板上，造成国家名称较多，儿童需要付出很大的耐心，花很长的时间才能完成。很多儿童都没有完整操作完，就放弃了。教师最后重新制作，把每块板分成20个国家，并用底板颜色，来区分各大洲的国家，难度减低后，这份材料获得了儿童的喜爱。

（三）创造性材料的衍生

创造性材料的衍生，包括主题材料的衍生、区角内容的衍生等。

例如，孩子们在区角里讲的故事，可以制作成故事发展操作材料。班级里一位小朋友，讲了大家都熟知的十二生肖的故事，孩子们喜欢重复，每次听小观众都很有兴趣，后来大家都对十二生肖的故事很熟悉。根据这个情况，教师设计衍生出关于动物的生肖图文配对和十二生肖的图片接龙游戏、文字接龙游戏等操作游戏。这样，听说的能力、读认的能力，都在与材料的互动中发展出来了。

写的材料：成语与实物配对

写的材料：文字与图片配对

第三节　科学区

一、科学区对儿童发展的促进作用

儿童会对自然界发生的一切现象感兴趣，诸如物体移动和变形，声、热、光、电、磁等现象。教师应利用自然和实际生活机会，帮助和引导儿童尝试发现自然事物之间的异同和联系。儿童在对自然事物的探究和运用数学工具尝试以归类、排序、判断、推理等方式解决问题的过程中，可以不断积累科学和生活经验，充分发展形象思维，逐步发展逻辑思维能力，激发创造力和想象力，为其他领域的深入学习奠定基础，最终形成受益终身的学习态度和能力。

二、科学区环境创设

科学可分为自然科学、社会科学、应用科学三大领域。自然科学包括物理、化学、生物、地理学等；社会科学包括人类、经济、心理、政治学等；应用科学包括数学、心理学、医学等。本节讲述的主要是自然科学。

自然科学区规划在满足儿童操作安全的情况下，位置的安排可以从最大的两种分类来划分创设，即：有生命的、在生长的动植物；无生命的物理、化学、地理等探究操作材料。

（1）针对有生命的。利用阳台、菜地或选择远离儿童餐饮、起居区域设置植物和动物生活区。

（2）针对无生命的。①区域设置尽量选择角落和水平台，角落便于在探究过程中避免被干扰和影响他人；水平台能更准确观察物体运动情况。②靠近光源的区域，为儿童对光的探知初步设定环境。③化学类的操作尽量远离物理运动区域。

（3）无论是否有生命，区域中都应有可利用的安全电源。

（4）区域中提供的工具和材料要丰富、安全，同一种工具可多配备几个。按其特质集中或分类排放。儿童可以根据探究过程中的需要自己取放工具。

划分为两大区域之后，自然科学区更为具体的材料设计可根据主题内容来填充和创设。

以下为一些创设图例。

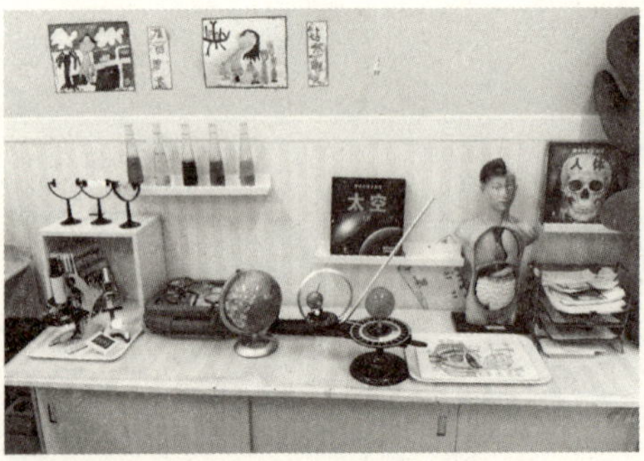

“人体”主题科学区

“昆虫”主题科学区

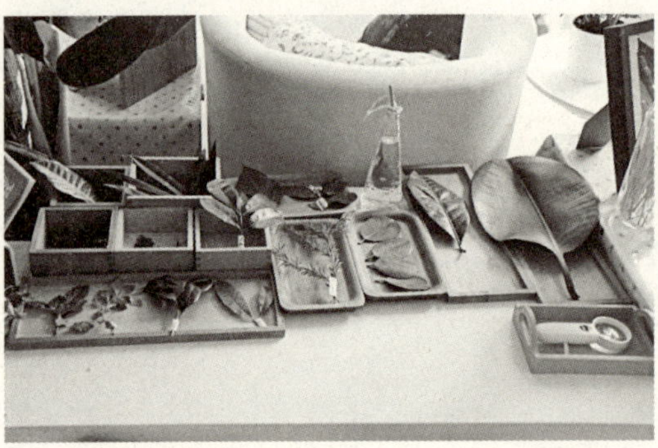

“植物”主题科学区

“鱼类”主题科学区

科学种植角

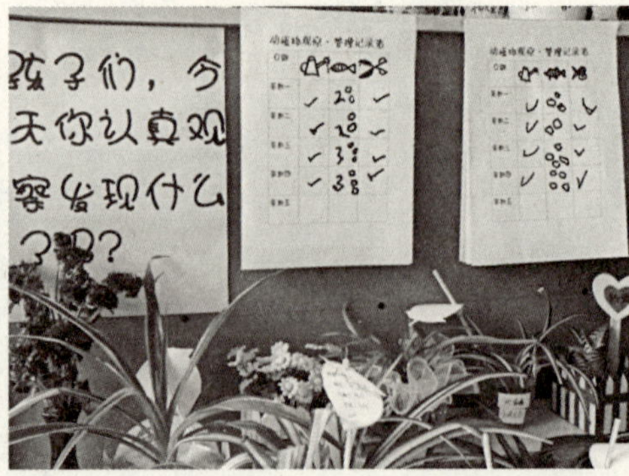

“花”主题科学区

三、科学区材料提供

科学区材料和工具的提供要确保安全，尽量选择生活中常见的东西，如酸碱类实验可选取食醋和肥皂水。根据班级主题，可进行其他相关的创意创设补充。

（一）科学区基本的材料提供

第一，植物类：实物、三段卡、拼图、标本、根据主题衍生出的其他材料等。

第二，动物类：实物、三段卡、拼图、标本、根据主题衍生出的其他材料等。

第三，科学实验：运动、声、热、光、电、磁实验材料等。

第四，人体：骨骼结构、器官模型。

第五，地理、地质：地球仪、指南针、温度计、国旗等。

第六，历史、天文：星系、星座、月相材料，望远镜、时钟、日历等。

材料图例：

昆虫实物三段卡

认识和比较蛋

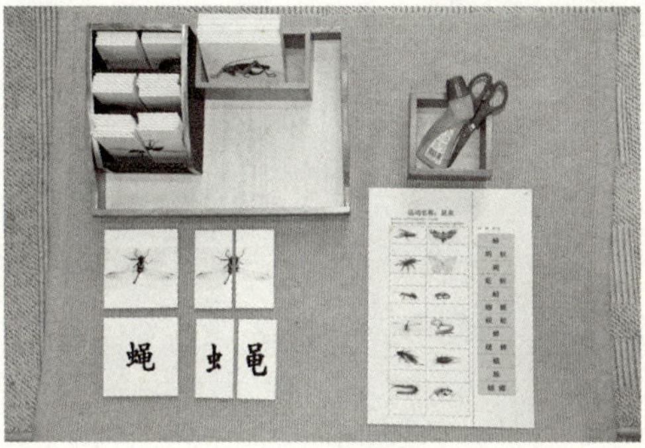

昆虫汉字结构三段卡

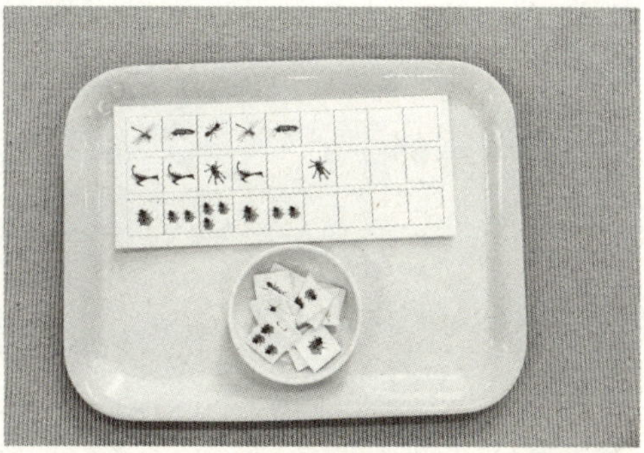

昆虫接龙游戏

昆虫建构图形板

昆虫配对

蝴蝶穿线

电路实验

摩擦生电

磁力分类

地形盒

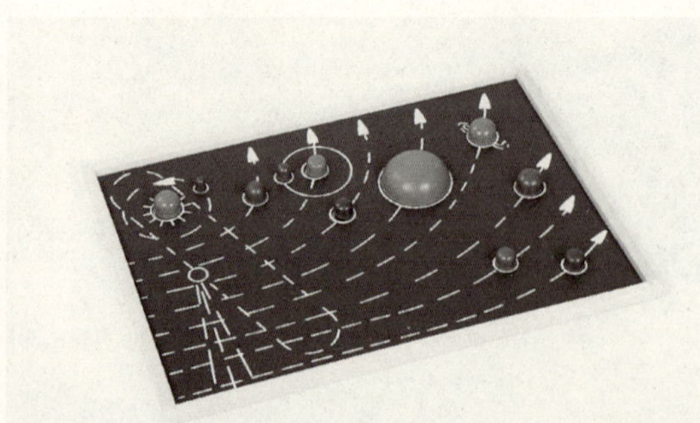

银河系排序

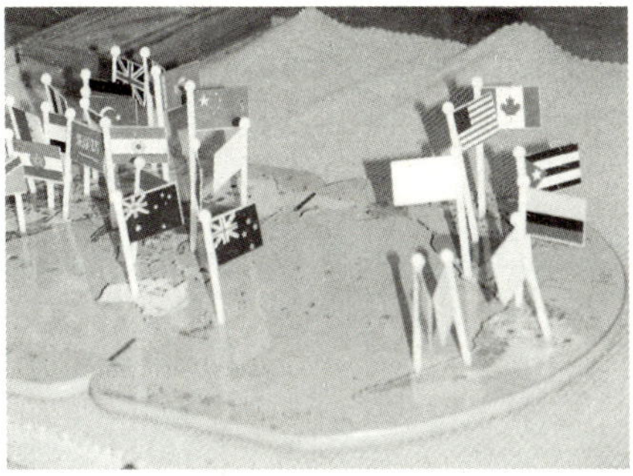

国旗

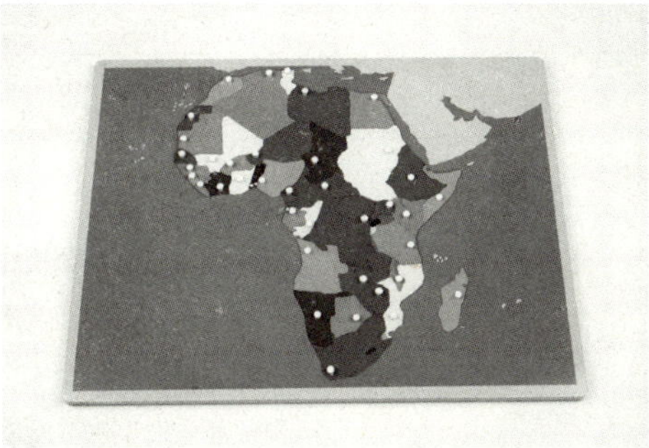

地图嵌板

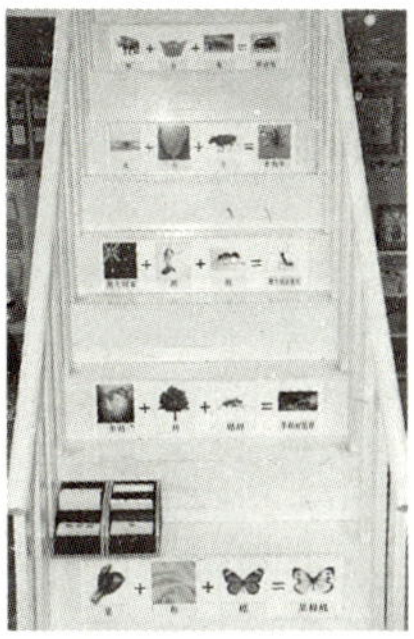

昆虫汉字组合游戏

（二）科学区依各年龄段特点提供材料

表2-3　科学区操作材料提供清单

名称	目的	材料	幼儿操作	老师指导
物的沉浮	①了解不同材质物体在水中的状态。 ②培养儿童的思考、观察的能力及做科学小实验的兴趣。	大容器（画有红色水位线）、水壶、小容器1（画有向上箭头，表示浮起来）、小容器2（画有向下箭头，表示沉下去）、毛巾、夹子、不同材质物品若干。	①幼儿将水壶装水，后倒入画有红色水位线的容器里。 ②将不同材质物体倒入大容器里。 ③根据物体在水中的状态，分别放入小容器中分类：浮起来的放入画有向上箭头的小容器1，沉下去的放入画有向下箭头的小容器2。 ④将材料整理好归位，用毛巾擦拭多余的水。	引导儿童掌握：酒精灯应该用火柴点，不能用打火机。
自制电话机	①培养动手制作的兴趣。 ②激发对声音的研究兴趣。 ③培养儿童交往合作能力。	两个一次性纸杯、一个锥子、一根长线。	①用锥子在两个纸杯的底部各钻一个小孔，穿进长线。 ②在伸入纸杯内部的长线上打一个结，使之不易脱落。 ③两个小朋友各拿一个纸杯电话筒，拉直中间连接的线，然后对着它说话。 ④将材料整理好归位。	启发引导儿童感知两个纸杯中间的线在松弛下和绷紧情况下声音传播情况。

续表

名称	目的	材料	幼儿操作	老师指导
摩擦力实验	①知道粗糙光滑的概念。 ②不同粗糙表面的摩擦力大小不同。 ③对物理运动产生兴趣。	长方形切菜板、几本厚书（可用其他稳定物代替）、平底玻璃瓶、肥皂、一杯水。	①用干燥平滑的切菜板和书搭成斜坡。 ②让瓶子从切菜板顶端滑下，观察速度。 ③把切菜板弄湿。 ④再让瓶子滑下去。观察速度。 ⑤拿肥皂在湿的切菜板上涂抹几下。 ⑥让瓶子滑下，观察速度。 ⑦在作业单上排序不同表面摩擦力大小。 ⑧清理积水。将材料收回原位。	木板摸起来很平滑，表面却有无数肉眼看不见的凹凸点。物体间凹凸点的接触增大了移动时的摩擦阻力。水填满这些表面的凹凸，使摩擦力减小。肥皂填满更多的凹凸，瓶子几乎没有接触木板，而是在一层肥皂水上快速滑下去的。
唾液能分解淀粉	①对人体生理学产生兴趣。 ②初步学习使用烧杯、滴管、玻璃棒等化学器皿。	烧杯、滴管、玻璃棒、马铃薯。	①马铃薯弄烂放在两个烧杯中，加水搅拌，然后滴入碘酒摇晃，液体变蓝，说明马铃薯里含有淀粉。 ②在第一个小瓶里什么都不加，在第二个小瓶里加进一些唾液，摇晃。 ③分别向这两个烧杯中滴一滴碘酒，观察颜色变化。 ④清理操作材料并归位。	老师提示关注点： 滴管取放液体时要垂直，不能横放或倒放。
种子的萌发	①对自然植物感兴趣。 ②通过对种子萌发的条件的观察，培养儿童耐心和观察力。 ③了解种子的萌发条件。	常见的种子（如绿豆、黄豆），有盖的瓶子4个，小勺1个，餐巾纸8张，4张分别标有1、2、3、4的标签，胶水，清水。	①在第一个瓶子里，放入两张餐巾纸，然后用小勺放入10粒黄豆，拧紧瓶盖。置于室温环境。 ②在第二个瓶子里，放入两张餐巾纸，然后用小勺放入10粒黄豆，洒上少量水，使餐巾纸湿润，拧紧瓶盖。置于室温环境。 ③在第三个瓶子里，放入两张餐巾纸，用小勺放入10粒黄豆，倒入较多的清水，使种子淹没在水中，然后拧紧瓶盖。置于室温环境。 ④在第四个瓶子里，放入两张餐巾纸，用小勺放入10粒黄豆，洒入少量清水，使餐巾纸润湿，拧紧瓶盖。置于低温环境。 ⑤一周之内观察种子萌发情况。	引导儿童要定时观察种子成长状况。

续表

名称	目的	材料	幼儿操作	老师指导
pH酸碱度测试	①学习滴管的使用方法。 ②对日常生活中食品的化学性质感兴趣。 ③培养观察力和手眼协调能力。	量杯2个，玻璃器皿一个，滴管2只，pH试纸，一瓶苏打水（碱性），一瓶白醋（酸性）。	①用滴管吸取一些苏打水移入量杯1内。 ②再用另一只滴管吸取一些白醋移入量杯2内。 ③记录苏打水和白醋在量杯内的刻度。 ④将量杯1和量杯2内溶液混合。 ⑤用干燥的pH试纸沾取混合液，观察pH试纸颜色变化。参照pH标准记录混合液pH值。 ⑥将滴管、器皿清洗干净放回原位。	老师提示关注点： ①滴管取放液体时要垂直，不能横放或倒。 ②pH试纸要干燥，测量结果才准确。
天平称物	①天平的使用方法。 ②手眼协调，为握笔做准备。 ③天平使用需要精准操作，培养儿童的独立性和专注力。	天平、砝码、物品若干。	①放水平：把天平放在水平台，将游码归零。 ②调平衡：调节横梁右端的平衡螺母，使指针指在分度盘中线处，此时横梁平衡。 ③称量：将被测量的物体放在左盘，估计被测物体的质量后，向右盘按由大到小的顺序加减适当的砝码，并适当移动标尺上游码的位置，直到横梁恢复平衡。 ④读数：天平平衡时，左盘被测物体的质量等于右盘中所有砝码的质量加上游码对应的刻度值。 ⑤记录。 ⑥整理：测量结束后要将砝码放回砝码盒，将游码归零，整理器材，恢复到原来的状况。	天平使用前一定放置于平衡位置并将游码归零。强调天平左物右码的原则。
云的形成	①对自然现象感兴趣。 ②培养动手操作、独立分析的能力。	冷水1杯、剪刀或锥子1把、火柴1盒、吸管1支、橡皮泥1块、玻璃瓶（带可旋转盖）。	①在瓶子盖上戳个洞，在洞中插入吸管，并用橡皮泥将吸管周围密封。 ②在瓶子中倒入一些冷水，摇晃均匀，然后把水倒出来。 ③靠近瓶口，点燃一根火柴。 ④吹灭火柴，把冒烟的火柴扔进瓶子中，让烟进入瓶子。 ⑤迅速拧紧瓶盖，通过吸管向瓶子中用力吹气。 ⑥停止吹气，用手堵住吸管，使空气留在瓶中。 ⑦松开吸管，当空气冲出瓶子时，瓶子中就产生了云。	老师讲解原理： ①往瓶子中吹气，增加压力。 ②松开吸管后气压下降，空气变冷了。 ③瓶子中的水蒸气附着在烟中的尘粒上，凝结成极小的水滴，许多的小水滴就形成了云。

续表

名称	目的	材料	幼儿操作	老师指导
植物向光性	①了解植物与自然的关系。 ②培养儿童爱护环境和植物的品质。 ③定期观察植株情况，培养儿童的耐心和坚持力。	植物幼苗（玉米、小麦等）、火柴杆、小花盆（或培养皿）、泥土、不透光的纸盒、台灯、剪刀。	①用剪刀在不透光的纸盒一侧挖一个直径为1cm的孔，待模拟单侧光照射时使用。 ②将几株长势相同但真叶尚未出胚芽鞘的幼苗依次排开，分别栽种在两个花盆中。在幼苗的旁边插一根火柴杆，作为对比的参照物。 ③将制作好的遮光罩扣住花盆（一组用不透光的纸盒，另一组用一侧带小孔的纸盒），白天将装置置于阳光充足的地方，夜间以台灯代替光源，并使光从小孔中透入纸盒。 ④每天打开纸盒，观察幼苗的生长情况，记录下高度、倾斜角及当日温度、天气等情况，并间断地拍照，保留图片记录。但要注意，打开纸盒观察实验现象的时间应该尽可能地短，并保持透光孔的方向与前次一致。 ⑤记录：将观察日期、时间、环境条件（温度、天气）、幼苗生长情况等列表记录。	协助儿童监测记录幼苗生长方向变化。

物的沉浮

自制电话机

摩擦力实验

种子的萌发

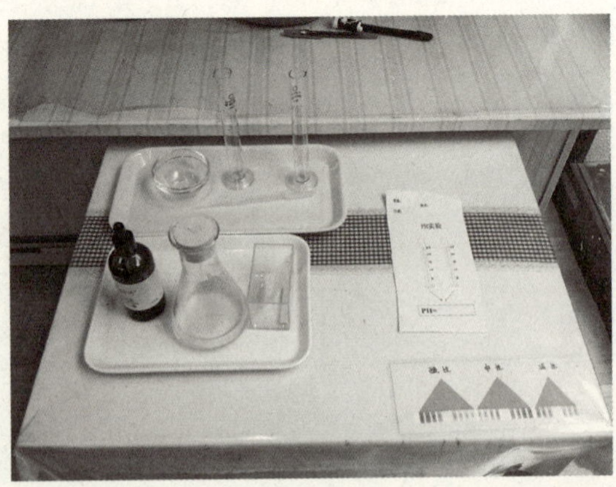

pH酸碱度测试

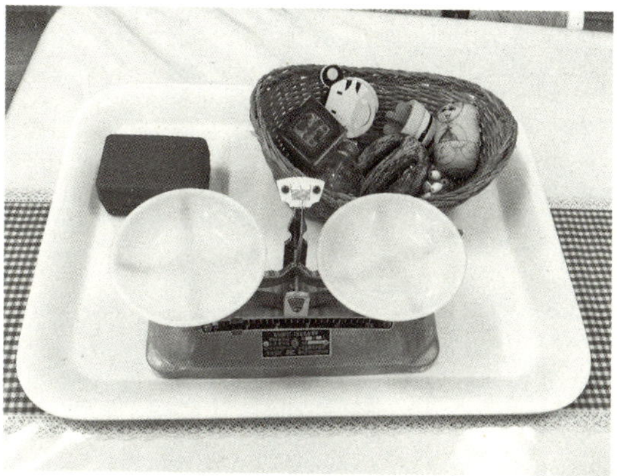

天平称物

植物向光性

（三）与主题相结合的科学材料延伸

与主题相结合开展的科学活动关键在于使主题活动成为“儿童自己的活动”，如内容最好来源于儿童的兴趣点，教师平时要不断地观察与研究儿童的兴趣，记录儿童在平时的生活中以及探索活动过程中遇到的问题，以此形成主题活动计划。在活动过程中要鼓励儿童通过自主探索去解决问题，大胆质疑。在活动结束阶段鼓励儿童用多种表达方式来表现自己的探索过程，表达发现的愉快并与他人交流分享，并激发儿童进一步探索的愿望。这样的主题活动才能体现“以儿童为中心”“师生共建”“整合性、开放性”等特征，让主题活动成为“儿童自己的活动”。

例1：“树叶”主题科学材料实例1

（1）儿童观察不同种类叶子轮廓，并画在固定尺寸白纸上。把画好后的不同种类叶子轮廓图插在透明布袋里。

（2）将不同种类叶子分类。

（3）分好类的叶子从大到小，或从小到大，或颜色从深到浅，按照一定逻辑顺序排列插在墙上。

例2：“树叶”主题科学材料实例2

本材料是蒙氏材料粉红塔的延伸材料。

（1）把叶子卡片散放在地毯上。

（2）按大小顺序摆放，也可按照不同的方法或其他创意变化。

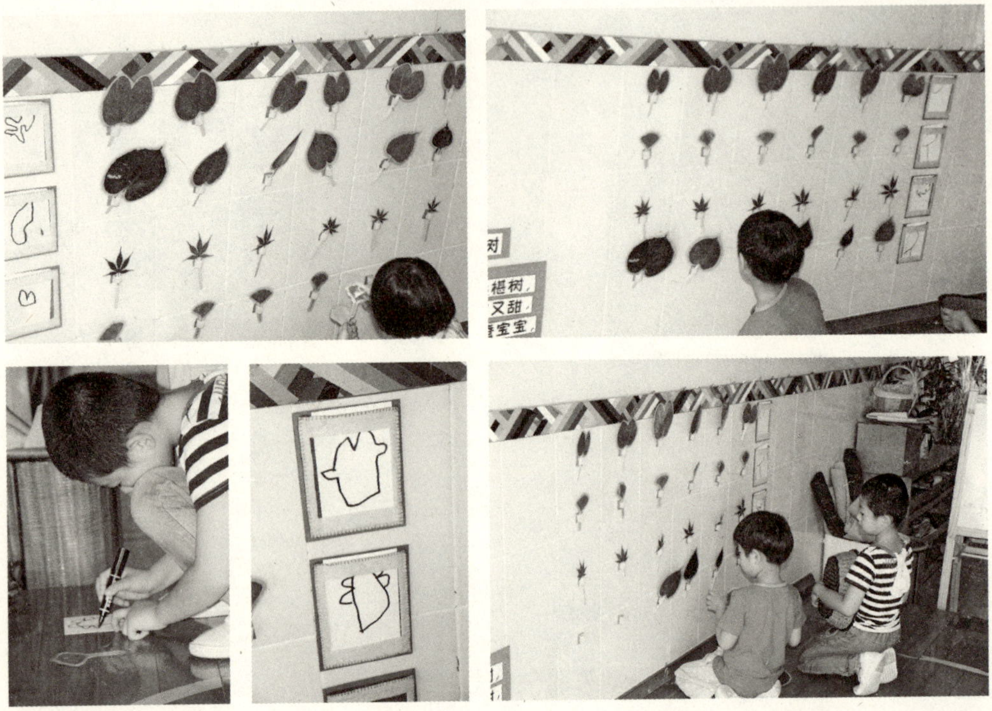

“树叶”主题科学实验1

“树叶”主题科学实验2

四、科学区的材料使用实例与反思（结合主题延伸材料）

（一）有准备的材料提供

例如，“我自己”主题开展过程中，老师提供医用听诊器和时钟，儿童自己尝试和学习测量同伴心跳。

案例

我是医生测心跳

小楠和占宇今天选择了心跳测试记录这份材料，两人认真测试完每分钟心跳并记录后，占宇说：“你心跳12下！”小楠说：“你心跳110下！”

旁边一直看着的大乐过来说：“占宇你记错了，小楠怎么可能心跳只有12下？老师说过一般正常儿童心跳在72～120下，你肯定测错了。”

占宇和小楠又重新测了一下，大乐在旁边看着，测完占宇说：“是12下呀！”

大乐在观察小朋友测量过程中发现问题所在，对占宇说：“老师说测量一分钟内心跳次数，说秒针从12开始走，走一圈再回到12，这才是一分钟内心跳次数，而不是让你数12下就停啦！”

“啊！”占宇明白后重新测量了一次。最后测出小楠每分钟心跳不是12下，是100下！

测心跳

活动反思：

这个活动需要孩子已有认识钟表的经验，以及对数的一定积累，并已初步建立逻辑秩序感，在尝试——纠错——再尝试过程中，加强和修正自己对数概念和逻辑的已有经验，并进行提升。

（二）使用材料中的发现

案例

静电反应

冬天，天气干燥，孩子穿脱衣服时会发生静电现象，甚至头发全都立起来，这引起了孩子的注意。然而有些孩子的衣服没有发生静电现象，老师借这次孩子的关注激发孩子对摩擦生电的物理现象的兴趣。

老师："你们看豆豆的头发立起来了，这一现象叫摩擦起电。"

老师引出摩擦起电的操作材料。用玻璃棒摩擦丝绸后，吸引纸屑，然后纸屑又迅速和玻璃棒分开。

这一行为引起小朋友围观。

老师："任何物体都是由原子构成的，而原子由带正电的原子核和带负电的电子所组成。两个物体互相摩擦时，有一个物体失去一些电子，另一个物体得到多余的电子。如用玻璃棒跟丝绸摩擦，玻璃棒的一些电子转移到丝绸上，玻璃棒因失去电子而带正电，丝绸因得到电子而带负电。当纸屑与玻璃棒接触后，纸屑又带上正电荷，同性相斥，所以与玻璃棒相排斥。"

静电实验

老师已完成激发兴趣和适当引导的部分，教师角色完成，接下来将不再参与，主动离开让儿童动手操作，探索感知。老师留意观察儿童在探索过程中的动手能力、交流能力，与人合作交往等行为状态。

（三）创造性材料衍生

案例一

三原色实验

经过主题活动"色彩斑斓的花儿"，儿童对颜色和花已有所认知。

三原色实验

三原色实验适合小中班儿童操作。

本操作活动分两个层次：第一个层次是三原色混色实验，观察红、黄、绿三原色试剂分别混合后生成的颜色。第二个层次是三原色水中养花，观察同种颜色花吸水后花瓣颜色的变化，不同颜色花吸收同样颜色水后所花瓣产生的颜色变化。

老师先让儿童认识了三种颜色，初步指导示范了滴管的使用方法：把胶头滴管伸入试剂瓶液面以下；挤压胶头，使少量溶液进入胶头滴管；取一支试管，将胶头滴管悬于试管口上方；挤压胶头，将溶液缓缓滴入试管中。

分别任取两种颜色试剂滴入一支小试管，观察颜色变化。开始时儿童使用和控制滴管不协调，老师须再次示范和提示。每次操作一次，将混合的颜色种类和生成的颜色记录在记录单里。

尝试不同颜色混合。

活动反思：

多数儿童在使用滴管时候手眼控制尚不熟练。多次使用操作能加强锻炼儿童的手眼协调能力。使用试管之类的实验器材，要求过程精细、准确，这对培养儿童专注力和对程序性工作的记忆非常有效。

案例二

三原色实验延伸活动“颜色变化的花儿”

老师带着儿童收集同种颜色的花若干。

三原色红、黄、绿试剂装入容器中后，将同种颜色的花插入里面，待一天后观察花儿颜色变化。

老师带着儿童收集三种不同颜色的花若干。三种颜色的花分别插入红色烧杯中，三种颜色的花分别插入黄色烧杯中，三种颜色的花分别插入绿色烧杯中。待一天后观察花儿颜色变化。

通过以上材料的提供和操作过程中的现象观察，可以发现良好的科学区材料提供和适当有效的师生互动能使儿童对大自然和日常生活中的现象感兴趣，促进儿童喜欢用多种感官去探索研究事物之间的联系。儿童通过正确安全地使用各种科学实验操作工具，提高了动手能力，培养了独立性，培养了合作能力。经过长期积累和整合，儿童的逻辑思维和创造能力得以建立和激发。

观察颜色变化的花儿

（四）科学区材料和师生互动反思

1. 不适宜的互动

（1）教室中儿童可取用的自然和科学游戏材料及教具少于两种。

（2）教师对儿童提出的问题没有给予回应。

（3）教师没有引导儿童关注大自然和日常生活中事物与现象的发生原因和结果。

2. 适宜的互动

（1）区域中有多种科学仪器可以使用（例如，与当前专题有关的器材：探索颜色用的色透镜，探索光用的棱镜、灯箱，探索电用的电池、电线等）。

（2）运用书籍、图片或视听材料来收集信息、扩展经验（例如，当幼儿在解决某个问题过程中会运用这些资源）。

（3）教师支持儿童为寻求答案通过一系列活动去探究。（例如，引导儿童观察“是什么”，描述“是怎样的”，推理“为什么会这样”，用实验验证自己的想法。）

（4）每周至少进行一次自然和科学类的小组或集体活动（例如，烹饪、测量下雨量、户外教学活动），且教师有计划地介绍适当的科学概念（例如，沸腾、深浅、光合作用等）。

第四节　美工区

一、美工区对儿童发展的促进作用

在一间全环境的幼儿园里，我们尊重儿童的独立想法，给予儿童充满人性化的艺术表达空间。美工作为艺术活动的载体符合满足儿童天性发展的需求，因为儿童是

美工区一角

最有创造能力的个体，儿童喜欢以美工作为媒介表达自己的内心思想，有准备的环境中美工区域也是必不可少的。美工可以用视觉艺术的形式记录儿童当时的心情和想法，这种用作品记录的形式主要是把儿童内心的独白表达和传递给他人。儿童在参与美工区活动的过程中，不仅可以发展创造性思维、社会性情感，还可以促进审美感动。

（一）促进儿童创造性思维的发展

教师为儿童创造合适的美工氛围、美工环境、美工材料，让儿童学会运用多种方法表征，运用丰富而有层次性的材料来表达对世界的看法。我们的课程以儿童为本位，注重儿童学习的过程，而非结果，不用成人的眼光去评价儿童作品的好与坏。我们利用多种不同质地的材料，帮助儿童获得艺术创想的经验，并以此经验拓展儿童的艺术欣赏概念，为儿童学习提供坚实的基础。我们的课程容许儿童在已有的材料上进行大胆的构想，使儿童增进独立创作的乐趣，体验成功的喜悦。

罗宾森和美国国家文化与创造教育咨询委员会（1999）曾提出了四个判断某种活动是否有创造性的要点：有想象力、目的性、独创的想法、观点或作品，以及这些想法和观点在达成活动目标中起到重要作用。儿童每天都有创作的机会，透过艺术的方式表达美感及审美情操。教师给予儿童富有规律的创意空间，这种艺术本位的创意方法使儿童尝试突破更大、更宽泛的想象维度。在一段美工教育历史变迁中，饱受争议的儿童示范画影响了几代人的思想，但真正的示范方法是什么我们是否厘清?当有人质疑教师示范画会束缚儿童想象和创造力时，有些教师便另辟蹊径，将重点转接到让儿童广泛接触不同材料的自由探究和作品组合上。但我们所提倡的是：儿童在美工区域借由一节美工活动中教师的“示范”所引发的思考是否有价值，取决于教师“示范”的重点不再是一幅范画，而是一种思维方式。教师的“示范”尽管只是单纯小小元素，都有可能启发到儿童随心所欲的大作品，这种“示范”所给予儿童的是创作时浮现在脑海中的思考画面，用灵感逐渐丰满的细节。教师用简单风趣而富有感染力的“示范”，既带动了儿童创作的灵感与情绪，更让儿童运用绘画智慧启发无限创意。儿童艺术表达的背后恰恰是教师严谨的思考和匠心精神的体现，如果把美工教育比作需要求结果的数学题，那么解题的方法才是关键所在，好的方法能激发和带动儿童无限潜能的自由生长!

（二）促进儿童社会性情感的发展

儿童具有独立思考和解决问题的能力。在活动过程中，儿童越多地接触各种材料，就会对美工活动产生兴趣，增强参与艺术活动的自信心，对自己的作品也会有成就感和自豪感。美工活动帮助儿童用绘画语言的形式表达自己内心的情绪情感，使儿童更直观地抒发无法用语言表征出来的内心世界。儿童用绘画、手工、泥塑等形式进行创作的过程，就是敞开心扉与同伴合作、交流的过程，可以自由宣泄真实的情感。

儿童通过对不同艺术的欣赏，感知艺术氛围与价值的形态各异，也有更多的机会接触到艺术的不同风格，进而对周围事物的看法也会产生改变，学会欣赏别人，学会分享美好。在美工区活动中，儿童愿意与同伴共同合作完成作品，各自发表自己的看法，但也难免会有分歧，在这个过程中，他们经过讨论协商达成一致，学会了如何解决问题，如何与伙伴沟通，学会表达不同的观点，体验合作所带来的愉悦。教师用美工作品的形式记录生活中的点滴发现与想法，这种记录方式可以促进儿童的学习，在记录中提升儿童喜爱探究的欲望，使其学会观察、发现生活中有趣的事情和自然界中美妙的变化。这种记录可以传递给他人更加写实的社会，借用美工作品的媒介发展儿童与艺术之间的情感联系。在儿童别具匠心的小作品中能欣赏到无数个奇妙的大世界，这是一种会让人叹为观止的艺术之美!

二、美工区环境创设

（一）创设一个可以创造性表达的美工区环境，让儿童的艺术家气质得以发挥

教师作为美工区环境的设计者，如何创设一个真正意义上的美工区环境呢？首先，应该了解儿童每天生活的环境是否具有创造性表达的功能，并不是单纯地停留在视觉艺术的层面上，而是用艺术的形式来建构具有美工特点的环境。要知道，儿童天生拥有艺术家的气质。其次，教师要为儿童准备可以让其尽情自由表达想法的美工区域环境，提供能够让儿童主动参与艺术创作的时间、材料、经验。儿童需要的是精心

美工区环境创设

准备的富有创意、吸引力，具有弹性思考空间，可以热情表达自己想法、发挥创造性的环境。儿童需要在宽松自由的美工区环境中发挥自信心，儿童需要被尊重，才会以艺术家的气质保持有计划持续创作的兴趣。

美工区环境应注意以下内容：

（1）营造一个有整体艺术气质的美工区环境，能够吸引儿童，使其具有进入区域中享受创作快乐的意愿。

（2）材料分明的区域，还有柔和温暖的灯光，来衬托这最特别的美工氛围。

（3）有用于陈列各种材料和儿童作品的展示架，和儿童的高度在同一水平线，让儿童的视线直接可以看到。

（4）最好靠近水源，便于儿童清洗工具和取水。

（5）有足够大的工作台，适合于儿童进行平面和立体创作。

（6）美工区应在一个相对安静的地方，给儿童一个独立的创作空间，不被其他区域所干扰。

（7）所有的材料陈列有序，工具类和基础性材料分开摆放，让儿童从材料的展示中建立和形成内在秩序感。

（8）有适合于儿童参考和欣赏的书籍、资料，给儿童的创作提供可以查阅的资料，提供欣赏更优秀艺术作品的条件。

（9）美工区环境还应该起到示范的作用，材料和教具可以按照色系或者类别来摆放，让儿童感知环境中的不同意义。

（二）儿童如何在美工区环境中学会解决问题

我们都知道，儿童创作的过程远比结果更重要，用艺术的方式解决问题是一个长期的过程，在过程中儿童会选择各种材料表达想法，探究各种材料的可能性，也会延用之前对材料使用的基本方式，然后在此基础上发觉可能性，再创造出另一种想法或不同感觉。教师必须了解儿童是如何用创造性的方式解决问题的，因为这个过程可能就是儿童艺术萌芽发展的过程，当儿童透过材料来表达内心想法时，环境中的材料本身也成了儿童创作灵感的源泉。同样，教师如果直接告知儿童两种不同的颜色混合后会变成第三种，远不如让儿童用水粉笔蘸着颜料，运用不同的方式在画纸上反复尝试组合颜色的变化，儿童在与材料和工具互动时就学会了如何使用工具和解决问题。

（三）营造美工区环境中的和谐氛围

当我们走进一间教室时，最先关注的应该是整体大环境的氛围，这种情绪上的感知，会让成人乐于进入其中，让儿童发挥无限遐思创造性表达自己。我们都不愿成为抑制儿童创造能力的教师，所以在美工区教师要特别关心儿童是否能够持续专注于他们的艺术创作。教师所提供的充足时间、表征材料、多元艺术经验，对于美工区的环境是不可缺少的因素。儿童在足够被重视的氛围中工作，他们会像艺术家一样迸发可以点燃小宇宙的火花!

儿童的作品常常会受到环境中的因素影响而发生改变，比如某个孩子开始的时候可能会画一个圆圆的屋顶，看到小伙伴画了菱形屋顶也会借鉴，因为儿童的思维是容易迁移的。我们在大班给孩子们玩彩陶，这种材料很柔软，色彩鲜亮，适合孩子们揉捏，几乎每天的美工区都“门庭若市”。孩子们愿意体验这种软陶在瓷器上融合后的惊喜变化，软陶经过烤箱烘烤会变成硬硬的作品附着在瓷器表面，这个过程对儿童来说是新奇的经验累积。

孩子们还用手动挤压机器感受颜色混合后的神奇，根据学习主题的不同，他们会将主题思考加入作品，但有时也与主题毫无关系。记得有一天小乐在小心翼翼地揉搓长条，他准备在磁盘上围成一个圆形，他很投入地加入小小的圆点在上面，表情中似乎对自己的作品很满意，可是过一会儿突然全部取下来，我问他：“怎么了？都要取下来吗?”他回答说：“对！我要重新设计，我想到要设计一个迷宫在上面，我得在纸

美工区材料

上先画好。”于是他找到了自己的速写本，开始画迷宫的草图，设计完几个复杂的通道后，他重新揉搓软陶团团，这次他决定用切刀完成细小的部分，来表示他迷宫的虚线部分。一直在尝试改变造型的小乐在这个过程中，用新的想法重新在创作。重要的是教师，要了解儿童在每一个创作的过程是如何解决问题的，这可能会花上儿童较长一段时间，儿童处于不断地修改、探索、体验的过程中，因为儿童的作品随着想象而改变。

三、美工区材料提供

培养儿童创造性表达自己的思想除了需要有美工区的环境外，还有更重要的一点就是材料的提供，在这个艺术氛围浓烈的区域中，材料是它的基本构成部分。材料是儿童创造性表达的艺术媒介，教师需要准备不同类别、不同质地、不同层次的材料供儿童选择。儿童经常与丰富的材料互动，则会累积使用材料的经验，在与材料的互动中找到乐趣。当儿童对区域中提供的材料已经熟悉后，老师也会再逐渐投入新材料进行替换。

（一）美工区的材料分类

我们为孩子们准备的美工区材料包含基础性材料、创意性材料和工具类三种。

1. 基础性材料

各种不同质地的纸（卡纸、牛皮纸、皮纹纸、瓦楞纸、玻璃纸、刮画纸、水粉纸、新闻纸、包装纸、锡纸、蜡光纸、餐巾纸等）、油性颜料、水性颜料、墨汁、棉花、线绳、毛根、纸板、瓷砖片、玻璃器皿、瓷盘、KT板、麻布、木框、软陶等。

2. 创意性材料

小石头、小木块、杯子、花瓣、麻布片、酒瓶、酸奶瓶、各种瓶盖、锡箔纸、树叶、纽扣、铁丝、干树枝、珠子、亮片、碎布、吸管、杂志、报纸等一切可以利用的废旧材料等。

3. 工具类

欣赏类的书籍、剪刀、刻刀、各种笔、油画棒、碳铅、画板、画架、调色盘、画毡、胶水、拓印油滚、软陶挤压机、烤箱、放大镜、小镜子等。

美工区材料

（二）美工区材料的具体使用方法

表2-4 美工区操作材料提供清单

名称	目的	材料	幼儿操作	老师指导
色彩涂鸦	①培养儿童对色彩的敏感度。 ②自己发现色彩与色彩之间的混合变化。 ③表达和宣泄内心的情绪情感。	涂鸦区专用私密角； 立体小画板； 水粉纸。 5～8种颜色的水粉。 水粉画笔； 围裙、袖套； 玻璃纸地垫； 台灯、毛巾、清水瓶、调色板。	自己穿好围裙，戴好袖套； 可以直接用原色水粉进行涂鸦，也可用调色盘调出自己喜欢的颜色； 可以依照班级开展的主题活动进行涂鸦，也可任意画； 自己清洗所用的水粉笔和调色盘； 盖好颜料盖，将自己的作品晾晒，再替换一张水粉纸留给他人再用； 取下围裙和袖套并叠好放回原位。	提示儿童水粉笔从哪种颜色取出还要放回原位。 水粉笔拿起之后要在水粉盒内边荡一荡，防止水粉滴落外面。 帮助儿童记录日期并写上姓名。
剪贴	①正确使用各种胶水，锻炼小手肌肉的协调性。 ②手眼协调，能够将胶水对准所要贴的物品上。 ③培养儿童专注做一件事的习惯。 ④感受和体会不同材料拼接后的成就感。 ⑤正确使用剪刀，锻炼小手肌肉灵活能力。 ⑥学会取放剪刀的正确方法。 ⑦学会将剪好的物体贴在衬托板或者其他器皿上。 ⑧注意使用剪刀的安全问题。	钝角的剪刀； 各种胶水：双面胶、单面胶、固体胶、液体胶； 背景板：可以是平面或立体材料； 粘贴物：各种纸张、线绳、纽扣、珠子、晾片、碎纸、木块、纸板、锡箔纸、豆子、食用通心粉等。	幼儿用剪刀将材料剪成自己所需要的形状或者长短； 均匀地将胶水涂抹在剪好的物体上面，再进行粘贴； 学会用不同的胶水进行粘贴； 建立头脑中的画面，并能依据自己的想象进行粘贴； 能够主动选择自己所需要的粘贴工具和材料； 坚持把作品完成，能够集中注意力完成一幅作品； 收拾整理粘贴物品，分类放回原位，做好工具的清洁工作； 在指定的区域晾晒作品。	提醒并注意儿童使用剪刀时的安全事项。 引导儿童将剪刀合并，手握住剪刀的铁片处放回原位，以免伤到他人。 引导儿童正确地使用各种胶水，切勿食用。 根据个别儿童的能力提供适合其操作的胶水，避免造成儿童的心理挫败感。 鼓励儿童发挥想象，创造独特的有别于他人的作品。 帮助儿童记录日期并写上姓名。
手工（编织、刺绣、缝、钉）	①培养儿童的动手能力。 ②学会手眼协调，专注做一件事情。 ③感受物体之间通过编织、打结后所发生的变化。	长条形海绵纸，色彩丰富较好； 工字钉、橡皮筋、订书机； 刺绣圈绷、刺绣网格布、钝头粗针、各种彩线、彩色笔。	剪好竖条的海绵纸，最上面不剪断，连接； 取另一条或另一种颜色长条形的海绵纸； 每间隔一条穿进去一段，直至穿到尾部； 拉直后从下向上移动，到最上端后整理整齐； 再取另一条用同样方法进行； 直至结束，可用订书钉固定边缘和底部。	引导儿童从一个方向开始穿，结束后帮助个别儿童做好封口装订。

续表

名称	目的	材料	幼儿操作	老师指导
拓印	①感受事物间的关联性。 ②感知两个相同物体的不用表征方法的神奇过程。 ③学会拓印的基本技巧。	拓印时用的毡垫； 拓印滚刷； 马力油彩颜料； 白板纸、KT板、宣纸、硬纸板、水粉纸、铅笔等； 液体白乳胶、刷子； 调色盘； 清洁布。	儿童可以用剪好的硬纸板粘贴在白板纸上； 选择自己喜欢的油彩颜料涂抹在已经造型的硬纸板上，颜色要涂得厚重； 取一张宣纸小心地放在上面； 双手均匀地按压后，小心地拿起宣纸进行晾晒； 直接用铅笔在KT板上画出轮廓； 再用铅笔沿着轮廓刺一遍； 用滚刷蘸颜料后在刺好的轮廓内滚动颜料； 取一张宣纸小心地放在上面； 双手均匀地按压后，小心地拿起宣纸进行晾晒； 收拾整理自己的剪刀、胶水等所用物品； 清洗刷子和调色盘。	引导幼儿拓印时要注意颜色的涂抹要厚重，至少要涂两遍。 放宣纸时要进行按压，并小心拿起，防止破损。 帮助儿童记录日期并写上姓名。
软陶制作	①锻炼小手肌肉的灵活性，练习揉、搓、拧、捏、压的技能。 ②感受两种或两种以上颜色混合后的变化。 ③正确使用切刀工具的方法。 ④享受作品被烤制后的成就感和自豪感。	各色软陶、各种工具刀、擀面杖、工作板； 各种形状的玻璃器皿、瓷盘、瓷砖等； 烤箱、塑胶袋。	先将软陶用切刀取自己要用的量； 在手中揉搓，使其变柔软； 在工作板上前后滚动揉搓，拧成麻花状，再进行揉搓，反复2~3次； 如果需要混色，可以另外取一块进行混合揉搓，直至均匀为止； 如需片状，可以将揉好的条状用擀面杖擀薄； 将揉好的软陶按压在器皿表面，要充分压牢固，重复进行； 待全部完成作品后，再用擀面杖在作品表面进行擀压，使其平整； 可以用工具进行装饰：挫洞，按点等； 将作品放在指定位置，待老师帮忙烤制； 整理剩余软陶，用塑胶袋装好，将工具等放回原位。	指导能力稍弱的儿童正确使用工具，并注意安全。 帮助儿童记录日期并写上姓名。 帮助儿童将作品放进烤箱进行烤制。

续表

名称	目的	材料	幼儿操作	老师指导
立体制作	①培养儿童对立体造型的想象力和理解创造力。 ②在制作中发现物体的平衡关系。 ③培养儿童的动手制作能力。 ⑤感受空间的变化维度和与同伴合作的快乐。	瓶罐、纸箱、盒子、铁丝、乳胶、纸巾筒、干树枝、锡箔纸、塑料纸、即时贴、铁网、包装纸、宣纸、卡纸、透明胶带、剪刀、线绳、矿泉水瓶、麻绳、丙烯颜料、水粉、水粉笔、皱纹纸、瓦楞纸、各种装饰品等。	儿童互相讨论协商要制作的主题； 协商后进行分工合作，每个人负责一个部分； 依据主体需要选择需要的材料； 进行修剪、缠绕、粘贴、连接等固定； 个别地方需要加固处理； 进行外形的装饰美化。	在大型接口或者转接处给予儿童适当的帮助。 给儿童提供更多的装饰性材料。
绘画	①锻炼儿童的小手肌肉灵活性。 ②为儿童的前书写做好准备。 ③表达内心的想法。 ④感受绘画带来的乐趣。	彩色笔、油画棒、马克笔、圆珠笔、彩色铅笔、水粉纸、白板纸、宣纸、皮纹纸、牛皮纸、卡纸、色纸、刮画纸、砂纸等。	儿童自己选择喜欢的纸和笔； 可以与老师共同讨论主题来绘画，也可自己任意创作绘画。	引导儿童注意画面的布局。 引导儿童正确握笔。 提醒儿童不要用笔伤害到他人。 帮助儿童写上名字和日期。
综合创想	①培养儿童的艺术创造能力。 ②学会为主题探究服务。 ③帮助制作主题所需的材料，如门票、服装、道具、头饰等。	卡纸、海绵纸、瓦楞纸、水粉纸、皮纹纸、白板纸、皱纹纸、单面胶、双面胶、订书机、水粉、水粉笔、纽扣、亮片、珠子、丝带、闪粉、水彩笔、油画棒、彩色铅笔等。	儿童根据主题探究学习推进的需要制作； 与表演区伙伴进行商讨； 分工合作，每个人负责找到自己所需的材料； 先设计自己负责的那个部分，再进行统整； 合作进行连接和装饰部分； 送达表演区，根据需要再进行调整。	引导儿童讨论时要以主题为中心。 在作品的连接部分给予儿童适当的帮助。

案例一

嘉嘉的恶作剧

姓名：嘉嘉　　　　性别：男　　　　年级：中班下学期

当他无比兴奋地走入美工区时的状态：眼睛睁得大大的，嘴巴一直喋喋不休，先挤一下前面的小伙伴，迅速找到一个自己最满意的位置坐下。一旦完成作品，他便非常得意地向坐在旁边的同学介绍他的“旷世作品”。

嘉嘉小档案：

1. 喜欢恶作剧。如：经常故意把别人的鞋藏起来，还装作与自己毫无关系。

2. 情绪起伏变化很快，喜怒无常。

3. 对美工活动情有独钟，入园以来，一直执着地青睐美工。

4. 爱用双手做“双枪”的动作，一年四季爱穿与警察有关的服装，曾一度被喻为“双枪警探”！

5. 思维方式为逆向，美工作品的表现富有创造性，极富探索欲望。

儿童在美工中的创作中是自发的、自控的行为，是一种近似于本能的表达。在这个过程中他的心智习性得到了培养，如喜欢质疑并提出问题，用各种感官感觉、创造、创新、想象，保持好奇心和愿意冒险。他的沉睡、封闭的心智，在色彩与线条的游戏中复苏了，而创作的过程也将激励他的心智不断向前推进。

活动反思：

每个儿童在美工发展上，都拥有无可限量的潜能，每个孩子都是与生俱来的创作艺术家，他们透过绘画创造了自己的语言，以表达自己的思想以及所见所闻。这是孩子心智潜能的觉醒，也是一个美妙的自我表达的机会。尼克森说：创造的过程是帮助孩子释放出在他们内心潜伏着和期待着的情感，所以还可能在他们生命的画布上，运用丰富、光亮、自信，而富有创造力，无畏勇敢的色彩，表达他们的情绪、情感，对儿童而言，这是一种挑战与引导，借着美工的媒介，实现潜在的创造力。

案例二

爱问问题的尧尧

姓名：尧尧　　　　性别：女　　　　年级：大班上学期

尧尧是个小女生，性格活泼开朗，喜欢把自己的好朋友都画成公主的样子。她特别热爱昆虫，在做“杯子”主题的活动中，她把杯子设计了毛毛虫和它们的卵，作品极具创造力。

（1）

（2）

尧尧制作的杯子

在美工活动区允许儿童自由地选择他所爱的活动材料和主题。儿童有独立完成或合作的自由，儿童更需要有充裕的时间，才能保持相当的兴趣，才能持久地坚持从事一项工作，而逐渐促进其创作的过程，同时也保证了作品的完整性。尊重儿童如艺术家一样，老师应协助儿童，帮助儿童完成他的目标，并尊重其任何作品的呈现和成就；整合多种智能刺激儿童的感官，激发儿童创造的欲望和如画家般的观察力，使其可以充分发挥自己的思考。不管儿童的能力特质在哪个层面，他来到这间教室都可以找到肆意发挥敏锐感知的活动，用各种美工形式表达自己的内心世界，让他的想象变为可见的现实。

大班上学期我们做了“杯子”的主题探究，美工活动真正体现了共创与合作，师与师、师与幼、幼与幼，都突破了原有的创作作品的模式。我们获得的是愉悦的氛围，平等的师幼关系，自由的想象，发挥的空间。儿童与儿童有时也能够得到互补，互相提高。我们共同完成了立体的杯子创作，这不仅是一次共同合作的过程，更是一次经验提升的过程：在主题刚刚开始的时候，儿童带来的彩色宣传册，给了我很多视觉上的刺激，更加触动了我的心灵。尧尧的一句发自心灵深处的话语，“胡老师：我们可以把这些彩色纸剪成纸条，我会用纸条做爱心的形状，可以吗?”，带给我的却是强大的震撼！于是，也就有了我们共同的作品“巨型爱心杯”的诞生。儿童的再创造能力永远超乎成人的想象，每一次萌发新想法，我都会与他们共同讨论，使他们的作品更具生命力！

活动反思：

幼与幼、幼与师、幼儿与教学内容的互动，是一种氛围的营造，是一种享受、愉快的体验。教育的目的是追求自己学习，自己探究，用自己的思维方式来思考，用自己的双手来创作这种精神。

案例三

阳阳拯救一支水粉笔

姓名：阳阳　　　　性别：男　　　　年级：小班下学期

阳阳和轩轩在美工区画水粉画，结束后他决定自己去清洗水粉笔，可是却把一支笔掉进洗手池的下水道里。

阳阳告诉老师：水粉笔掉进去了，不好了！

老师：那怎么办啊?

阳阳说：拿根细细的棍子。

老师拿给他，他试了试说：不行啊！

老师问：还有其他办法吗?

阳阳：不行啊！我的手臂太粗，还是找爸爸吧。

打个电话给爸爸，他的手臂很长，你有爸爸的电话吗？

老师：有啊，可是爸爸要上班没时间来啊。

阳阳：胡老师，那怎么办呀？

老师：你快想想怎么办啊？

阳阳：对呀，我得想个办法。我们要去帮帮水粉笔。不然它就变得脏脏的，我们还得把它洗干净！

老师：那我们就再用木棍子试试吧！（结果失败了。）

阳阳：胡老师，还是给爸爸打个电话吧，让他买个新的水粉笔吧！

（我们拨通了爸爸的电话。爸爸说他没时间，让阳阳自己解决。）

阳阳：水粉笔不拿出来，水管就没办法用了，会被堵住的。我们得解决问题才行！得抓紧时间！

老师：是啊，快想办法啊！

阳阳：胡老师，快！我们一起想个办法啊！

老师：我们能不能求别人来帮忙呢？

阳阳：那就打电话给妈妈吧！

老师：要找妈妈吗？

阳阳：对啊！要给妈妈打电话（拨通电话后，不巧妈妈的手机关机了。）

阳阳：糟糕了！糟糕了！胡老师，妈妈的电话没电了，那水粉笔掉到了很深很深的下水道里，很黑呀！我都拿不到啊！怎么办啊？

老师：阳阳，幼儿园里还有位叔叔专门会通下水道，我们找他来帮忙好不好？

阳阳：可以呀！走吧！我们得去帮帮水粉笔呀！不然水宝宝都没办法进去了

（结果我们到了楼下，修理师傅的房间里居然没人，我们又失望地回到教室。）

阳阳：哎呀！没人呀！可怎么办呀，还是买个新的吧！

老师：阳阳，买新的可以，可是水粉笔还在下水道里是会堵水管的呀！我们必须得把水粉笔救出来呀！

阳阳：对！胡老师！你说得对！

等了很长一段时间后，幼儿园的修理叔叔来到班级了，拿了一根很长的棍子，上面粘上了很厚的泡沫胶，经过一段艰苦的努力后，终于把水粉笔解救出来！

阳阳兴奋地拥抱了叔叔：叔叔，你好棒啊！谢谢叔叔，我要快点把水粉笔再洗一遍才行。

活动反思：

孩子们眼中的世界，单纯而多彩、美丽而有生命力！所有的形容词似乎都那么可

（1） （2）

阳阳作画

爱，不在乎别人是否明白，我是快乐的！我是幸福的！

以上案例，我记录的是3个分处不同年龄段的儿童在美工活动中的一瞬间的想法，有幻想、有寄托、有感动，也有快乐！

我用真实的笔调，无须任何修饰，呈现儿童内心世界中最完美的美工画面与情节。欣赏儿童诗一般语言的同时，请静静地聆听儿童内心世界的声音，我们耳边时常会有意想不到的优美旋律响起！儿童是有声世界里的幸福种子，请将其播撒在心底最美的那片花园里！

四、美工区材料使用实例与反思（结合主题延伸材料）

（一）有准备的材料提供

适合儿童使用的材料不是一成不变的，而是充满可变性的。我们看过一些美工活动中，教师会预先准备好半成品材料给儿童直接放在桌面上，儿童只需要粘贴组合就可以了，这种儿童无须任何创造发挥的材料很显然是不合适的。当我们在为儿童提供有准备的材料时就应该先考量是否会制约儿童的创造性发展，是否阻碍儿童的认知能力。如我们在做“海洋世界”主题时，儿童就会利用已有经验与材料相融合，也会在需要的时候寻求老师帮助，这个过程就是材料所带给儿童的想象与创造！

案例四

一帆与Miss Zhou关于鲨鱼的不同观点

姓名：一帆　　性别：男　姓名：Miss Zhou　性别：女　年级：大班上学期

一帆：鲨鱼是一种卵生动物，就是会生卵的动物。

Miss Zhou：鲨鱼是会咬人的吧！还有一种叫作鳗鱼的，它也是会生仔仔的，而且它的骨头很硬很硬。

一帆：鲨鱼没有鱼泡，所以只能靠鱼鳍游动，这就是鲨鱼强壮的原因。

Miss Zhou：还有一种叫作海蛇的动物，它也没有鱼鳍，只有尾巴，它是一种软体动物，只能用尾巴游来游去，这个海蛇啊可是生活在深深的大海里的。

一帆：我们其实可以用很多很多的纸皮箱子，然后拼接在一起做成鲨鱼的形状，然后用很多的颜料刷刷刷！

Miss Zhou：那明天我们两个就去美工区做吧，我觉得得买一个鲨鱼的模型，然后用钉子钉钉钉。要不我去潮州给你买个小小的鲨鱼来吧！让你们看看怎么做。

一帆：潮州是不可能有鲨鱼卖的！

胡老师：也可以我们一起制作一个小的鲨鱼模型，你们觉得可以吗？

Miss Zhou：可以可以，不过我说的那种是小小的鲨鱼，还很好吃呢！

一帆：胡老师，你明天就给我们准备一点树枝啊、铁丝啊什么的。

胡老师：好的，请问还需要其他的材料吗？

一帆：我就想到这些，明天再告诉你啊。我只听说过鱼翅，那个鱼翅应该是鲨鱼的鱼鳍。

Miss Zhou：鱼刺就是鲨鱼的骨头啊，有鱼刺鲨鱼就不会软软的，才可以游泳。我说的鱼刺就是让鲨鱼可以鼓起来的，不是你说的，其实就像是我们人的骨头啊！

一帆：你说的是普通鱼的鱼刺，实际上鲨鱼的鱼翅就是它的鱼鳍，而且是软软的。

Miss Zhou：你太好笑了啊！哈哈哈！

一帆：我准备买个氧气罐，还有脚蹼、手蹼、潜水服，带上你一起去深海里看看鲨鱼到底是什么样子，我们得带个透视光罩，才能看清楚。

Miss Zhou：我只是想去抓只小鱼，看鲨鱼去海洋馆看就好了，我不会潜水，我可能不跟去你深海看鲨鱼，我爸爸妈妈也不会同意的。

一帆：不同意你就到三区15栋来找我，我偷偷带你去吧！

（1）

（2）

制作鲨鱼

活动反思：

第二天，他们两人开始制作鲨鱼，这个过程对儿童来说是新奇而充满童趣色彩的，也会出现新的问题，教师要适时参与其中，与他们共同体验创作和解决问题的乐趣。他们的对话更引发了教师对于有准备材料具有可变性的思考，教师应给予儿童能够实现自己想法的材料支持，在儿童需要的时候及时做出回应。

（二）使用材料中的发现

1. 材料是具有可变性的

在美工区，我们还给儿童投放了可以缝制、编制和刺绣的材料，这一类发展儿童精细动作的材料很受儿童的欢迎。在缝制的工作中，小班时期给儿童准备的是十字绣的格子布，上面有网格，方便儿童找到空隙和直线，用针缝起来会简单容易一些。进入大班，儿童已经能熟练地在网格布上缝纽扣等装饰，我们便把材料替换成密实的无纺布，这种布质材料颜色种类繁多又色彩鲜亮，还非常柔软，因此儿童非常喜欢。老师预先设计了几款无纺布，可供儿童去选择，但是有一天一名小女生的进入让它发生了改变。

案例五

Miss Zhou设计的材料

姓名：Miss Zhou　　性别：女　　年级：中班上学期

Miss Zhou是班里一个如风似火的女孩，她每年都要去美国待一段时间。明天就是她起程之日了，留给老师们的又是无尽的思念与4个月的漫长等待。她在维尼班还有一个角色就是老师的小助教。今天中午她兴奋的没有午睡和大刘（刘老师）、小殷（殷老师）、小伙伴们各种话别，和Miss Hu（胡老师）、小严（严老师）也是各种不舍，她习惯叫我们名字，我们也享受着她和我们彼此亲近的感觉。上午工作时她仍不忘助教的本分，她说要把美工区缝制的底布重新设计，她告诉我们不太满意原来的设计，于是……

Miss Zhou：×××，你原来设计的已经不好看了，用我设计的这个带花边的啊！我也要带去美国一点，美国大把杯子，大把盒子，就是没有这种布！

胡老师：嗯！太好了！谢谢你的设计，这个可以送给你，还想带些什么去美国呢？

Miss Zhou：对了，我告诉你啊，以前设计的衬衫上面没有纽扣，其实爸爸的衬衫是有一个口袋在上面的。

胡老师：哦！你观察很仔细，那你就帮我们多设计几款好不好？

Miss Zhou：不好！我设计的是要带走的，小严（严老师）把鹌鹑蛋也打包带走好吗？

严老师：啊哈哈哈！可以啊！需要打包几个呢？

Miss Zhou：5个就够了……

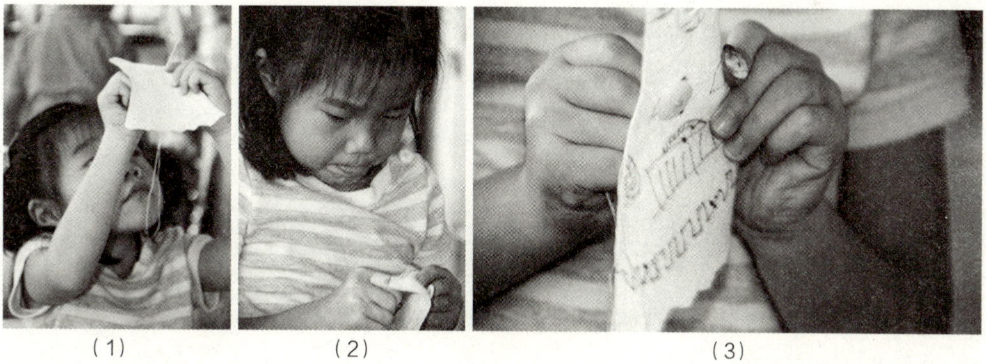

（1）　（2）　（3）

缝制

活动反思：

这份美工区的单份材料因为Miss Zhou的设计启发，后来就演变成了完全是儿童自主创意思考的材料。我们将各种没有设计的彩色无纺布布块、剪刀、针线、彩色油性笔、纽扣、装饰亮片、动物小眼睛等放在一个托盘内提供给儿童。儿童的创意也是千姿百态、各具风格，我们每天都会因为儿童的独特设计而充满惊喜。因此，材料不是一成不变的，它的可变性也许是教师的设计，还有可能是儿童的创意想法。

2. 材料与艺术鉴赏的融合

儿童的创作是通过多种途径获得的，有亲身经历过的，有同伴间相互影响的，有从周围事物观察到的，也有发挥想象创造的。当儿童运用这些经验与材料进行互动时，他们的作品也会更加充满想法与内涵。为了帮助儿童建立观察的习惯，教师在设计课程时就会有意识地准备，如在画表情时，教师会请儿童照镜子观察自己或者同伴的表情，让儿童直观感知喜怒哀乐，儿童就可以借助有准备的材料从不同的角度观察每个人的表情变化。还有一些艺术鉴赏类的书籍也会投放在美工区中，我们习惯把书籍放在儿童随手可以取阅的位置，如桌面、展示架、沙发旁边等。儿童有自我学习的能力，书籍会给儿童更多的启迪，丰富他们对艺术的鉴赏能力，进而让儿童以艺术家的气质激发创作的灵感。儿童在阅读漫画书时的风趣语言，让老师必须小心翼翼地珍视他们对材料所具有的热情，帮助儿童提升更多使用材料的经验。

案例六

帅帅看莫迪洛漫画

姓名：帅帅　　　　性别：男　　　　年级：中班上学期

帅帅性格外向，喜欢研究乐高和各种漫画书。常常会在漫画中找到乐趣，也爱用乐高零件设计喜欢的漫画内容，能够借用语言表达能力来进行故事想象与创编，在班级是个活跃分子。

帅帅：这本漫画可真好看啊，我很喜欢看。

老师：这一本是莫迪洛的漫画书，有很多系列的漫画都很有意思的。

帅帅：胡老师，这个莫迪洛在哪里啊？

老师：应该是在阿根廷。

帅帅：我好想去看看他呀！

老师：阿根廷在南美洲，你要去看什么？

帅帅：我是看“莫洛迪”长得好不好看，不好看我马上就回来，好看我就不回来了。

老师：哈哈哈！可以去看看。但他应该是和画家们见面的机会更多吧？不是所有人都能见到他的哦！

帅帅：你说我画画不好啊？我不就是画家嘛！你看看我画的猫咪和树上的小鸟多可爱呀！

老师：嗯！你的画确实画得非常不错，那你去了怎么和他沟通呢？

帅帅：没有问题的，我还会说英文哪！salad，hamburger，sorry，snake……还有好多好多！

（1）

（2）

（3）

帅帅的画

活动反思：

斯蒂文·普莱斯菲在经典著作《艺术战争》中写道：“世界上不存在勇往直前的战士，也没有无所畏惧的艺术家。”我对这句话的理解是任何事情都不是绝对的，但是儿童的艺术情感是需要培养的，这样才会具有艺术的气质和修养。

有人曾把艺术家创作的过程比作搅拌机工作的过程，需要把自己的人生阅历、兴趣爱好和欣赏品位等都混合在一起，形成自己独有的艺术风格。儿童在创作的过程中不会犹豫和思前想后，因为他们的灵感是一触即发的。儿童的作品是让我“迷恋”的，哪怕是它的每一个线条、像小蝌蚪一般的自画像，还有真情流露的爸爸妈妈画像，都是儿童内心世界的真实表达。对儿童来说，画画应该是最自然而快乐无比的事情，儿童常常是在还没说话之前就先动笔画画了。大自然的花鸟鱼虫、树木山川都是儿童创作灵感的来源。我们幼儿园距梅林比较近，所以有着得天独厚的地理条件，我们常和孩子们去公园里奔跑、寻找小昆虫、数小路上的石子……这都会给儿童带来创作的灵感。美工是儿童对自己的生活进行记录的一种方式，以此来告知他人存于内心的故事。

儿童作品

用发现和欣赏的眼光去看待儿童的美工作品，您会再次回到童年的轨迹上，会让自己仿佛置身于童年的美好中。

第五节 建构区

一、建构区对儿童发展的促进作用

著名心理学家皮亚杰认为，儿童就是在主客体和内外因相互作用的基础上，通过不断建构实现智力发展的，即主体和客体之间的双向建构是个体发展的实质。《3—6岁儿童学习与发展指南》指出："要珍视游戏和生活的独特价值……最大限度地支持和满足幼儿通过直接感知、实际操作和亲身体验获取经验的需要。"儿童天生好动、好奇，具有强烈的游戏愿望，游戏是儿童精神世界的全面展示。儿童的生活是游戏的生活，游戏是儿童的生命表现形态。游戏之于儿童发展的重要性毋庸置疑，在区域设置中，建构区对儿童的发展具有特殊意义。

（一）建构区可以促进儿童的动作技能和思维的发展

1. 建构区游戏有利于促进儿童动作技能的发展

诸多研究发现，儿童早期动作技能的发展是儿童个体发展中极为重要的内容。儿童心理学创始人普莱尔在他的《0—3岁幼儿发展》一书中就以动作发展为例描述了儿童的发展；布雷泽尔顿新生儿行为发展评定也以动作发展为指标；格赛尔则以动作发展作为早期儿童发展的主要指标。建构区中的建构材料对儿童动作技能发展，尤其是精细动作技能发展具有重要意义。在建构游戏过程中，儿童必须运用平铺、拼搭、叠高、错位、围合、收拢等基本技能，而这些基本技能的获得，不仅要求儿童具有平衡、协调、灵敏等大肌肉运动能力，更要求儿童具有拿、抓、戳等手指的精细动作能力。因此，儿童开展建构游戏的过程，实质就是动作技能发展的过程。

2. 建构区游戏有利于促进儿童动作思维的发展

动作思维是指在具体操作活动中，通过主客体交互作用达到对客体内在属性逻辑关系的把握和问题的解决，同时也促使个体原来的经验图式得到整合和更新。在建构区游戏的过程中，儿童需要以完成某一搭建模型或搭建任务为目标，寻找建构材料各个组块之间的逻辑关系。在游戏过程中，当已有经验不足以支持个体顺利完成任务时，个体需依据当前情境，整合或更新原有经验，最终完成建构任务或解决实际问题。这一过程就是动作思维的过程，它体现了动作思维发展的目的性、调控双向性、过程逻辑性等基本特点。它还促进数学能力的发展，为儿童创设了探究数与量，并提高空间意识与几何概念的机会。

建构区游戏同时可促进儿童创造力的发展。创造力的基本成分包括创造性想象、发散性思维、聚合性思维等。建构区材料一般具有可供随意组合的灵活性特点，积木建构游戏有利于激发儿童的想象。儿童对建构材料进行分析、综合的过程，就是在头脑中进行创造性构思的过程，因此建构游戏可促进儿童创造力的发展。

（二）建构区游戏有利于儿童空间能力和科学思维能力的发展

1. 建构区游戏有利于促进儿童空间能力的发展

空间能力是指人们对客观世界中物体空间关系的反映能力，主要包括空间知觉和空间想象能力。空间知觉能力又包括形状知觉、大小知觉、深度与距离知觉、空间方位定向等。空间想象能力则是个体对二维图形或三维空间特征（方位、远近、深度、形状、大小等）和空间关系的想象能力，它是空间知觉表象在头脑中的再现、重组与转换。

在建构区游戏过程中，儿童需参照实物拼出相应的模型，为此，儿童首先要认知某特定实物构成的各个部件的空间结构、大小比例、基本形状等的特点，然后选用同比缩放的建构材料，建构相应的模型，这一过程能较好地训练儿童的空间能力。如果是想象型建构任务，儿童需要利用头脑中原有的实物表象，依据操作情境，重组出相应的模型，因此，建构区游戏对儿童空间想象能力的培养非常有利。同时，建构区游戏还不同于二维平面操作的纸张游戏，它是三维立体建构游戏，更有利于儿童空间能力的发展。

2. 建构区游戏有利于促进儿童科学思维能力的发展

积木建构过程包含数学、物理等原理。例如，搭建一座房屋会涉及如何构建稳固的墙底，找准墙体的支点等问题，同时还需注意墙体的厚度、受力面积及搭建高度等。盖房顶时则需注意选用不同几何形状的积木，以使房屋更加逼真。皮亚杰的建构主义理论告诉我们，儿童在这些实际操作中，能够不断实现感性经验的积累与内化，并逐渐将之转换为抽象概念。总之，建构区游戏能够有效促进儿童认知能力的发展，帮助儿童积累相关的“朴素知识”，为儿童以后正式的学习奠定基础。

（三）建构区游戏有利于培养儿童良好的学习品质

1. 建构区游戏有利于儿童注意力及观察力的培养

在建构区游戏过程中，儿童需要依据任务目标集中注意力进行操作，这有助于培养个体的注意能力。同时，当儿童被要求完成某些模仿性建构任务时，他们必须仔细观察实物模型特征及特征之间的关系，建构游戏有助于儿童注意力与观察力的培养。

建构区游戏还能促进儿童科学能力的发展，积木建构游戏有助于儿童学习材料的属性、稳定性与平衡。

2. 建构区游戏有利于儿童社会性的发展

建构区游戏对于儿童社会性的培养，主要包括人际交往与合作、个性品质培养等。积木建构能促进儿童社会情感技能的发展，促进儿童发展人际关系、表达自己的情感并发展自信心。建构区游戏既适合单独游戏，也适合群体游戏。在某些主题类建构游戏中，儿童之间需要通过相互协商、分工合作才能完成任务。在此过程中，儿童可以学习如何处理个体与集体的关系，学习如何与他人沟通协作。建构游戏本身具有的灵活性，能够促使游戏者找到自己喜欢的玩法，建构出自己满意的作品。从这个角度讲，积木建构游戏有助于儿童体验到成功感，获得自信心。同时，建构游戏的主题常常具有积极的社会意义，儿童在进行这些建构活动时能够潜移默化地形成良好的社会情感。例如，让儿童建构“中华名胜”，有助于促使他们形成热爱祖国的情感与民族自豪感。

二、建构区环境创设

努力为儿童创设一个丰富多样、多功能、多层次的，具有选择自由度的环境，让儿童有机会接触符合自身特点的环境。建构区活动是儿童根据自己的水平、兴趣和需要来选择材料进行的个别性或小组性的操作活动。建构区的创设一方面通过投放各种色彩鲜明、富于变化的材料吸引儿童，激发儿童对建构的兴趣；另一方面又可以让儿童在玩的过程中达到一定的要求，增加一定的能力，学会一定的技能，促使不同能力水平的儿童都能得到发展。

《幼儿园教育指导纲要（试行）》中指出：“环境是重要的教育资源，应通过环境的创设和利用，有效地促进儿童的发展。”建构区活动的环境创设要根据教育目标、教育内容的具体要求以及儿童的年龄特点来做整体的安排，一切从儿童的水平和发展需求出发，让儿童做主，让儿童成为区域的主人，由儿童决定怎样布置会直接影响他们自由交谈展开的程度。

（一）环境的创设体现合理性

通过空间、设施、材料引发和支持儿童的活动与探索。首先，建构区的选择要与其他区域有所不同，要考虑到这个区域的一个空间问题。要选择一个比较宽敞的地方，如果能有户外场地是最好的，便于儿童使用大型的材料进行搭建，便于进行空间的利用和创意，也可以避免对其他区域的影响。其次，建构区要有一定的软环境，铺设一些泡沫板地垫，既可以起到安全保护儿童的作用，也可以减少搭建过程的噪声。最后，可以利用一些现有的材料进行设计，把建构区划分为各个不同小区域，以便儿童可以根据自己的兴趣爱好进行大型建构或者小型的桌面建构，这样也可以使整个建构区显得相互融合又相对分开，既有独立拼搭的空间，又有相互合作的空间。这样的空间布局满足了儿童自主探索的需要，为儿童提供了互相交流、共同合作的平台。

（二）环境创设体现儿童的参与性

区域的主人是儿童，所以区域环境的创设要有儿童的元素，放手让儿童大胆地参与、设计、布置，同时为儿童创设一个开放的、变化的、有多种探索发现机会的环境。建构区本身是一个可以各种创意各种参与的区域，儿童可以根据主题先通过多种渠道去收集各种实物和图片，然后自己选择建构材料自由模拟拼搭，再将自己的作品拍成照片或做成工作纸进行张贴，还可以自己设计绘画平面图。这种活动的经验准备体现了儿童自由、自主、积极的参与，能够让儿童真正成为建构区的主人。

（三）环境创设体现与儿童的互动性

一个区域要发挥它的功能，就要有互动性，让儿童进入区域之后，就能在区域的指引中进行互动，区域成为一位无形的老师。所以在建构区的设计中，除了提供各种可操作的材料之外，还可以很好地利用空间和墙壁来展示内容，这些展示内容能给儿童一个提醒和引领，这样的环境可以满足不同水平儿童的需要，产生一种无声的语言，让儿童能自主地与区域进行互动。

三、建构区材料提供

皮亚杰提出：“儿童的智慧源于材料。”建构区活动的教育功能主要在于通过儿童与材料的互动来发展儿童各方面的能力。丰富多样的材料不仅能激发儿童的积极性，更重要的是能充分发挥儿童的想象力和创造力，但材料的投放并不是越多越好，而是要有目的性、丰富性、可塑性、层次性。

（一）建构区材料提供的原则

1．建构区材料提供要有目的性

材料投放时，教师在了解儿童年龄、兴趣特点的基础上，要对班级儿童近期和远期培养目标有一个清晰的理解和把握，以本班儿童的阶段游戏目标为主要依据，有针对性地选择、配备、投放各种建构材料，使材料与游戏目标和儿童发展的实际水平相匹配，力求使材料能够满足儿童发展的需要，比如在进行不同的主题时，可以投放各种与主题相关的辅助材料，引发儿童对主题的进一步探索的兴趣。

2. 建构区材料提供要有丰富性

教师和儿童共同选择、收集的材料应是多样性的，能切实促进儿童的全面发展。材料种类和数量应充足，能够满足儿童自由选择的需要，让儿童在建构中，按照自己的意愿和需要进行挑选，以保证儿童的建构活动有效进行。建构区除了有一些常规的材料（各种材质的积木，有木质的、塑料的、纸质的，还有各种积塑、积木、纸砖等），还可以收集一些环保再回收材料，如易拉罐、纸盒、纸棒等，多种材料的提供，使儿童可以按照自己的意愿选择材料，进行更多的拼搭，充分发挥想象力和创造力。

3. 建构区材料提供要有可塑性

建构区可选配一些具有可替代性和可发展性，能够适应儿童不断提出的新要求和新挑战的成品、半成品、废旧物品等材料，使儿童在建构活动中能够有所发现、有所进步、有所提高。这些材料既能够随着儿童操作探索过程的发展而发生变化，又能够帮助儿童经过不断尝试，逐渐积累各种经验和能力，积极构建新的认知结构，使静态的材料能伴随活动的开展而具有动态的功用。

4. 建构区材料提供要有层次性

教师在选择、投放建构材料时不是一成不变的，应跟随儿童活动的开展，由浅入深、从易到难不断地充实和更换材料，使材料不断满足儿童发展的需要。在建构区里，教师提供的材料应考虑到儿童本身的能力不同，使活动材料细化，提供难度不一的材料以满足不同发展水平儿童的活动需要，使每个儿童都能获得成功。

（二）建构区活动材料投放清单

表2-5 建构区操作材料一览

材料名称		材料及功能介绍	使用年龄
成品材料	木质积木	用于搭建大型的建筑物	小、中、大班
	泡沫积木	此积木形体多样，颜色多样，体积小，可塑性比较简单	小班
	纸质积木	此积木体积大，颜色统一，适合围封或塑造大型建筑物的地基，以达到稳固的效果	小、中、大班
	圆雪花片	各种颜色的雪花片，可拼接出形象各异的物体，以补充大型建筑物的周围设施	小、中、大班
	综合花片	材料的形状多样，可拼接出形象各异的物体，以补充大型建筑物的周围设施	大班
	塑料积木	塑造各种物体，帮助扩充大型建筑物的周围设施及内容	小、中、大班

续表

材料名称		材料及功能介绍	使用年龄
废旧材料	薯片桶、牛奶桶	可作为建筑物装饰物的使用	小、中、大班
	图纸	地基图：可帮助儿童塑造雄伟、壮观的建筑作品	小、中班
		搭建图纸：帮助儿童梳理搭建步骤，快速地呈现搭建作品	
	盒	可做地基，帮助儿童塑造雄伟、壮观的建筑作品	大班
		作为每层的平铺板面使用	
	小动物玩具	激发儿童搭建的兴趣，帮助儿童有主题地进行搭建	小班
	塑料泡沫	做搭建的最后装饰，如围栏、大门等	小、中、大班
	益智玩具	帮助儿童抓准建筑物的基本形体，并能将抽象的立体图片规整为具体的平面建筑，便于儿童塑型	小、中班

四、建构区材料使用实例与反思（结合主题延伸材料）

在全环境支持系统课程当中，有准备的环境是灵魂，而区域环境的准备，更是重点。每个区域的设计，都要根据儿童的年龄段特点、阶段性需求和主题内容来进行设置和材料的投放。以下分别以小班、中班、大班各年龄段的具体主题进行举例。

（一）建构区主题材料提供

1. 小班建构区材料提供

小班的主题进行，除了准备好的主题环境之外，还需要完善各个区域的操作材料。适合儿童的操作材料，可以引发儿童自发与材料互动的兴趣，在设计操作材料的时候，要注意以下几个要点：

（1）材料的形式多样化：材料的设计要考虑以各种形式出现，立体的、平面的、实物的各种材质的材料，也能让孩子在触感上得到各种刺激。

（2）材料要真实，具可操作性：根据主题尽量提供与主题匹配的真实的实物，让儿童有直观的感受。单纯的观赏性的材料不要提供太多，要具有可操作性，让儿童看得到、玩得起，这样的材料才是有价值的、值得出现在区域中的。

（3）来源于孩子熟悉的素材：小班的儿童非常喜欢班级能出现一些和自己相关的材料，比如儿童的生活照片、身边熟悉的物品等。在材料的设计当中，可以多收集有关儿童自己的素材，这样儿童操作起来既有兴趣，又不会有太多的距离感。

（4）美观、趣味性：爱美之心人皆有之。美，是吸引孩子的第一要素。即使是教师自制的材料，也要尽量做到精美耐用，过于粗糙的材料既不会受儿童喜欢，也无法让他们珍惜，反而会让儿童产生一些对材料不尊重的行为。趣味性则是让儿童持续坚持的动力，在小班儿童眼里，各种材料就是玩具，玩具要有趣儿童才会愿意一再地去互动。材料既要有趣味性，又要不失其本身的教育意义，有趣的材料也要注意层次性和难易性的把握。不同的材料，要有不同的层次；同一份材料当中，也可以出现多层次，这样的材料会更适合儿童。

2. 中班建构区材料提供——以“百鸟园”主题为例

中班的儿童相对小班儿童来说，认知力有了大幅度的提升，他们开始关心身边的环境，特别是对自然生物的探索，有了浓郁的兴趣。在中班适合开展与自然界有关的主题，如植物、动物等。在中班的时候，我们开展了“百鸟园”主题活动，带领儿童对鸟类进行研究，引发了儿童极大的兴趣。

教师要对主题区域和各区域主题材料先有一个预设和思考：语言区中，要投放一些鸟类布偶和服装，可以供儿童进行阅读之后的角色扮演；数学区中，玩零的游戏；科学区中，安排有关鸟的生长过程、羽毛的观察日记和鸟的分类等；生活区中，安排各种鸟蛋的烹饪制作（生活区有一个好听的名字，这是孩子们看到班级的那棵大树之后给起的：喜鹊面包屋）；建构区中，建设小鸟乐园，为小鸟们设计一个绿色环保无污染的美好家园；美工区中，安排制作立体小鸟、鸟巢。

建构区是中班的儿童最喜欢的区域，中班的儿童认知能力在迅猛发展，他们对建构充满高度的热情，建构区里的主题是小鸟乐园，我们提供了很多积木、插塑等建构材料。儿童从平面到立体，搭建出各种各样的小鸟游乐场，还加入了环保的素材，用儿童天真善良的心和丰富的想象力，为小鸟搭建一个温馨的绿色家园。

为小鸟们做一个温馨的家

3. 大班建构区材料提供——以“我是中国人”主题为例

班级从小班开始就以人文教育为体系进行主题活动，在小班的时候，根据儿童刚入园的特点，为了稳定儿童情绪，让儿童尽快适应幼儿园生活，进行的主题是“我爱幼儿园”，让刚刚脱离家庭的小班儿童习惯他们到达的第一个社会团体——幼儿园；到了中班，儿童开始对周围的社会环境感兴趣，开始互相询问：“你的老家是哪里的?”

因为深圳是一个移民城市，一到寒暑假，儿童都跟随父母回老家。为了增强儿童对深圳的归属感，进行了“深圳——我的家”的主题，带领儿童探索了深圳的地理环境、物质特产、气候条件，引发儿童对深圳的热爱，使他们产生了要把深圳建设得更加美丽的美好愿望。儿童从研究深圳地图开始，发现深圳是中国的一部分，产生了研究中国地图的兴趣，并且对中国的文化、传统产生了浓厚的探索欲望，于是，“我是中国人”的主题在前面一系列主题的带动下应运而生了。

在5～6岁阶段，儿童心理活动的概括性和有意性的表现更为明显。这一年龄段的幼儿，不满足于了解表面现象，更加愿意去探究，追根问底，他们有强烈的求知欲和认知兴趣，看到什么，都要多问几个“为什么”。在这个阶段，他们对文化产生了浓厚的兴趣，对地理、历史等也开始有了探究的欲望。在区域的探索中，他们会开始趋向于文化区，开始摆弄各种地图模型，研究各种旗帜。祖国河山的各种地势地貌，各民族的各种漂亮服饰，各省市的不同美食特产，都是儿童感兴趣并且经常谈论的事情。“我是中国人”主题涵盖历史、地理、各种人文文化等，非常符合大班儿童的探索兴趣。

教室门口有一小块户外活动场所，这便成为建构区的最佳场地，儿童可以任意无限制延伸，进行搭建的创意，运用各种材质，建构他们心目中的汉字乐园。汉字，作为独一无二的“中国特产”，儿童无时无刻不在接触，运用搭建游戏的方式来熟悉汉字，这是最自然的方式了。在“汉字乐园”中，体现出了儿童不同的思维方式和创意，有汉字高楼、有汉字模型，还有从汉字的意思中延伸出来的各种情景，儿童畅游于汉字的各种意境中，快乐无比。

（二）使用材料中的发现

在建构区运行中，区域的创设是重点，每一个区域都有不同的要点，当儿童进入区域的时候，每个区域就像一个不会说话的引领者，吸引儿童主动探索。教师在创设

小朋友们最爱的汉字乐园

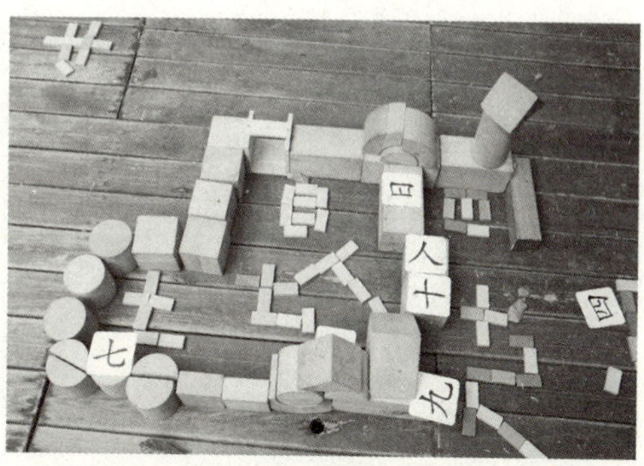

拼汉字真好玩

看！这是我搭的汉字飞机！

我拼的“看”字还不错吧！

区域环境时，要注意到区域之间的整体联系，而不要孤立每个区域，区域之间是互相关联、互相贯穿的。比如建构区，看起来仿佛是一个独立的搭建场所，其实它是和其他区域息息相关的：比如美工区，儿童要在美工区有了一定的欣赏能力，具备了一定的审美，才能在建构区把平面的创意转化为空间立体的创意；比如语言区，儿童在语言区中积累了很多主题相关的认知经验，他们除了通过口头和书面的表达和交流，还可以把这种表达交流形式延伸到建构区。当班级的所有区域都有所联系的时候，就会促进儿童在区域中自然地串联起来，不再单一地在某一个区域中工作，而是会根据自身学习的需要，自然而然地运用各个区域。

在建构区的运作当中，教师发现区域材料的提供既要有准备，也要适当“留白”，留一些思考空间给儿童，根据儿童与材料的互动情况增加或减少材料。

（三）建构区的创造性延伸

在一体化环境下的区域，不是孤立的，总是和其他区域有联系的。而儿童在一体化环境下的某个区域中活动，总会有所延伸。在建构区，儿童会有技能、与环境互动和与他人关系这三项的延伸。

建构区并非只是纯粹的搭建、锻炼动手能力的区域，建构的过程也是儿童学习的过程。通过与建构材料的互动，儿童获得直接感知经验；建构活动提升儿童建构技能，促进儿童动作发展，培养坚持、合作、分享、解决问题等学习品质，习得关于空间、数量、材料等核心经验。

表2–6　各区域延伸技能

区域	延伸技能
美工区	对建筑构图的理解力、对建筑细节的刻画
生活区	剪的练习、刻刀的练习、粘贴的练习
科学区	初步了解承受力的简单原理、了解各种原材料的材质
语言区	对所建构物体的描述、创编

小朋友们一起合作搭建的游乐园

小朋友们合作做的手工——“梅林一村我的家”

小朋友的画

儿童在建构区中进行各种建构，不仅是在感受环境构建的美，而且也在和环境进行互动，儿童每搭一样建筑物，需要了解建筑物的功能、用途和规则。比如在“社区”主题中，儿童在建构区搭建起我们的社区“梅林一村”，社区里面有住宅楼、公园、学校、超市、街道、图书馆等场所，他们搭建完之后，就开始研究每个场所的规则，在里面可以做什么、不可以做什么，这就是儿童与环境互动的延伸。

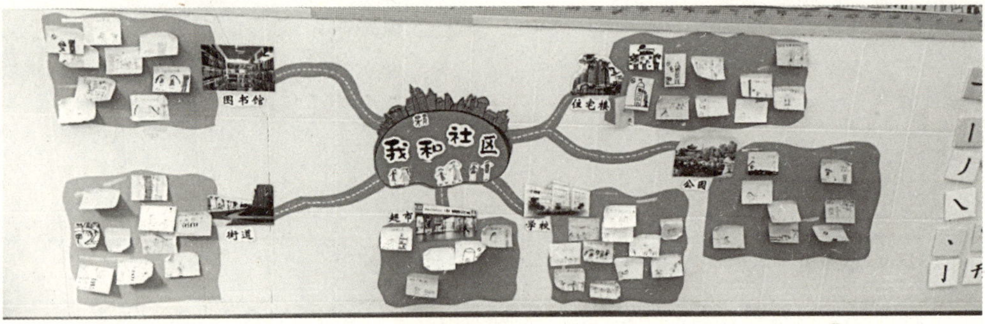

社区主题网络图

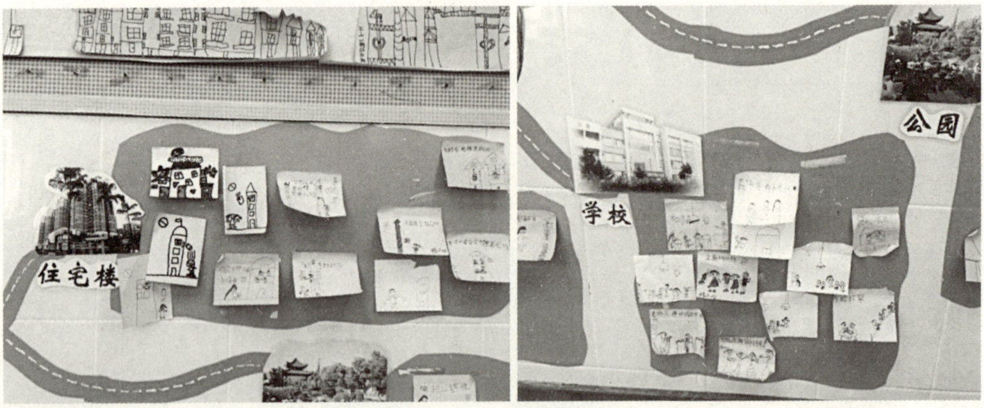

我们的住宅楼、学校、超市

有建筑，就会有人的交往、互动，儿童在建构区的搭建中，会聊到人与人的关系，于是，对他们的人际交往产生了促进作用。在“我要上小学”的主题中，儿童搭建起了心目中的小学，畅所欲言地聊着：“我要上小学了，见不到你怎么办?”“我要搬

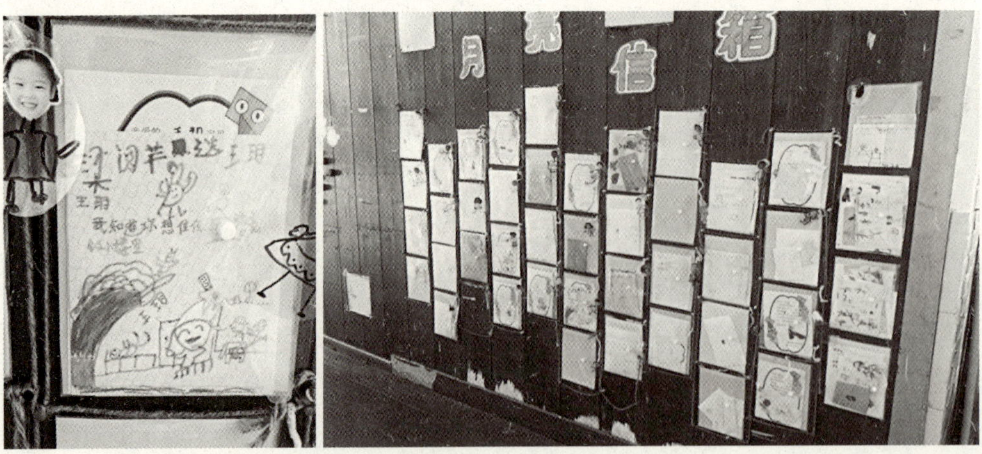

温馨有爱的“月亮信箱”

家了，去很远的地方上小学。”“上了小学，我们就会写字了，到时候我们可以写信。”儿童在建构区的这些小思绪，促使他们开始到语言区为对方写信，于是，我们的“月亮信箱”应运而生。儿童从建构区与小伙伴的合作、交流延伸到了与同伴、老师、园长等人的书信来往，促进了儿童与他人之间的互动。

第六节 表演区

一、对儿童发展的促进作用

表演区是幼儿园区域活动的一种，是儿童自主发展艺术能力的一种游戏形式，是儿童感受、体验、表达音乐的自主探索、创造的艺术空间，也是音乐教学活动有效延伸和扩展的平台。

（一）表演区促进儿童综合音乐素养的发展

《3—6岁儿童学习与发展指南》指出“幼儿艺术领域学习的关键在于充分创造条件和机会”；“萌发幼儿对美的感受和体验，丰富其想象力和创造力”；“引导幼儿学会用心灵去感受和发现美，用自己的方式去表现和创造美”。表演区为儿童音乐能力的发展提供了丰富而有引导性的支持性环境，儿童在表演区可以自由地进行歌唱、律动、打击乐、欣赏、音乐游戏、歌表演等音乐活动，儿童通过自主探索、操作材料、组合表演等方式尝试多种形式的个性化的音乐探索实践，从而有效实现综合音乐素养的发展。

（二）表演区为儿童主动学习提供更多机会

表演区为儿童提供了最直接的互动方式，在这种积极有效的互动中，儿童不再受集体活动中空间、要求的限制，而是更主动地产生与外界环境互动、交流的欲望，在自主选择、积极探索的过程中激发主动学习的能力，在主动的探索、建构活动中，儿童也会从集体活动的经验再现中过渡到更多形式的探索阶段，而这一过程会促使儿童自主性和主动性更大限度的发展。

（三）表演区能够满足儿童不同层次的学习需要

表演区的活动，不论环境的设置、材料的投放还是整个活动的过程，都为儿童提供了更多机会直接探索音乐材料。一个节奏的变化、一个新活动的萌生、一个角色的变化……儿童可以自己决定玩什么，怎么玩，当主角或是当观众，儿童有了更多的选择。宽松自由的氛围也会让儿童更主动、自在地参与其中，选择自己最适合的、最喜欢的、最需要的进行学习与探索。表演区能为儿童提供表达、创意的平台，支持儿童个体音乐能力的发展，并满足儿童不同层次的学习需要。

（四）在与环境、同伴的积极互动中促进社会性发展

表演区宽松、自在的学习氛围，为儿童提供了与环境与同伴充分互动的机会。为了保障活动顺利、有趣、有效、精彩地开展，大家一起协商，选择内容、确定角色，分工合作。面对热门活动、抢手材料，儿童还需学会轮流与等待。舞台上的小演员们要积极投入地进行表演，而观众会回报肯定、鼓励的掌声……儿童通过与环境、同伴的互动不断产生新的有关规则、表演、材料等方面的需求，而这些需求会引发儿童更多的交流与合作，从而让儿童在真实的情境里，在与环境、同伴的积极互动中促进社会性发展。

合作表演戏曲

二、表演区环境创设

皮亚杰的儿童认知发展理论认为，儿童的发展是不断与环境相互作用的结果。蒙台梭利提出，教育者必须为儿童提供“有准备的环境”。在区域活动中，儿童的学习主要是与区域空间环境和材料互动。环境很大程度上影响着儿童对区域活动的喜爱程度和活动效果，因此，表演区既要符合音乐学科特性，帮助发展儿童的音乐综合能力，又要注重音乐气氛的营造，让儿童可以在具有邀请性、引导性的环境中自主地进行学习与探索。

（一）表演区位置选择

表演区更多是开展关于合作表演或器乐演奏等方面的活动，属于音量较大，相对

表演区

喧闹的区域。在班级整体活动区域的设置与划分上要考虑动静分离，表演区的空间位置应独立、宽敞，并尽量远离其他安静的区域，以免对其他区域造成干扰。表演区可以设置在班级的阳台上，或者走廊的一处角落，这样既不影响其他区域里的儿童，又能让表演区的儿童沉浸在自己的艺术小天地里，自由自在地进行活动。

（二）表演区环境创设

1. 创设丰富、适宜、有趣、具有艺术气息的整体环境

儿童透过环境进行学习，而适宜的环境又会促进儿童更好地发展。建构主义强调，学习环境中的情境必须有利于学生对所学内容的意义建构。表演区环境的布置不仅要

舞蹈造型装饰

戏曲造型照片

鼓类

烘托出表演区的活动的气氛，更重要的是能够对音乐游戏的规则予以暗示与指导。譬如用地毯或地垫来划分表演区，用屏风划分换衣区，用线条区分观众席，用玩具柜分类摆放操作的材料和器乐等，儿童进入区域后会一目了然地发现内在的秩序和规则。

每个儿童心中都有一颗美的种子，音乐是审美的艺术，是人类感受美、表现美和创造美的重要形式，所以表演区艺术气息的营造更显重要，是区域活动开展的基础，是决定表演区活动质量的关键所在。飘逸的帷幔、灵动的花伞、具有民族特点的民族乐器、世界风情的乐器模型、音乐大师的画像、姿态各异的人物造型、一双芭蕾舞鞋……既是装饰又是可操作的学习材料，让儿童置身于浓浓的艺术气息中，自然而然地感受并享受。

2. 安全的区域环境是学习活动开展的保障

（1）使用无线电子设备

为了让儿童安全自主地进行学习与探索，我们为儿童选择了体积小、易操作、音量小的无线小音箱和话筒。每天老师提前充好电，之后放到表演区，儿童就会自行使用了。这避免了使用插线录音机或电脑需要电源、插排的安全隐患。

（2）装饰品、操作材料、玩具柜摆放要稳固

表演区是儿童自由表演的区域，儿童会有较多的肢体动作，区域里的装饰品以及操作的材料一定要摆放稳固，不阻碍儿童的行动，玩具柜最好靠墙摆放，减少安全隐患。

（3）警惕乐器、服饰中的小零件

表演区中的一些乐器或者服装道具的零件较小，脱落后容易被儿童误塞入嘴或者耳中，教师要经常检查投入的材料是否损坏或者有安全隐患。一些自制的乐器也要引导儿童正确使用并能正确防范与处理意外，一旦发生破损能小心避让，撤离现场，等候老师处理。

表演区环境的创设既要丰富、适宜、有趣、具有艺术气息，同时又要考虑到安全的保障，这样儿童才能自在、主动地参与其中，与环境进行积极互动。

三、表演区材料提供

在表演区活动中，材料是儿童活动的对象，儿童通过与学习材料的互动，进行学习与探索。表演区的操作材料的投放与儿童发展之间存在双向互动的关系。材料的种类以及材料的特点会刺激儿童的行为方式，儿童也会根据自己的需要来决定材料的操作方式。

皮亚杰提出："儿童的智慧源于材料。"表演区需提供符合儿童年龄特点、经验、

兴趣、能力和需要的学习材料，来激起儿童学习的主动性，诱发儿童的表现欲望。同时，材料的提供还要丰富多样，具有层次性、趣味性，能满足不同兴趣、不同水平孩子的需要，吸引孩子主动参与其中，使儿童在轻松自在的环境中去主动探索，自由表现和创意表达。

表2–7　表演区操作材料提供清单

<table>
<tr><th>材料类型</th><th colspan="2">具体材料</th><th>说明</th></tr>
<tr><td>音响设备</td><td colspan="2">小型的USB接口的音箱、无线话筒、U盘、耳机。</td><td>尽量小型，不插电，方便儿童独立操作。</td></tr>
<tr><td rowspan="2">音乐作品</td><td>优秀音乐作品</td><td>*世界名曲欣赏
例如：《蓝色的多瑙河》《土耳其进行曲》《匈牙利舞曲》《梦幻曲》《啤酒波尔卡》《天鹅》《四季》《小夜曲》《小步舞曲》等。
*中国民族音乐作品
例如：《月光下的凤尾竹》《苗岭的早晨》《梅花三弄》《百鸟朝凤》《寒江残雪》《春江花月夜》等。</td><td>可提供优秀、经典的音乐作品，以及国内外各种器乐的独奏作品。</td></tr>
<tr><td>主题音乐</td><td>*昆虫主题音乐：《红蜻蜓》《长靴里的瓢虫》《蝴蝶泉边》《两只蝴蝶》等。
*树叶主题音乐：《片片枫叶情》《春天》《叶缘晓露》《荷》等。
*我是中国人主题音乐：《阳春白雪》《春节序曲》《龙的传人》等。</td><td>提供与主题活动相结合的主题音乐欣赏。</td></tr>
<tr><td rowspan="2">道具类</td><td>基础材料</td><td>*服装类：少数民族服装、小动物服装、特色人物服饰（白雪公主、蜘蛛侠等）等。
*饰物类：动物、人物头饰、面具，格式发卡、各式帽子（人物/造型）等。
道具类：绸带、纱巾、扇子、花球、木偶、纸偶、彩带、报纸、翅膀、水袖等。</td><td>服饰类建议用衣架挂起来，便于拿放。
头饰建议有秩序地分类摆放在玩具柜上面。
道具类可以根据各自的特点进行摆放。
材料的投放应做到美观、丰富、有秩序，方便孩子取放，同时还要注意不影响儿童的自由活动。</td></tr>
<tr><td>主题材料</td><td>*树叶主题：提供树叶裙、树叶头饰、大树模型、柳树枝条等相关材料。
*昆虫主题：提供各种昆虫的服饰、头饰、手持蝴蝶、蜜蜂、蝎子手套材料。</td><td>可以根据班级主题内容的变化，做相应调整。</td></tr>
</table>

续表

材料类型	具体材料		说明
乐器类	无音高乐器	*木质乐器：木鱼、响板、单响筒、双响筒、波纹双响筒、打棒、梆子等。 *金属乐器：指镲、三角铁、镲、锣、碰铃等。 *散响乐器：铃鼓、串铃、手铃、摇铃、沙球、沙蛋等。 *皮革乐器：小鼓、大鼓、手拍鼓、架子鼓、新疆鼓、腰鼓、潮汕鼓等。	乐器提供并不需要同时出现，可以根据活动的需要有选择性地提供。
	有音高乐器	音砖、高中低音木琴、铝片琴、竖笛等。	教师要经常性检查乐器的音高是否准确。
	生活中的乐器	①声音清脆、有音高的：杯子、碗、碟子、锅盖、炒勺、汤锅、铲子等。 ②贴近木质乐器音色的：筷子、木勺、木铲、椰子壳、木块、木棒、核桃等。 ③音色低沉的：饮水桶、水桶、即时贴里的木桶芯等。 ④可加工成散响乐器的： *自制沙筒：易拉罐里放上沙子、米粒、豆子等。 *自制波浪筒：用竹签、铁钉螺旋状的钉在50cm~100cm长的木桶芯里，薯片筒也可以，里面分别装上黄豆、绿豆、大米等，两边封口。旋转波浪筒的方向，里面的豆子等会自然向下流动，犹如大珠小珠落玉盘，音色美妙而动听。 *自制串铃：用各种质地的小珠子分类穿在木棍上；小铃铛穿成一串戴在手上或拿在手里。 *自制鼓类：用硬纸壳或废旧涂料罐子、奶粉罐等，上面钉上硬纸板或是木板，也可以用乳白胶反复贴多层的纸代替鼓面。 *音高乐器：可用橡皮筋代替琴弦，加上模板可当成吉他或小提琴等；把玻璃瓶装上不同容量的水，敲击可发出1、2、3、4、5、6、7的音等。	生活中的乐器，声音效果独特，能够帮助儿童自己去探索和发现声音的各种特点和丰富多变的表现力，培养儿童对声音的敏感和兴趣。 在自制乐器时要格外关注音色和安全。
辅助材料	节奏卡	投放节奏简单的节奏卡，小班可以提供包含四分音符、八分音符组合在一起的节奏卡；中班可提供包含四分音符、八分音符、二分音符组合在一起的节奏卡；大班可以提供包含四分音符、八分音符、二分音符、十六分音符组合在一起的节奏卡。	根据儿童年龄段投放节奏简单的节奏卡。
	儿歌卡	儿歌和童谣写在卡纸上，儿童可以照着卡片进行说白或配合打击乐、舞蹈等进行表演。	可提供文字简单、儿童熟知的儿歌卡。

小音箱

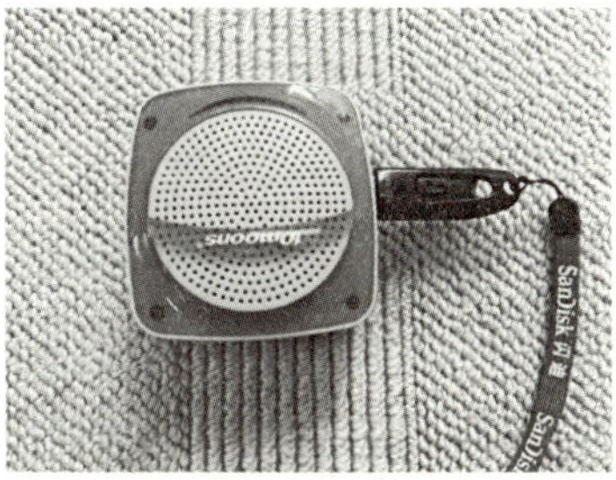

小蜜蜂音箱

昆虫主题材料

中国文化主题材料

乐器与服饰

打击乐器

儿歌说唱

节奏卡演奏

四、表演区材料使用实例与反思（结合主题延伸材料）

（一）有准备的材料提供

表演区的操作材料除了基础材料之外，还需要结合不同的主题，有针对性地添加材料。

案例

小树叶

在开展“树叶”主题时，我们对表演区环境专门进行了设计：挂上树叶葱茏的背景图，摆放长满绿叶的盆栽，放上画了树叶的美术作品，营造生机盎然的环境。环境创设准备就绪后，我们在表演区提供了优秀的音乐作品：名曲欣赏如《片片枫叶情》《春天》《叶缘晓露》《荷》，歌曲《小树叶》《春雨沙沙》《树叶儿青》等。儿童置身于这些优美的旋律中，不知不觉间提高了音乐感受力，学会了区别各种乐曲，并能够感受不同风格的音乐作品在情绪、情感上的差异，他们变得更加细腻、深刻、丰富。

为了激发儿童玩表演游戏的兴趣，我们提供了丰富游戏情境的辅助材料：提供小音箱、耳机，让儿童自主欣赏；投放了树叶裙、树叶头饰、大树模型、柳树枝条等，儿童装扮好自己，拿上道具，配合音乐或翩翩起舞或歌唱表演或敲击乐器，沉浸在音乐的美妙世界中；添置了钢片琴、波浪筒、沙蛋、沙球、双响筒、打棒、铃鼓和小鼓，通过演奏都可以表现出风吹树叶的沙沙声，踩在树叶上的脚踏声，树叶飘落的声音；结合故事情节、儿歌童谣进行演奏，不仅增加了表演的故事性、戏剧性，更激发了儿童的想象力、创造力。

活动反思：

表演区并不是孤立存在的区域，与一日生活中的其他活动紧密联系，因而在创设表演区环境、投放表演区材料时，需要系统考虑与主题及其他区域之间的联系。案例“小树叶”虽然只是表演区中一个小小的音乐游戏，但通过与主题活动相结合，投放儿

钢片琴模仿树叶飘落的声音

用乐器为故事伴奏

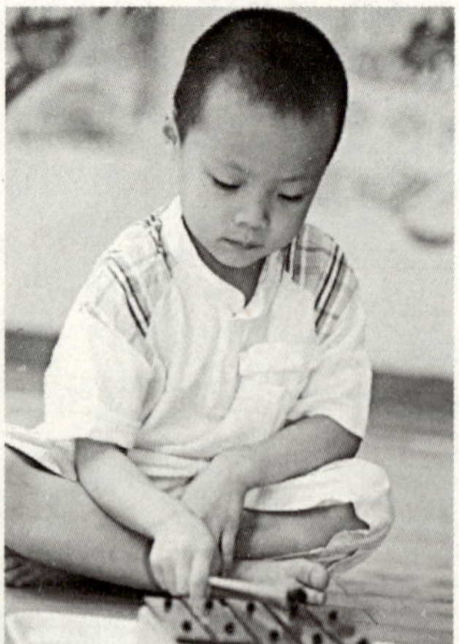
用音砖演奏

童可以自主操作的辅助材料、丰富游戏情境的道具、结合故事或童谣，充分激发了儿童开展表演游戏的兴趣，使其最大限度地体验到表演游戏的乐趣。

附主题节奏卡与儿歌说唱

（1）善用节奏卡，为乐曲进行伴奏

配合节奏卡，儿童可以选择适宜的乐器为《小树叶》《树叶沙沙》《树叶儿青》等歌曲进行伴奏。

节奏卡上简单、重复有规律的节奏变化，会让高深的音乐变得简单好操作，而呈现出来的又是匹配具有美感的声音，儿童可以从中获得极大的成就感。

“树叶”主题就提供了四种节奏卡：

① ‖ X X X | X X X ‖　② ‖ X X | X X X X ‖

② ‖ X X X | X X ‖　④ ‖ X X X X | X X ‖

（2）结合童谣和儿歌进行的说唱表演

儿歌、童谣是儿童所喜欢的，因为音乐是源于人们的习俗及歌谣。童谣和儿歌是学习音乐语言的重要步骤。由于词句与诗歌的应用使得节奏与律动间的关系趋于自然，所以儿童在念词句的开始，会找到自然的速度再把它节奏化，直到付诸动作的表达。这些简单的词句以及容易唱的旋律，会轻松又深刻地印在儿童脑海中。有些童谣是非常有趣的，加上押韵，朗朗上口，趣味无穷。如提供学习过的儿歌说唱卡片，儿童可以自行决定以单人或组合的方式进行表演。表演的方式也是多种形式的，可以是单人说唱多人伴奏，或是几个儿童一起一边说唱一边伴奏，也可以是有说唱的、有伴奏的，也有表演的，儿童可以共同协商确认表演的方式和分工，也可以把诗歌中部分词，变成可增减的，就可以变成两声部的人声或器乐的演奏。部分儿歌如下：

★柳树叶，像眉毛，两头尖尖一笔描。槐树叶，像鸟蛋，排列整齐挺好看。

★梧桐叶，五对尖，好像一座五指山。泡桐树叶大又圆，拿在手里像蒲扇。

★小树叶，胆子大，摇着手儿把风抓。风儿一见害了怕，乖乖丢下尘和沙。

★哗啦啦，哗啦啦，一群树叶闹喳喳。树妈生了芽弟弟，大家拍手欢迎他。

（3）广泛采用情节性的音乐教材

幼儿最喜欢听故事，可以选择一些讲述过的故事当作素材来进行表演。例如，表演绘本故事《红枫叶》《想要一棵好大的树》《爱心树》，可以让儿童一边唱歌一边敲乐器，然后再分配角色把它表演出来，让幼儿融入各个角色，像表演戏剧一样，并体会故事的含义，掌握故事的主旨。

融入主题后的表演区，主题更加鲜明，内容也更丰富。但是结合主题的材料提供还需要考虑音乐自身内在的线索和规律，只有相互结合，密切融合，才能真正有效地促进儿童的发展，才能避免热闹式的、杂乱式的表面化的区域活动材料的设计与提供。

儿歌说唱

节奏卡表演

（二）使用材料中的发现

1. 音量的巧妙控制

比起其他活动区，表演区容易出现声音嘈杂，受之影响儿童情绪很容易出现亢奋的情况，又由于同伴间容易相互影响，所以嘈杂状态容易影响儿童的学习品质，其他区域也容易受到干扰。

（1）使用小型音箱，设定音量

使用小型的USB接口的小型音箱，插上U盘即可使用。小型音箱声音小，好操作，没有电源的安全隐患。

教师可以提前向儿童进行介绍和示范，儿童就可以自己进行操作，自主地进行游戏与探索，减少了对老师的依赖，老师也减少了对儿童的“控制”。

（2）打击乐器的巧妙使用

让儿童了解掌握各种乐器演奏的方法。教师在交代各种乐器名称的同时，鼓励儿童说出每件乐器声音的特色，如：碰铃清脆、三角铁像钟声……那么这些美妙的声音是如何演奏出来的呢？怎样才能使乐器发出好听的声音呢？让儿童分辨出哪些声音好听，哪些声音不好听，从而掌握正确的演奏方法，一旦儿童学会正确的演奏方法，自然会减少噪声。另外，一次投放乐器的数量不要太多，因为儿童常常喜欢合奏，可选择配合协调的乐器进行投放。

2. 以评价促进表演区环境、操作材料的使用

区域活动环境设置的好坏，对儿童的发展有直接影响。创设出适宜的音乐区环

自制乐器演奏

器乐合奏

境，教师还需关注区域环境的可持续性，使创设的环境能持续引发儿童对音乐活动的兴趣，并促使儿童主动地在与环境、同伴的互动中获得音乐等多种能力的发展。这就需要以评价来反思、监督音乐区环境的适宜性并促进环境的可持续发展。

（1）对表演区空间环境进行评价

对表演区空间环境的评价包括：位置选择是否独立、安全；空间布置和装饰是否舒适、整洁、安全；是否富有美感和趣味性。

（2）对表演区材料进行评价

对表演区材料的评价包括：材料种类是否多样；材料是否符合儿童的年龄特点，难度适宜；材料是否适时投放和变更；材料是否安全卫生；材料是否摆放整齐、舒适，方便儿童取用。

（3）对表演区使用频率和使用情况进行评价

适宜的表演区环境设置应该更能吸引儿童，能激发儿童的兴趣，儿童参与的人数和次数就会更多。因此，教师平时应注意记录使用表演区的儿童的人数以及次数，以综合评价区域的空间环境和材料是否符合儿童的兴趣和需要。评价表演区环境设置时还需观察和记录儿童使用表演区时的情况，以考察环境的各要素是否适宜。

（三）创造性材料衍生

1. 结合主题开展节奏游戏

生活中处处都有可挖掘的素材，结合主题教师可以利用经典或朗朗上口的儿歌、童谣设计出生动、有趣、有韵律感的节奏游戏。教师还可以自行创造，设计出具有一定规律、短小的节奏游戏，让儿童在轻松、愉快的探索过程中学习、创造，获得更多有益的经验。

例1:《水果》主题:水果蹲

||× × ×|× × ×| × × × × | × × × ||

苹果蹲,苹果蹲, 苹果蹲完 香蕉蹲。

活动方法:幼儿可以用接龙的方式,边有节奏地念儿歌边做动作。这锻炼了儿童相互配合、认真聆听、快速反应的能力。

例2:《昆虫》主题:勇敢的红蚂蚁

× × × × | × × 0 | × × × × | × × 0 |

我们喜欢 战争, 我们喜欢 打仗,

× × × | × × × | × × | × 0 |

我 们是 勇 敢的 红 蚂 蚁。

× × 0 | × × 0 | × × × × | × × × × |

前进! 前进! 没有人能 阻挡我们,

× × 0 | × × 0 | × × × × | × × × × |

前进! 前进! 没有人能 阻挡我们。

× × × × × | × × 0 | × × × × × | × × 0 |

不怕艰苦的 路途, 不怕辛苦的 战争,

× × × | × × × | × × | × 0 |

我 们是 勇 敢的 红 蚂 蚁。

活动方法:儿童可以分成三组,一组进行儿歌说白;一组用双响筒或打棒进行伴奏(伴奏方法可以是按节奏或节拍进行);一组可以扮演红蚂蚁,穿上服装拿上小棒等道具,站成一队以各种队形变化地行进。当儿童熟悉过程后还可以用节奏明快的乐曲当背景音乐再分组进行表演。

器乐演奏

合作表演

戏曲表演

中国功夫

民族舞蹈

2. 从主题延伸出丰富的音乐游戏

“我是中国人”是大班开展的主题。中华民族文化博大精深，丰富的中国民族音乐、戏曲更是中华民族千百年来的积淀与宝藏。

结合主题，班级开展了多种多样的音乐活动，同时将相关音乐活动延伸到区域中，并提供了相应的学习材料：

中国传统服饰：戏曲服装、汉服、水袖等。

中国民族乐器：木鱼、云锣等；自制的排鼓、编钟等。

中国戏曲、民族音乐：《金蛇狂舞》《春节序曲》《花木兰》等。

在丰富的学习环境中，儿童可以随同音乐相互配合进行演奏和戏曲的表演，深入感受民族音乐和民族文化的美。

3. 以主题活动为线索的综合表演活动

材料准备：道具、服饰、乐器等。

材料使用：儿童在已有的故事经验下带着问题“表演前应该做什么”进行自主探索和活动，通过和教师创设的开放的环境互动，和同伴们进行相关讨论和收集资料，学习装扮自己、选择音乐进行演出准备等途径，去获得有益经验。当儿童装扮好自己，决定了演出节目，选择好伴奏音乐以后，儿童将讨论协商分配角色，商量道具的选择和使用等。活动过程中，老师不会硬性指定或限制条件，只是提供教具、乐器等儿童表演需要的材料，充分发挥儿童的聪明才智和主观能动性。当儿童通过自己的力量，在这样一个既开放又有挑战性的环境中，以自己的方式去探索、发现时，他们真正感到了成功的快乐，尝到了创造的乐趣。区域活动结束后，教师适时引导儿童相互交流、分享，应用各种方式展示他们的学习过程，分享成功的经验。

案例

“昆虫”主题的综合性表演——《昆虫王国》

经过讨论，儿童决定表演《昆虫王国》，而角色分为酷帅有型的蝎子军团（代表力量之美）、逗趣可爱的蚂蚁工坊（代表团结之美）、破茧而出的七彩蝴蝶（代表绽放之美）、英勇杀敌的昆虫大军（代表正义之美）。儿童进行了分工，确定了自己要表演的角色。穿上相应的服装，拿上相关道具，跟随相对应的音乐，他们自由地进行舞蹈。在此过程中，儿童还可以交换角色，互相点评完善，还可以和观众互换角色，一个上午他们都乐此不疲，沉浸其中。

《昆虫王国》的表演游戏进行一段时间后，他们已经不再满足以舞蹈为主要的表现方式，于是又进行了新一轮讨论：怎样的表演更有新意，如何利用更多的道具或打击乐器进行表演，角色的安排如何更有趣味性，等等。经过讨论，大家产生了表演音乐剧的想法，设想一个故事情境，里面有不同的人物角色，结合精选的音乐和相应的道具，一个动态的可调整变化的音乐剧《昆虫选美》诞生了！

剧本如下：

昆虫选美

场景一：蝴蝶小姐从国外旅游回来，带了很多特产要分享给自己的家人和朋友，却发现他们都不见了。

场景二：和谐欢快的昆虫大家庭，所有的昆虫小朋友都在愉快地玩耍。

场景三：魔镜出现，问：谁是最美的昆虫？所有的小昆虫都围绕在魔镜的旁边。

场景四：蝎子开始展示自己的力量之美——胸口碎大石。

场景五：蚂蚁展示团结智慧之美——合作搬运粮食。

场景六：蝴蝶展示姿态之美——走模特步。

场景七：螳螂展示强壮之美——表演拳击。

场景八：魔镜看后说：我该选谁呢？所有昆虫开始发生争执，相互攻击。

场景九：突然电闪雷鸣，所有的昆虫全部变黑变小，能量消失，无法言语。

场景十：蝴蝶与魔镜对话：

蝴蝶：你能告诉我，我的好朋友在哪儿吗？

魔镜：他们就在这里。

蝴蝶：那我要怎么样才能救他们呢？

音乐剧《昆虫选美》剧照

魔镜：你要把你最美的东西献给我。

蝴蝶献出了自己美丽的翅膀，彩虹出现，所有的昆虫恢复了自己的原形。

场景十一：所有的小昆虫都告诉魔镜：献出翅膀的蝴蝶才是最美的！

结束：集体舞。

幼儿园的表演区根据儿童的不同特点和需要，提供自由表现的机会，鼓励儿童用不同的艺术形式大胆地表达自己的情感、理解和想象。在这里，老师会尊重、鼓励儿童的想法和创造，肯定和接纳他们独特的审美感受和表现方式，分享他们创造的快乐，让每个儿童都得到美的熏陶和发展。

儿童在与环境的互动中，不断产生新的有关规则、表演、材料等方面的需求。而这些需求又成为催生儿童自主学习行为的动机，儿童的自主学习行为又促成了这些需求的满足。在这样不断正向的循环过程中，儿童的音乐素养和学习品质都得到质的发展。

而教师应跟随儿童，善于观察和发现，在活动过程中是观察者、支持者、合作者，是儿童游戏的同伴，通过规则制订、材料投放、环境创设等隐性手段为儿童的表演区活动进行指导，在保证表演区中儿童自由自主地发挥主体作用进行自主学习的前提下，促进表演区活动的顺利开展和其价值的更好实现。

第三章 全环境支持系统：综合主题活动

【心灵之声的澎湃】

暖暖冬日徜徉在幼儿园的每个角落
和风阵阵弹拨的曲调是感情之弦
我们用感恩之情带领您走过了这本奇妙的心灵盛宴
它是令人愉悦的思考汇聚
我们用平实的言语诠释儿童心智成长的跳跃
它是令人欢快的旋律汇编
我们用欣赏的眼光去品评那一枝枝柔嫩的花朵
它是孩子们讲述心灵澎湃的隐蕴

有一种教育叫作可以呼唤的温柔述说
有一种美丽叫作可以震颤心灵的全环境
本书让读者感受一个团队集体创作的力量
曼妙投入的字里行间是细微感情的表达
多年教育经验的累积是破茧而出的惊艳
触摸教育本质，读懂教育者真实流泉淙淙
回归自然教育，聆听儿童心智成长拔节声的天性

时间蹉跎了悠长的等待
青春勾画了羁旅的岁月
那些过往的回忆
如茧一般羽化成蝶
在教育的领域中
我们似彩蝶般裙裾飘飞
在教育的世界里
我们如碧玉般流光轻舞

忆往昔二十五年

初如隔雾之花
看今昔之年
却已是驾轻就熟般的遥不可及
因为我们理解的教育是一曲华章
可以突破苍穹的束缚
因为我们理解的教育是一幅水墨
可以点染无尽的山水
我们探索创新
历经风雨
皴手茧足以求之
丝丝缕缕吐出的是银色精华
我们踌躇满志
等待一飞冲天
因为蜕变是要承受裂心之痛
只为绽放华衣斑斓的飞舞
我们感恩满怀
可以身临其境地记录下儿童成长的每个瞬间
感恩遇见的所有美好
幼教千花　春风万里
开始拥抱繁花似锦
因为羽翼渐丰
享受自由飞扬的翱翔
破茧而出
抛开整齐划一的心灵桎梏
做一只生命中翩然而来的蝴蝶吧
蓦然回头
你的独特已经不同
破茧而出是为成就流光溢彩的生命
我们破茧而出是为成就孩子最美好的未来

第一节　小班案例“水果”

一、全环境支持系统课程下的主题建构

（一）主题的生成

1. 主题生成背景

九月正是瓜果飘香的季节，五颜六色的水果，既贴近儿童的学习经验，同时又能引发儿童强烈的学习热望。

通过主题活动的学习能够引发儿童对水果产生学习的兴趣和探究的欲望，他们通过精心准备的操作材料能够自主地对水果进行更深入的学习。

2. 主题切入

儿童在生活中会接触到各种各样的水果，它们的颜色、形状、气味、触感、味道都吸引着小班儿童的好奇心。这一主题从健康和科学领域切入，准备多种生活中常见的水果，让儿童看一看、闻一闻、摸一摸、尝一尝，充分调动他们的各种感官，并获得直观体验，激发他们对水果的兴趣和喜爱。

（二）“亲子师”三大人群对主题的认识和思考

主题活动的有效开展需要“亲子师”三大人群的密切合作。

“为什么开展水果主题?”“水果的主题是什么?”“我们将如何开展水果主题的学习?”教师需要引领家长和儿童对主题活动的开展进行积极的对话。

1. 孩子的认识与思考

与儿童一起对水果主题进行讨论：“我”可以怎样认识水果？还有哪些是“我”不知道的？这些对话可以帮助老师了解儿童的已有经验，思考可以为儿童提供的新经验。

2. 教师的认识与思考

主题内容是否适宜？儿童可以从中获得什么？教师可以给予何种支持？教师应该怎样做？教师需要进行更深入的思考。

3. 家长的认识与思考

教师可以借助亲师会，通过讨论、分享、亲身体验等方式，引领家长从以下几点对课程的理念以及主题活动的开展进行较深入的理解与认识：什么是主题？儿童怎样进行主题的学习？家长的建议是什么？家长可以提供哪些支持？如何有效地开展家长参与主题活动？

（三）主题思考网络图

主题思考网络图，是对水果主题系统而整体的思考规划。有了整体的思考和规划，就能更有效地设计与规划学习环境。

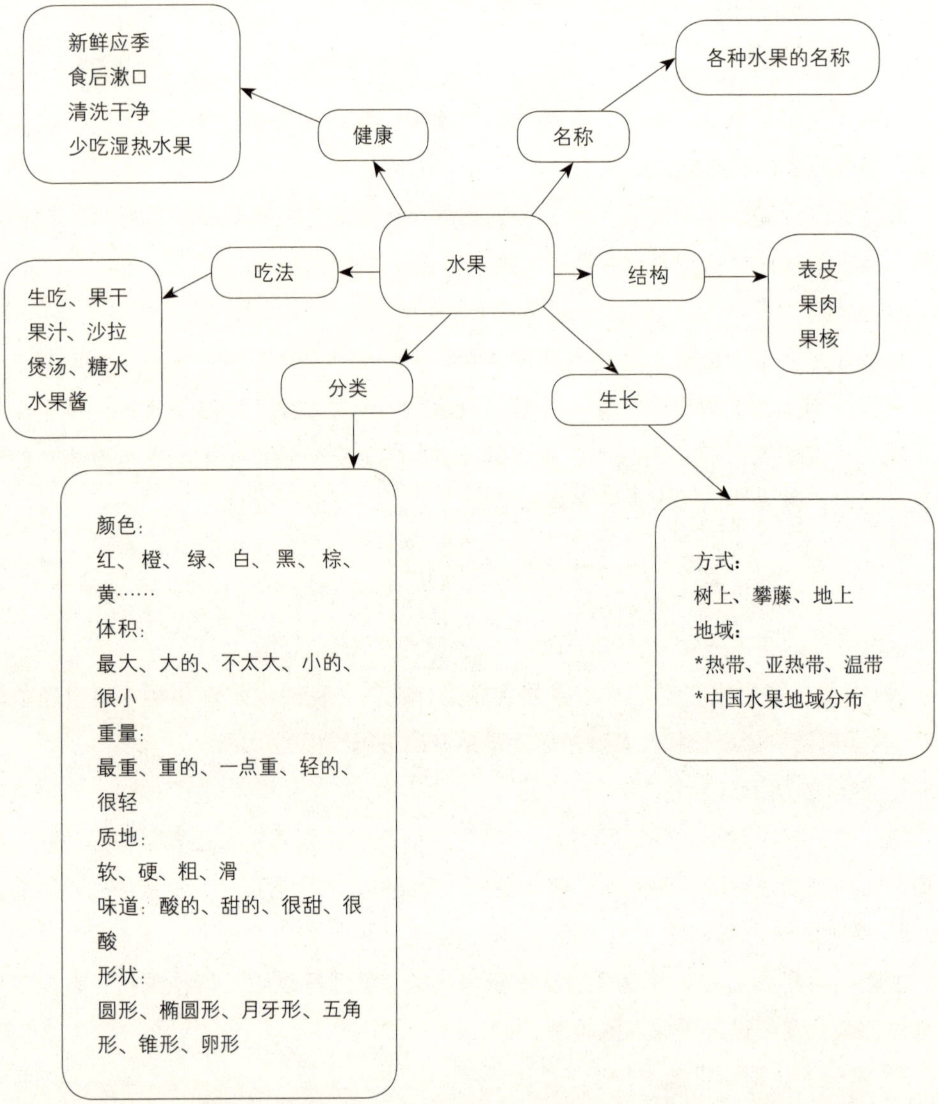

水果主题思考网络图

（四）主题区域材料规划图

班级的区域学习材料既要考虑蒙台梭利的基础学习材料提供，同时还要思考整体主题环境的氛围营造，各学科领域的均衡及相互间的联系，把主题思考网络图中的概念变成具有目的性、层次性、针对性的操作材料等。

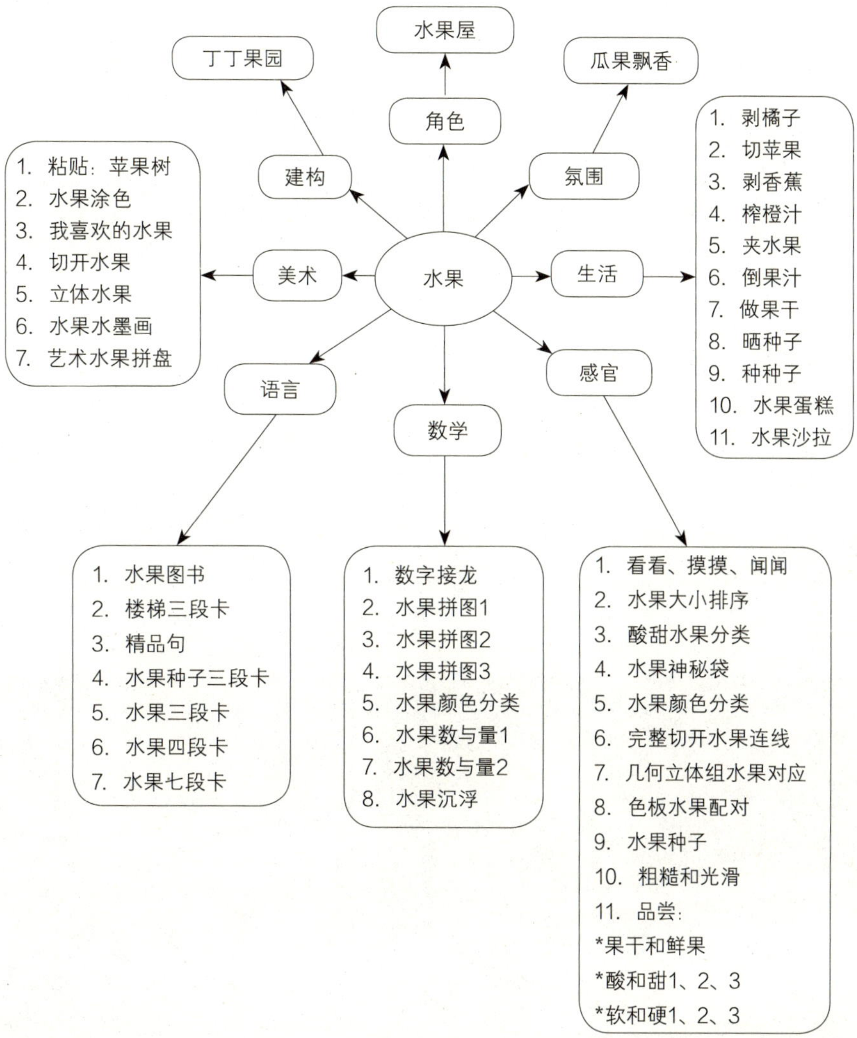

水果主题材料规划图

二、全环境支持系统课程中有准备的主题环境

（一）主题氛围的营造

在主题氛围的营造上注重了主题的凸显性、色彩的艺术性、整体的系统性，儿童一走进教室就能感受到浓浓的“水果”主题气息。

美工区

日常生活区

水果展示区

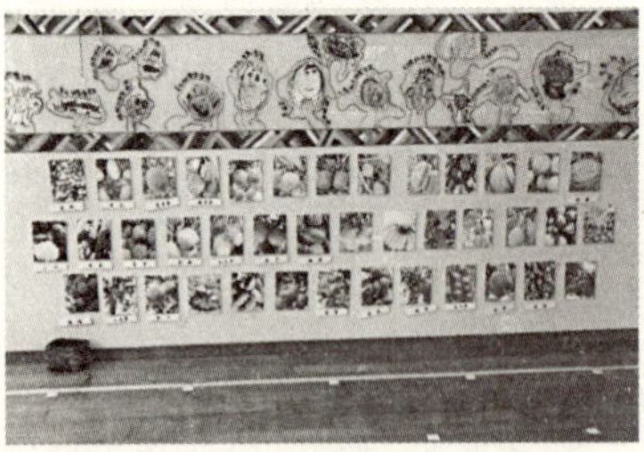
主题墙

感官区

食品展示区

水果种子

水果种子盆栽

（二）各区域主题操作材料设计

1. 日常生活区操作材料设计

通过提供剥、拧、切、夹、切等操作材料，儿童不仅锻炼了小肌肉的灵活与协调性，同时学会了照顾自己、照顾环境。

榨橙汁

2. 感官区操作材料设计

感官区提供了可以调动视、听、触、味、嗅等多种感觉进行学习的操作材料，让儿童在观察、辨别、比较、判断的过程中得到练习。

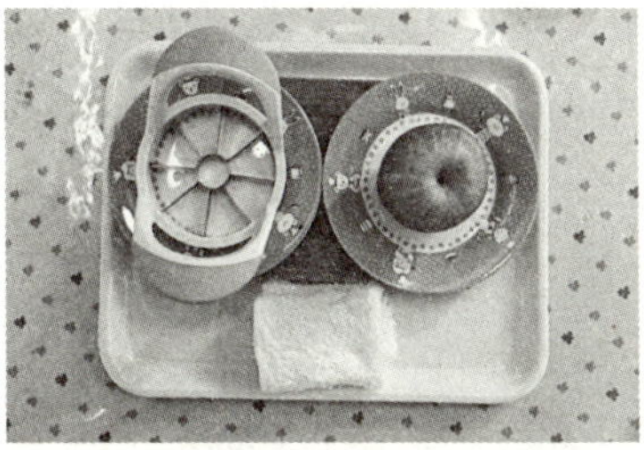

切苹果

榨柠檬汁

剥橘子

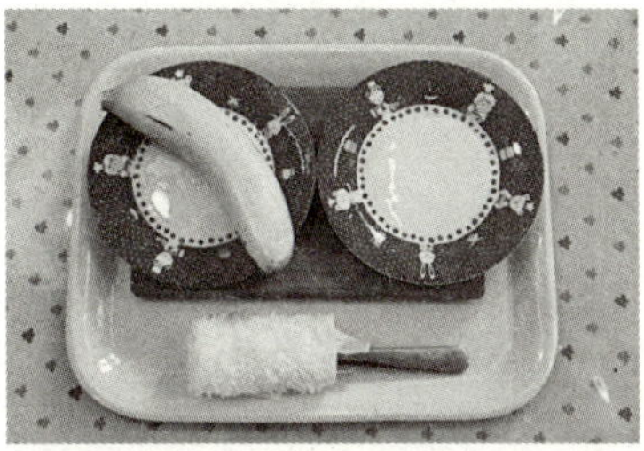

剥香蕉

夹水果

看、摸、闻

水果大小排序

水果神秘袋

酸甜水果

分辨与品尝

光滑与粗糙

水果与色板

水果与立方体

3. 数学区操作材料设计

数学区提供了拼图、数与量、排序、测量等操作材料，让儿童在反复操作的过程中获得对数概念的理解与认识。

数与量的对应

水果拼

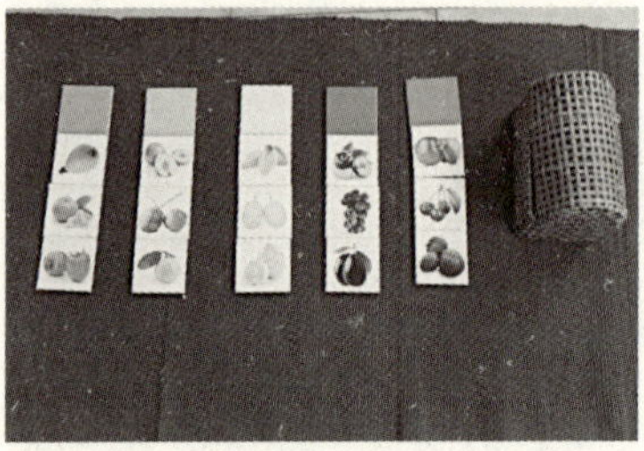

水果颜色分类

水果嵌板

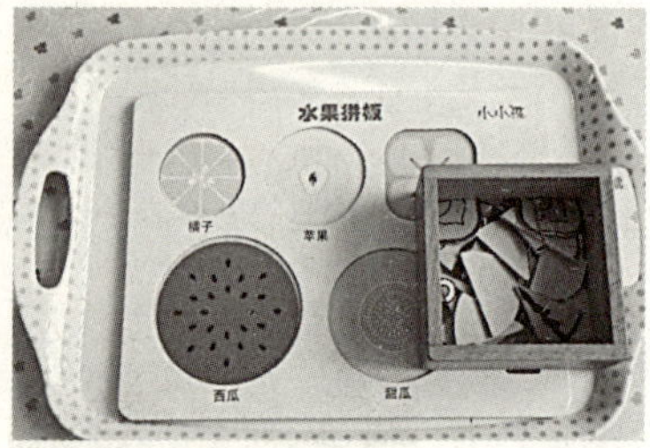

水果立体拼图

4. 语言区操作材料设计

语言区材料的设计注重了儿童听、读、写能力的发展，把具象的图片和抽象的文字进行结合，并通过多种方式进行呈现，来引发儿童的学习兴趣。

水果图书

文字组合三段卡

种子三段卡

水果三段卡

水果四段卡

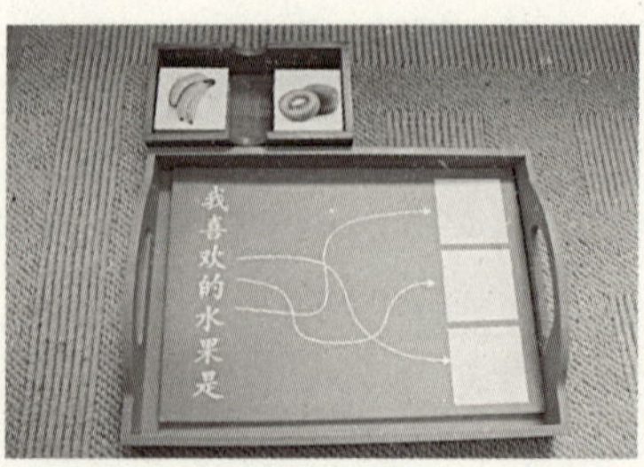

语言精品句

水果名称辨认

5. 美工区学习活动设计

提供丰富多样的美工材料，让儿童在绘画、粘贴、泥工等多种表现形式中，再现对水果的认识。

水果娃娃

切开的水果

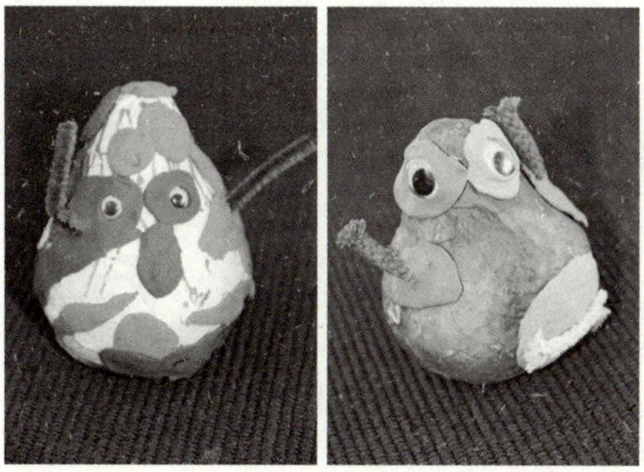

立体水果

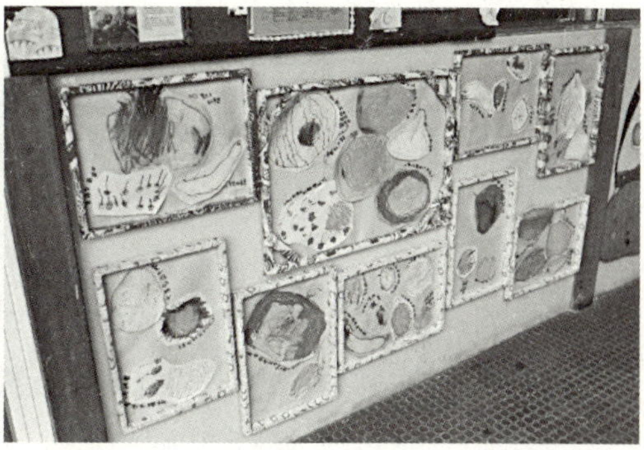

我喜欢吃的水果

6. 角色区和建构区主题活动设计

角色区和建构区活动的主题材料提供可以和儿童一起讨论、商定。借助相应的主题道具，儿童就会欣喜地投入其中，并不断施展自己的创意。

水果园

水果娃娃屋

三、全环境支持系统课程一日生活中的主题活动

（一）走线

在走线过程中，配合与主题相关的优美的音乐作品，让儿童欣赏。如：体现许多水果的钢琴曲《水果篮子》；体现丰收时喜庆愉悦心情的民乐《庆丰收》；不同季节会有不同水果，欣赏四季特点的交响曲《四季》等。

（二）点名游戏

水果品种接龙、水果颜色接龙、水果味道接龙、软硬水果接龙、季节水果接龙、地域水果接龙等。在趣味十足、紧扣主题的点名游戏中，儿童不仅增进了对水果的了解，还锻炼了专注、倾听、反应、记忆、分类等学习能力。

（三）晨谈

在晨谈中也会开展与主题相关的小趣闻、话题分享等活动，让儿童在轻松的讨论中增进对水果的认识。

（四）操作

在自主操作活动中，班级不仅提供了蒙台梭利的基础材料，同时也自行研发了五十多种主题材料，材料的提供注重丰富性、引导性、目标性、层次性和趣味性，让儿童各方面的能力在主动探索中得到均衡、适时的发展。

（五）运动

在体育锻炼中，也融入了与主题相关的游戏活动，深受儿童的喜爱，如水果迷宫、水果争霸、运水果等。

（六）转换环节

在一日生活的转换环节中，也自然地融入了主题相关活动。如站队时进行水果儿歌、节奏游戏等活动，餐前进行相关音乐游戏、故事的分享，散步时进行水果雕塑等游戏。

（七）学科活动

班级的学科教学活动既有以学科发展为目标进行的学习活动，同时融入了相关的主题活动内容。

四、全环境支持体统课程中儿童的学习与发现

（一）多方体验，激发探究欲望

水果主题激发了儿童的各种感官，儿童在看一看、闻一闻、摸一摸、尝一尝的过程中获得关于水果的感知经验。

品柠檬

喝橙汁

吃香蕉

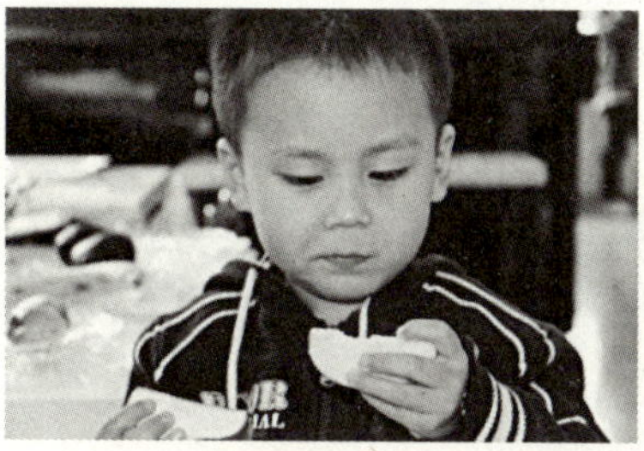

尝一尝

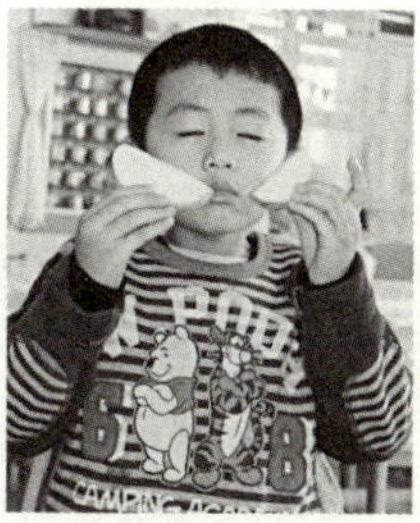

闻一闻

摸一摸

（二）隐性引导，发现内在秩序

教师要有意识地将核心经验的学习融入隐性的材料，让儿童在亲身操作体验中，发现内在的秩序，提炼概念。

例一：神秘袋——里面投放的水果考虑到了大小的变化，儿童在操作时发现了内在的秩序，开始了尝试排序。在后续自选水果放入神秘袋的活动中，儿童开始有意识地选择大小不同的水果，自然而然获得了大小排序的概念。

大小排序

例二：水果四段卡之食物展示——儿童会发现其中的规律，运用不同方式进行排序。而老师要准备的就是提供大小不一、不同数量的水果供儿童学习。

多少排序

高矮排序

在选择最后一个水果时，我给小添建议蓝莓也可以，小添果断地拿起龙眼，说："蓝莓太小了。"
小添对体积的递减有了清楚的认知。

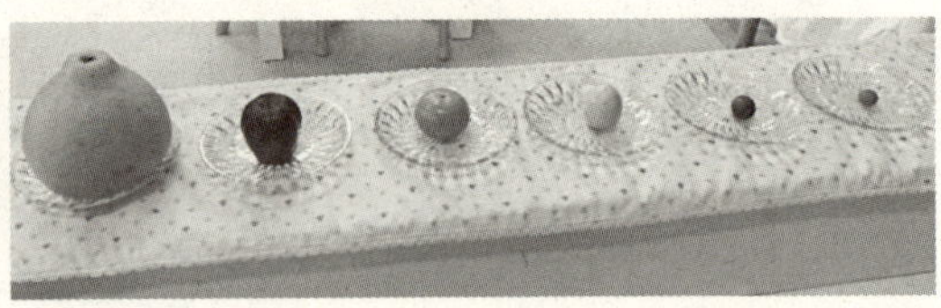

讨论排序方式

大小排序

（三）巧妙设计，具象抽象联系

巧妙地设计，将具象的图片与食物和抽象的文字进行结合，儿童在反复操作的过程中，自然地增进了对文字的兴趣和认识，并能有效地将它们联系起来。

主题墙既可操作又是参考模板

抽象的文字与具象实物相联系

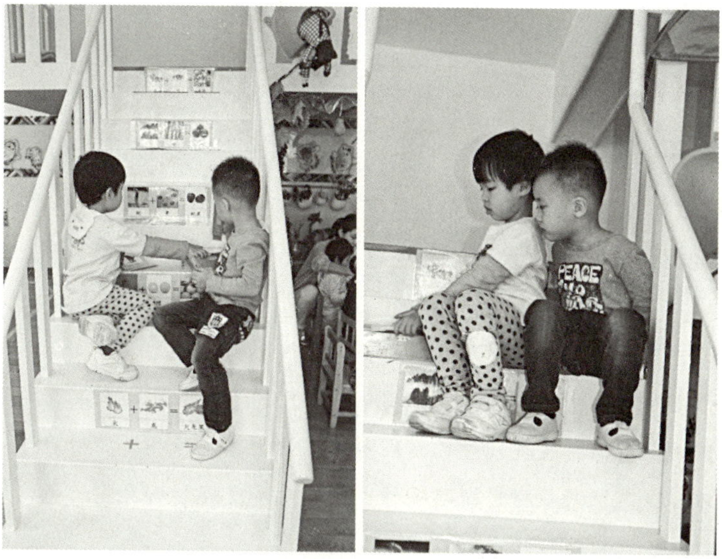

小楼梯上的巧妙设计，让儿童发现汉字的神奇

楼梯上进行三段卡学习

（四）深度学习，关注精准精确

丰富的材料、宽松的探究氛围、教师的专业指导帮助幼儿获得深度学习，儿童在深度学习的过程中关注到精准精确。

是梨还是香瓜?

光滑的？粗糙的?

非常甜？甜的？一点甜？非常酸？酸的？一点酸?

五、全环境支持系统课程中教师的突破与成长

（一）敏锐观察，改进完善

蒙台梭利说过："教师首先是一位观察者，其次才是一位指导者。教师的观察研究与分析，是设计、安排和不断改进与更新教具材料的基础。"教师应具有一双发现的眼睛，去观察、发现儿童的学习情况，及时地做出改进与完善。

实例一：水果七段卡

如何让一份材料蕴含多种思考，多种思考通过一份材料呈现。

教室里同时提供了水果三段卡、真实水果、水果种子、水果干果、水果盆栽，儿童操作了一段时间后，教师发现儿童已经理解了，就把这几种相关的材料投放在距离相近的地方，并建议几份材料一起操作，引发儿童发现材料之间的关联性。

水果三段卡

水果干果

水果种子

真实水果+水果盆栽

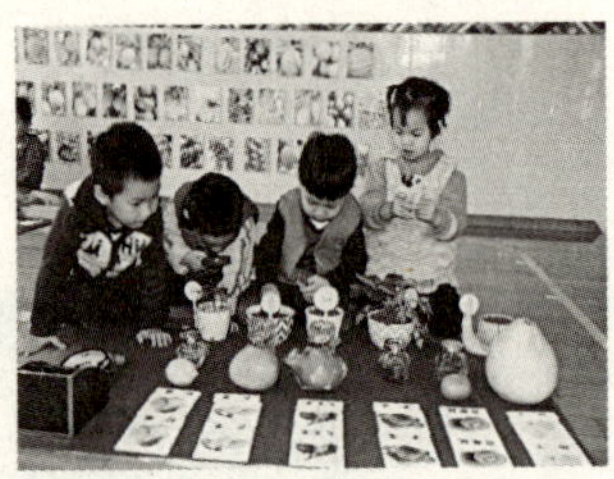

水果七段卡

实例二：精品句连线

将走迷宫的线条更换成立体的儿童可触摸的路线，既满足了儿童摸的兴趣，也让儿童能更准确地感知到正确的路线。

实例三：数字水果对应

改进前，葡萄粒容易滚动、混淆。改进后，通过隐性的错误控制，颜色统一的数字，儿童可以根据底板高矮的排序，自己进行数字的认识和数与量的对应。

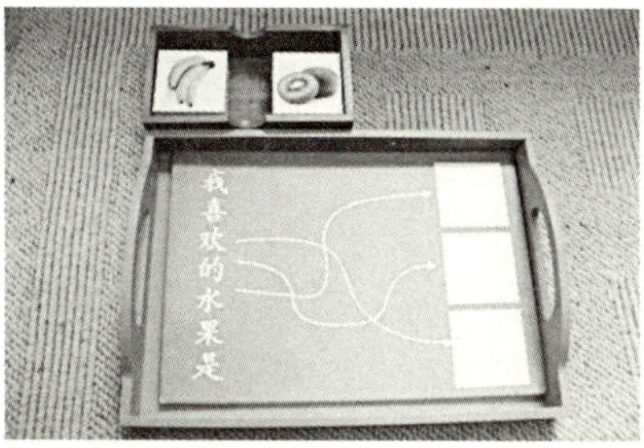

精品句连线

调整后的精品句连线

数字水果对应与调整后数字水果对应

实例四：粗糙与光滑分类

儿童在触摸水果中提出疑问："杧果是光滑的还是粗糙的？可是它还有一些小点点。"于是我们在"粗糙—光滑"的对比中增加了"较粗糙"，并把砂板与之放在了一起，使儿童能更精准地进行分辨归类。

改进前：粗糙与光滑

改进后：粗糙、较粗糙与光滑

改进前后的粗糙与光滑分类

（二）系统思考，整体构建

在思考推进主题时，教师要考虑到课程横向的整体思考，同时还需要作纵向的思考与规划，以及主题与主题之间的融合与关联。如：与水果相关联的叶子，与叶子相关联的昆虫，与昆虫相关联的自然、生命等。希望主题的整体观、价值观给儿童传递人、自然、生命之间的自然和谐关系的观念，增进儿童对大自然的热爱，对生命的敬畏。

六、全环境支持系统课程中家长工作的协作与开展

（一）主题认知

每个主题活动的开展过程中教师都会通过讨论、发表见解、亲身体验等方式帮助家长加深对主题的认识与了解，并为家长参与主题活动做好准备。

水果颜色分类

分辨水果

（二）日常配合

1. 提供相关主题资料

如：水果书、水果盘、水果小物件、仿真水果、水果种子、自制果干、种子种植等。

2. 按要求提供相应水果

如：周二男孩、周四女孩；相关主题：酸/甜/光滑/粗糙/不同品种的苹果/梨/瓜等。

3. 与水果主题相结合的亲子活动

如：与水果主题相关的亲子活动（找水果、水果舞、水果实验、榨果汁、水果艺术拼盘、水果沙拉、种植水果）；外出参观水果园（木瓜、香蕉、火龙果）等。

4. 与水果相关的日常助教活动

如：认识葡萄、水果绘本分享、水果蛋糕制作、情景故事表演等。

找水果

参观果园

故事表演

绘本分享

（三）特色活动

每学期一次的“爸爸温暖周”，是幼儿园家长工作的亮点，也是爸爸们真正参与到儿童学习过程中的特色活动。活动注重了自选性、自主性、多样性，既丰富了主题活动，又让家长收获了学习的乐趣与亲子互动的技巧，也让儿童获得学习和情感上的满足。

英语爸爸

舞蹈爸爸

科学爸爸

美食爸爸

运动爸爸

爸爸们参与特色活动

七、全环境支持系统课程中主题活动反思与评估

（一）儿童的学习与发展

在水果主题的学习活动中儿童展现出了强烈的探究欲望，如观察、对比、品尝、触摸、表达、制作等。儿童的各种感官被充分调动起来，在操作、探索中能够不断去发现事物内在的联系与规律，能够主动去发现水果世界的奥秘。

对比、发现

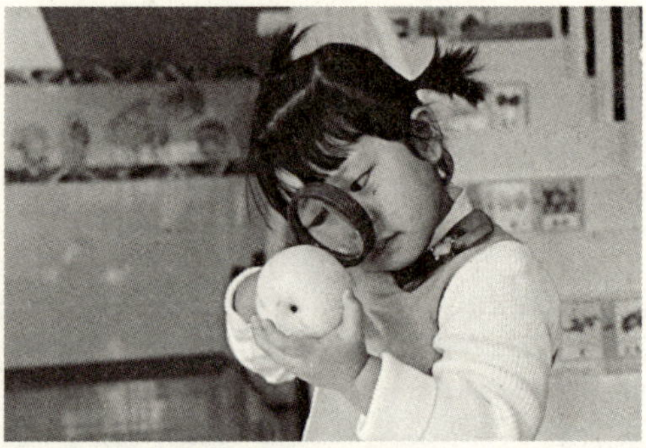

观察、触摸

（二）家长的参与与改变

从不知何为主题到对主题有了初步的了解与认识，并在主题的不断推进过程中通过更多形式的参与，家长们逐渐发现了主题学习的乐趣以及背后传递的意义。儿童的学习不仅仅是获得一个概念，学到一些知识，而是如何在主动探究过程中悟出一些道理，总结一些规律，去发现大自然的神奇与美妙。

观念上的改变使得家长更加投入、主动地参与到班级各种活动中，形成了鲜明的家长工作特色，真正做到了“三位一体”，共同促进儿童的全面发展。

（三）教师的收获与反思

教师们能系统地、全面地对主题活动开展进行思考和设计。对主题材料的设计也有了更多的思考和创意，同时能时刻关注到孩子的使用情况并作出相应的调整，力求每份材料都更加完善、科学、适宜。语言和科学领域的活动材料的设计需要更多的思考和创意。

经过“水果”主题的探索和实践，我们深感全环境课程是亲、子、师在活动中互相交往、相互依赖、互相影响而建立起来的能够积极促进和强化儿童自主学习与发展的课程。看见孩子的发展是我们最大的成就！

第二节　小班案例“食物”

一、全环境支持系统课程之主题建构

（一）主题的生成

1. 主题生成背景

小班的儿童经过一学期的适应，习惯了幼儿园的生活，终于可以自己背起小书包，开开心心地松开爸爸妈妈的手上幼儿园。到了小班下学期，儿童要开始培养各种良好的生活习惯。对于小班儿童来说，为自己服务，是一件非常重要的事情。自己穿衣服、自己安静入睡、自己吃饭，这对小班的儿童来说，都是需要好好学习的。对小班的儿童来说，吃饭往往是最难以攻克的问题，从家庭到幼儿园，有很多不一样的饮食习惯，有很多从来没有接触过的食物，有很多不一样的做法，更多的是那些都不是儿童喜欢吃的食物。为了让小班的儿童学会吃饭、学会不挑食、了解各种食物的营养，食物主题应运而生了。

小班儿童的学习按照指令行动，生活自理能力增强；对他人的情感反应敏感性增强，对同伴、教师产生认同感、亲切感；动作的协调性增强，具有强烈的好奇心；已形成与生活经验有关的概念，很大程度上认识依赖于行动，模仿能力强；能用简单语言表达自己的感受与需要，会用绘画表现自己的想法和愿望，喜欢音乐，能唱简单的歌曲。小班儿童的学习要通过实际操作、亲身体验，模仿、感知、探究，在做中学、玩中学、生活中学，不断地通过积累经验来建构自己的理解与认识。根据小班儿童的年龄特点，要选择贴近儿童生活的，能够被真实触摸、真实感知到的具体内容的主题。食物主题，就非常符合小班儿童的年龄段特点，和儿童的生活息息相关，而且是儿童平时经常接触到的。

2. 主题切入

对于小班儿童而言，他们自己的生活就是学习的最重要的途径。我们的主题切入，就从儿童每天都要吃的大米饭入手，从一首儿歌“白米饭，香喷喷，小朋友，来吃饭。吃得饱，长得高，别把米饭掉地上”为导入，引领儿童作简单探讨，知道我们每个人都需要食物，食物是我们成长的原动力。不同的食物含有不同的营养成分，食物的选择往往影响我们身体的健康与发展。食物是儿童熟悉的、喜欢的，而每个儿童对食物都有自己的喜好。食物的色彩、外形、气味、营养等，都蕴含着丰富的教育资源。

（二）主题的规划

了解儿童的已有经验；
调动儿童的兴趣，探索积累新经验；
三大人群的共同成长。

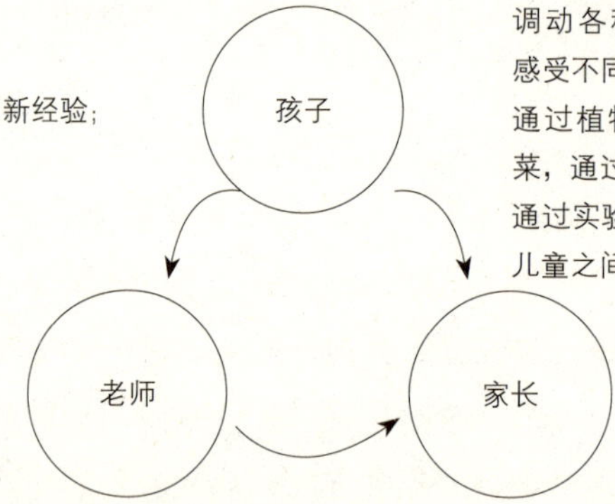

通过亲身体验了解各种食物的种类；
调动各种感官——触、摸、闻、尝等，感受不同食物的味道；
通过植物种植了解最健康的食物——蔬菜，通过了解而爱上吃各种蔬菜；
通过实验而了解食物的颜色；
儿童之间的讨论也是经验的积累。

主题活动的学习能够引发儿童对食物主题产生学习的兴趣和探究的欲望；
通过精心准备的环境和材料，让儿童能够自主地进行探索。

什么是主题？
儿童怎样进行主题的学习？
家长可以提供哪些支持？
我还可以怎么做？

“亲子师”对主题的认知

1. “亲子师”对主题的认知

（1）教师对主题的思考

全环境支持系统课程不同于纯粹的主题探究，也不同于纯粹的蒙台梭利教育，是吸收融合两者优点而建构的具有梅林一村特色的课程。全环境支持系统课程是以蒙台梭利教育为基础，以主题教育为线索进行的。在主题未开始之前，班级教师要对主题进行预设并且准备，根据儿童的已有经验、年龄特点、生活环境、发展目标等，预设主题框架，然后为儿童提供一个自然的、生活化的、可随时发展的有准备的环境。在全环境支持系统下的主题课程，是在观察儿童的基础上决定其走向和随时进行修改的主题课程。在整个主题课程的进行中，教师作为观察者和陪伴者，与儿童共同探索、学习、思考。

（2）儿童对主题的探索

小班儿童，初步接触主题，比较欠缺探究经验，需要教师进行更多的预设和引导。儿童用已有的经验进行简单的讨论、叙述，教师及时捕捉住儿童的兴趣点，引导儿童讲出：我喜欢吃的食物，为什么；我最喜欢什么颜色的食物，都有哪些食物；我不喜欢吃的食物，为什么。经过一段时间的探索，儿童逐渐知道了什么是健康食品，什么是垃圾食品等。除了语言的讲述，儿童还可以用其他各种表现形式，如美术创作、肢体表现等。小班的儿童对于主题的探索，主要在于情绪的愉悦和意识上的主动，愿意参与、喜欢参与、敢于参与。

（3）家长对主题的理解

小班家长也是家长中的新生力量，他们和儿童一样，对主题是第一次接触，但他们比儿童更好奇，他们非常想了解：儿童在幼儿园到底每天在做什么，儿童所做的主题是什么，对儿童有什么帮助，他们需要提供什么样的支持呢。这些都需要教师进行一步一步的引领。

每个学期的家长会，将是教师一次最好的班级课程宣讲，教师用文字、图片、视频、案例、情景表演等告诉家长儿童所做的主题是什么。我们还设计了一个微型主题，带领家长进行探索，让家长亲身感受。在主题的进行过程中，教师会及时地上传各种主题探索的照片到网络上，家长通过教师所直播的过程，初步了解何谓主题。此外，还有家长助教参与到幼儿园、班级中，慢慢对主题有了一定的了解。

家长们开始热情地加入到课程中来，并且他们会把主题课程也带到家庭中去，这时候，学习型家庭相应产生了。家庭成员一起为“食物”主题查找资料、提出问题，解决问题，并把主题带回幼儿园。于是，家庭和幼儿园形成了一个良性循环，儿童在这两个和谐的环境中自在探索，并带动教师和家长。

2. 班级体系化主题课程思考

“食物”主题非常适合小班儿童，与他们的生活息息相关。在这一主题活动中，我们主要从以下四方面来进行：

（1）食物的营养

通过食物金字塔，让儿童了解每一种食物的营养，知道五谷杂粮是身体最需要摄入的。让儿童和家长一起去收集儿童平时爱吃和不爱吃的食物，收集各种资料，让儿童了解，原来每种食物都有它自己不可替代的营养，而单一地摄入某种食物，是得不到丰富的营养的。

（2）多彩的食物

绿色的蔬菜、红色的甜辣椒、白色的米饭等，当儿童面对这些不同颜色的食物时，可能会根据自己的喜好选择自己爱吃的，放弃自己不爱吃的。通过这部分研究，让儿童接受各种颜色的食物，并敢于尝试各种新鲜的食物。

（3）蔬菜，我的好朋友

蔬菜，是儿童经常会挑食的一种食物，我们把“蔬菜”专门拿出来，就是想通过各种活动，引发儿童对蔬菜的喜爱，在以后的进食当中，可以主动或者尽可能多食用蔬菜。

（4）我爱吃健康食品

儿童爱吃零食和洋快餐是家长们最头痛的事情，我们和儿童一起探究，揭开健康食品和垃圾食品的神秘面纱，让儿童学会辨别什么是健康食品，什么是垃圾食品，让健康饮食的概念在儿童幼小的心中植根。

3. 一体化主题环境创设

一体化主题环境创设需要注意直观性、参与性、趣味性、互动性、整合性、层次性、推理性、归纳性几大特点，满足小班儿童经验比较缺乏、喜欢动手操作的特点。具有互动性的合作环境，让班级年龄已经到了4岁的儿童尝试合作初体验。班级的主题环境，不仅是营造氛围，还让儿童身处可操作的主题材料环境中，发展出儿童对事物的归纳性和推理性。

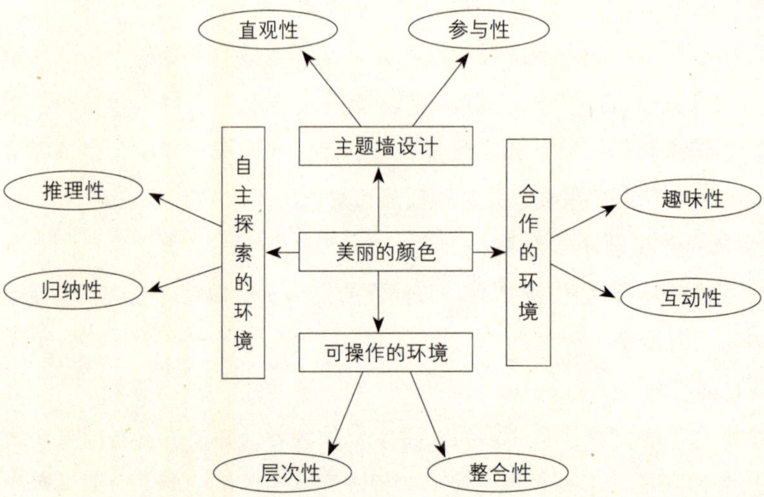

一体化主题环境的创设

在一体化主题环境的创设中，区域的创设是重点，每一个区域都有不同的要点，当儿童进入区域的时候，每个区域就像一个不会说话的引领者，吸引儿童主动探索。教师在创设区域环境时，要注意区域之间的整体联系。

4. 主题材料的创设思考

小班的主题进行，除了准备好的一体化主题环境之外，还需要完善的各个区域的操作材料。适合儿童的操作材料，可以引发儿童自发与材料互动的兴趣，在设计操作材料的时候，要注意以下几个要点：

（1）材料形式多样化：材料的设计要考虑以各种形式出现，立体的、平面的、实物的、各种材质的材料，能让儿童在触感上得到各种刺激。

（2）材料真实，具有可操作性：根据主题尽量提供与主题匹配的实物，让儿童有直观的感受。单纯的观赏性的材料不要提供太多，要具有可操作性，让儿童看得到、玩得好，这样的材料才是有价值的。

（3）来源于孩子熟悉的素材：小班的儿童非常喜欢班级能出现一些和自己相关的材料，比如儿童的生活照片、身边熟悉的物品等。在材料的设计当中，可以多收集有关儿童自己的素材，这样儿童操作起来既有兴趣，又感到亲切。

（4）美观、趣味性：美观是指材料要尽量做到精美耐用，过于粗糙的材料孩子不会喜欢。趣味性则是让儿童持续坚持的动力，在小班儿童眼里，各种材料就是玩具，玩具要有趣，儿童才会愿意使用。材料既要有趣味性，又要不失其本身的教育意义；要注意材料的层次性，高结构材料与低结构材料相结合，材料使用的难易程度要结合。

二、主题综合活动各区域操作材料和活动设计

（一）美工区——创造食物的艺术

美工区要选择具有自然光、通风效果好的区域，各种材料的投放要整齐、有序，方便儿童取放，让儿童一踏进美工区，就有艺术创造的欲望。

美工区的装饰，采用儿童的作品，当儿童看到环境的创设有自己的参与，会觉得自己是这个环境的主人，增强他们的主人翁意识。

美工区一角

美味的“通心粉”

香甜的“汤圆”

好吃的“扇贝”

儿童的作品

（二）语言区——研究食物的秘密

儿童的语言发展，与很多方面的发展存在着相互促进、共同发展的关系。皮亚杰说：“语言具有双重意义，它既是一种凝缩的符号，又是一种社会的调节。语言在这种双重意义中便成为思维精密发展不可缺乏的因素。”在设计语言区的时候，听、说、读、写缺一不可。小班的儿童，比较喜欢一个人独自进行活动，那么语言区的录音机、点读笔等很适合他们；各种与食物有关的以图为主的书籍，也很受儿童的欢迎，我们让家长帮忙收集儿童爱吃的食物的照片，制作成可读可操作的玩具书籍，儿童看到自己和同学的照片，特别开心；砂字板等前书写练习的材料，儿童也非常愿意尝试。

各类蔬菜的认识

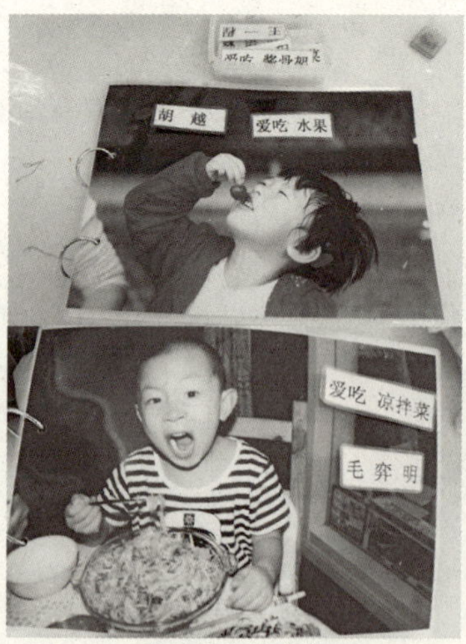

我最爱吃的食物

“我不吃垃圾食品!”

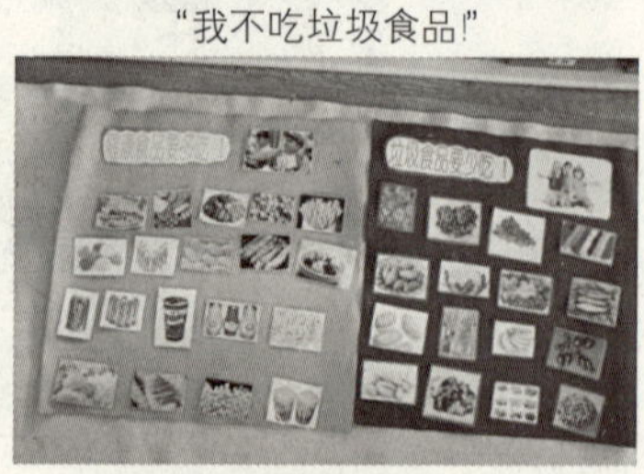
“我知道什么是垃圾食品!”

儿童关于食物的认知

（三）科学区——进行食物的实验

科学区，是儿童探究的一个源泉。在这里，儿童通过一些简单的实验，亲自动手操作，了解科学道理。食物是蕴含淀粉、碳水化合物、水分、阳光等各种大自然元素的作品，围绕食物有很多吸引孩子的科学现象，科学区中投放了各种食物的实验，儿童流连忘返。

“火山爆发” 胡萝卜沉浮 食物味道变变变

神奇的食物魔术 观察水果的剖面

进行食物实验

如何把主题材料与蒙氏操作结合起来，这是主题材料的中心和难点。从建立小班儿童数学逻辑概念出发，我们制作了不同食物的“大和小”“长和短”“粗和细”三种排序类工作。

黄瓜的长和短 西红柿的大和小 胡萝卜的粗和细

三种不同食物的排序练习

我们设计的彩色食谱把幼儿园每天吃的食物都一一展示，儿童能在图谱中了解到自己每天吃什么，对于图谱的归纳和学习有所了解，既学习了安排膳食的多样化，还习得了颜色的统计方法。

彩色食谱——我们在幼儿园吃的食物

（四）感官区——好玩的食物游戏

儿童总是有探究和认识的兴趣，可以通过具象的食物，表现出一些抽象的概念，如长、短、大、小等，激发儿童勇于去探究和解决问题。通过各种游戏的刺激，儿童可以通过接触、闻、尝等方式，刺激和发展各种感官。

食物触摸四段卡：

在儿童的启发下，老师们创设了一份“触摸四段卡”，先让儿童通过放大镜对五谷

触摸实验

杂粮进行观察，然后依次配对卡片。最后让儿童戴上眼罩，依靠触觉找出两个篮子里面一模一样的蔬果。

下图展现了各种好玩的食物游戏：

莲藕拼图

各类蔬菜大小排序

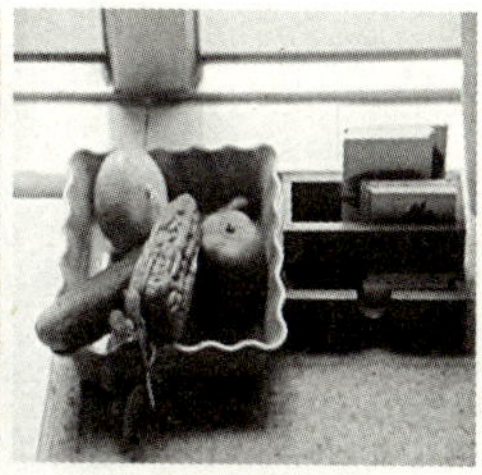
食物摆放

食物摆放

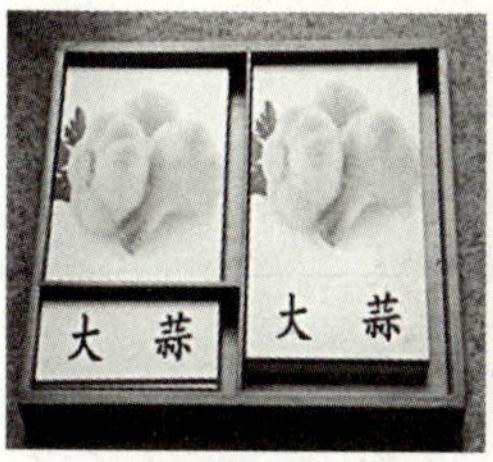

图文并茂

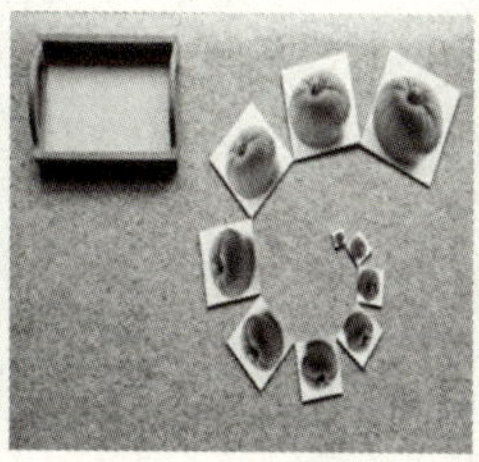
南瓜大小排序

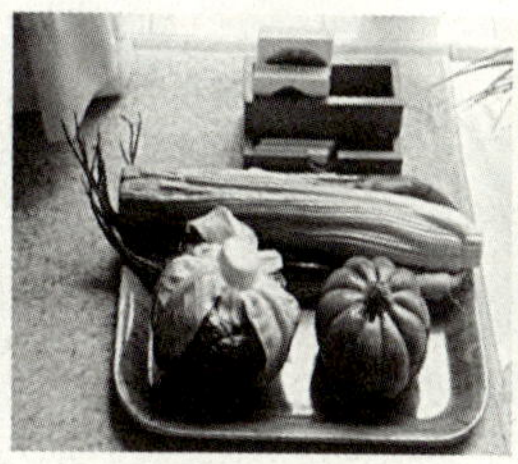
食物摆放

茄子拼图

各种好玩的食物游戏

小班下学期的儿童，对合作开始有了初步的需求。从儿童年龄特点和班级儿童年龄特点出发，我们设计了一份需要两人共同完成的程序性较强的合作类工作，让儿童通过伙伴间的合作，思考尝试完成。

（五）生活区——制作美味的食品

日常生活区的目的是培养儿童解决问题的能力，增强儿童的自我效能感，提高儿童自我服务的能力。

生活区是体现“食物”主题最直接的区域，生活区的美妙在于儿童可以直接品尝各种自制的美味食物。在生活区里，所有的用具都是真实的，真实再现平时的生活场景，儿童犹如“小厨师”般在生活区忙碌着，自信满满。

生活区的设置有比较容易的动作练习工作：切、剥、挤、压、榨汁等；有难度较高的程序性工作：煎鸡蛋；有分工合作的工作：制作水果沙拉等；还有为科学区提供科学实验原料的工作：切胡萝卜。儿童最开心的是能直接享用到工作成果，这带给他们无限的成就感。

制作水果沙拉

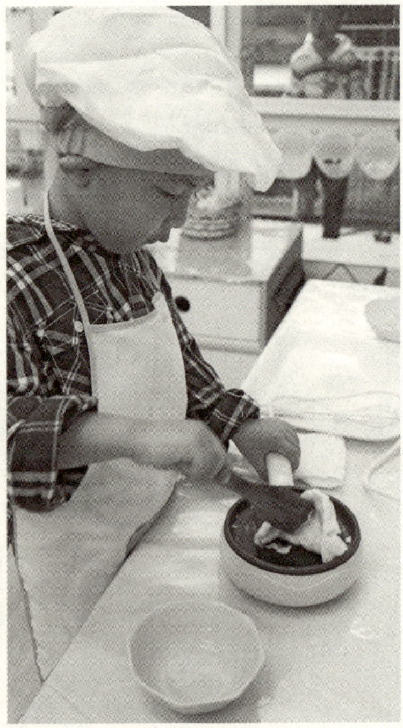
煎鸡蛋

儿童制作美味的食品

（六）种植区——观察食物的生长

利用教室外面的走廊，开辟“彩色食物养殖区”。儿童自己从花卉世界挑选想观察的蔬果植物，带到班级中操作，自己每天去浇水照顾它，并进行观察和记录，观察果实从长出到成熟的过程中各时间段不同的颜色和形态，在成熟后一起享用部分果实或者把花朵冲泡成花果茶分享。

种植区观察

三、特色家长活动的策划与开展

小班的家长犹如一棵新苗，充满热情，充满无限生机。他们初到幼儿园，就像孩子一样充满期待。教师在家长会上给予适当引领，普及幼儿园的课程理念，介绍班级所进行的主题，并且分享以往家长的经验，带动家长参与到班级课程里来，慢慢建立学习型家庭。

（一）故事妈妈

妈妈们带着食物的故事走入我们的教室，利用晨读的时间，为儿童分享食物系列故事。有蔬菜的故事，让儿童爱上了吃蔬菜；有食物消化的故事，让儿童知道了我们的身体是如何消化食物的；还有好多好多的故事。每周两个故事，一个学期下来，儿童收获了许多好听的故事。

（二）科学爸爸

爸爸的加入是对我们课程的一个大大补充，爸爸们带来了各种各样的科学实验，带着儿童畅游在科学的世界。通过亲手操作，儿童惊讶地发现，我们平时爱吃的食物竟然可以做出那么多实验，真是太神奇了。

神奇的蔬菜实验

一起动手画画画

食物的颜色

爸爸教我做实验

爸爸带领儿童进行科学实验

（三）菜农爷爷

幼儿园里的小菜园有一小块空地，在爷爷们的指导下，孩子们用稚嫩的小手拿起小锄头、小水壶等工具一起撒下了种子。数日过去，种子已发芽，菜苗正一天天长大。下午时分，老师会带领着他们来到菜地，观察蔬菜的成长，体验种菜的过程和乐趣。菜地的开辟，不仅能让儿童增加对蔬菜的了解、热爱劳动，还能让儿童在平时的饮食中不偏食、不挑食，这真的是对食物主题最好的一个补充。

（四）亲子美食秀

食物主题，最重要的在于体验，我们的奶奶们也不甘示弱，在端午节的时候到班级带领孩子们包粽子，不仅让他们感受了节日的氛围，还体验了亲手制作食物的快乐。家长和儿童一起设计和制作美食，这无疑是一件非常快乐的事情。不仅可以锻炼儿童的动手能力，还增进了亲子间的密切关系。

（五）饺子老爸

在我们研究食物金字塔的时候，为了让儿童深刻感受到面食的重要性，爸爸们到班级带领他们集体包了一次饺子。从和面到调馅，从煮饺子到手把手地教，这都交给了爸爸们。中午，爸爸和孩子们一起包的饺子就是我们的午餐了，孩子们吃得开心，爸爸们吃得更开心。

四、全环境支持系统课程班级主题综合活动反思

班级课程的反思要根据全环境支持系统的评价体系来进行，首先要考虑三大人群——幼儿、教师和家长的成长以及可持续发展。评价的方式是多种层次递进式的评价，突出过程性评价和随时性评价。

在“食物”主题中，选择的主题内容非常适合3～4岁的儿童，贴近儿童的生活，在儿童已有的经验上拓展，引领儿童进行深层次的探索。课程的进展能够跟随儿童的兴趣及时调整内容，跟随儿童发展的程度设计主体材料的难易程度，并且在每一份材料当中设计了不同层次的玩法，使得每一份材料都适合每一位儿童。

（一）主题课程中儿童的成长和愿景

在此主题当中儿童显示出浓厚的兴趣，根据自己已有的经验，能与伙伴和成人进行分享并且简单地提出疑问，对教师预设主题课程有了很大的帮助。在主题探究进行的过程中，儿童初次接触科学探究，学习了简单的观察、测量、记录等方法。在生活

区动手能力方面也有了很大的进步，个别能力较强的儿童已经从简单的动作练习进入到程序化工作。这对儿童来说，既是一个很大的挑战，同时也给其他儿童树立了榜样。

在此主题当中，教师观察到儿童对科学认知有一定的兴趣，这给了老师很好的提示，在下一个主题中，可以考虑进行此类主题，提供更多的机会给儿童探索，满足儿童的探究愿望。

（二）主题课程中教师的成长和不足

在此次主题进行中，班级教师采取脑力激荡的方式对主题的预设进行互动，所有教师都进行思考，不论对错提出关键词、提出想法，最后进行推优排除法，整理归纳出主题课程的初步框架。在主题进行当中，教师能够仔细地观察儿童，跟随儿童的进展而推进课程，做到以儿童为本，教师以辅助者的身份出现。在观察儿童的时候，教师进行适时的指导，避免指导不当对儿童造成干扰。

在做观察记录时方法比较单一，除了即时的照片记录，下次可以采取录像影像记录，影像记录会更加真实客观，教师从中可以更详细地进行观察记录。文字的记录应该更加及时，以免造成后面的遗忘。

（三）主题课程中家长的参与和展望

小班的家长刚开始接触主题，主要是靠教师引导，家长们对活动参与的积极性已经被调动起来，家长群体的参与度也比较广泛。接下来要思考如何更好地让家长更加主动地思考班级课程，并且尽量让每一位家长都了解我们的课程，能够把课程延续到家庭中，进一步建立学习型家庭。

第三节 中班案例“百鸟园”

一、全环境支持系统课程下的主题生成

（一）主题生成背景

每一个主题探究活动的生成，都源于孩子们之前的学习经验。上一个主题探究活动是“花”。在研究花的过程当中，总会有意无意地涉及鸟的话题。当看到甜美的花蜜被蜂鸟采吸的视频，孩子们不禁赞叹大自然生物之间的和谐，他们说：“鲜花和小鸟就像我们小朋友一样相亲相爱！”是啊，美丽的花园里怎会少了鸟儿的鸣唱与和天空里一飞而过的身影呢！当他们进入中班，“百鸟园”主题便自然而然地应运生成了！

（二）主题切入

在“花”的主题探究活动中，孩子们热衷于制作各种花瓣，纸质的、软胶的、彩泥的……有一位小朋友用各种材料做了一个大大的太阳花朵，引起孩子们一阵赞叹和模仿。在大家都热衷于花朵制作几天后，孩子们有一个“惊天”的发现：太阳花的花朵像开屏的孔雀！那么，我们就从孩子们的“惊天”发现中开始进入“百鸟园”主题活动吧！

（三）主题的整体延续性

主题的纵向连续性：小班开展的主题活动是“我的植物朋友”，儿童在照顾植物过程中增进了和自然与环境的互动。月亮班的主题是“花”，从“花”再自然衍生出新的主题“鸟”，这是班级主题纵向的延续性。

主题的横向连续性：中班年级的整个大主题“我的动物朋友”，也是从小班“我的植物朋友”纵向延续而生的。但年级的各班级主题和而不同，在大主题当中，有不同的切入点，而且每个班级的研究方向与重点各不相同。如：中一班，“森林里的野兽”；中二班，“恐龙馆”；中三班，“百鸟园”；中四班，“卵生动物”；中五班，“海洋生物”。

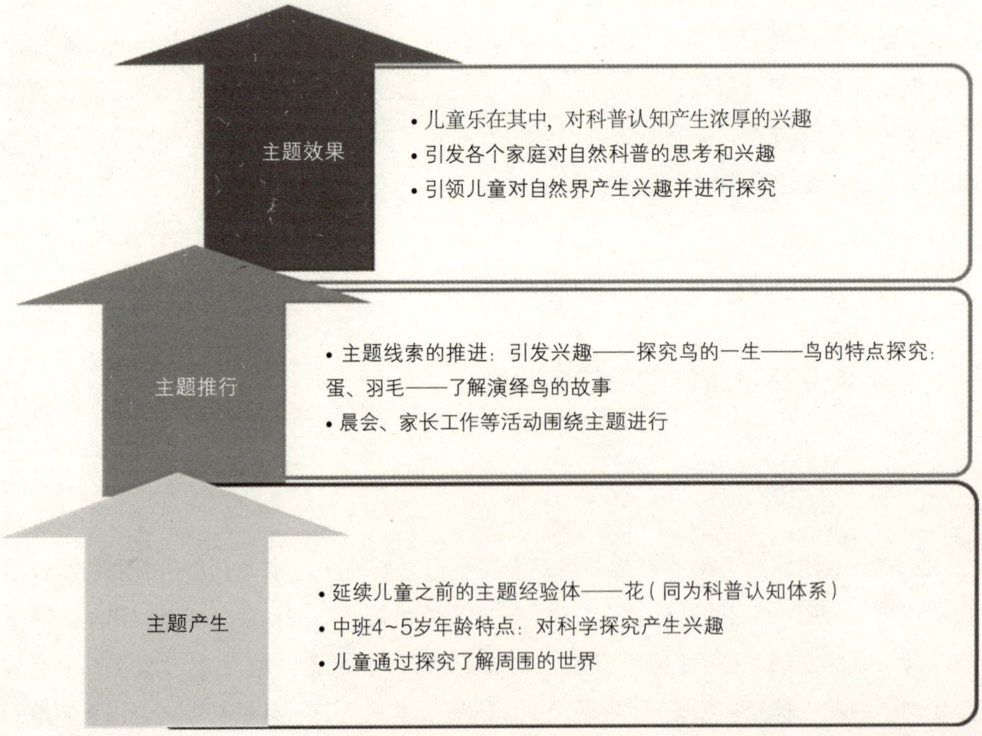

主题推行

二、全环境支持系统课程下的主题思考

1. 主题名称
2. 主题进展
3. 一体化主题区域
4. 代表性材料
5. 主要主题活动
6. 幼儿心智成长

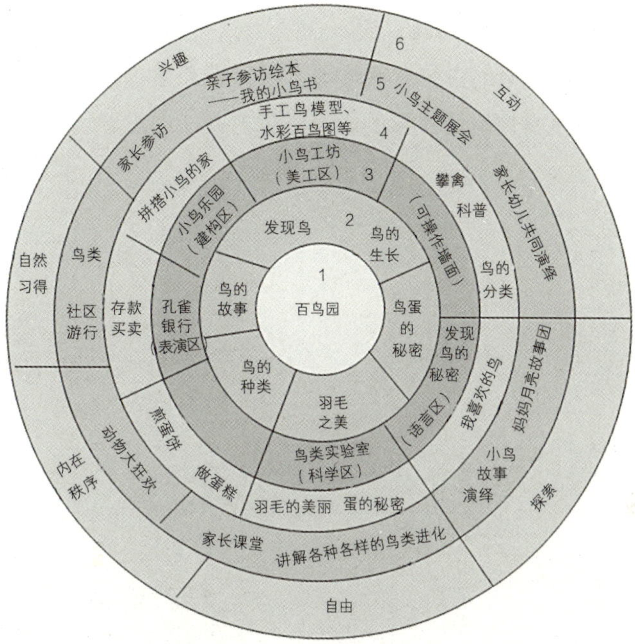

主题预设网

三、全环境支持系统课程下的主题开展

主题的开展，分为几个要素：主题环境的预备、主题区域的创设、区域的深化活动和主题活动。其间，教师、儿童与家长三大人群共同思考，精诚合作，促使这几个环节有效进行，构成了一个完整的主题。

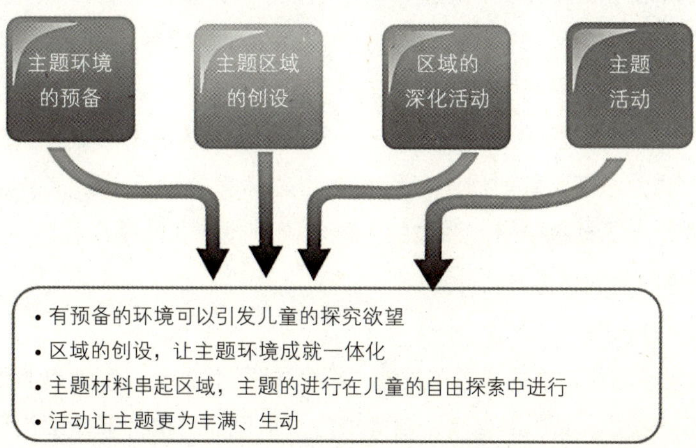

主题要素

（一）主题环境的预备

1. 主题探究活动预设

全环境课程下的主题探究活动，以促进儿童主动学习为价值取向，以直接感知、实际操作和亲身体验为主要的学习探究方式。在全环境课程的支持系统中，儿童借由主题探究活动，通过对话、互动、建立关系，积极、主动构建自己对事物的认知和理解。

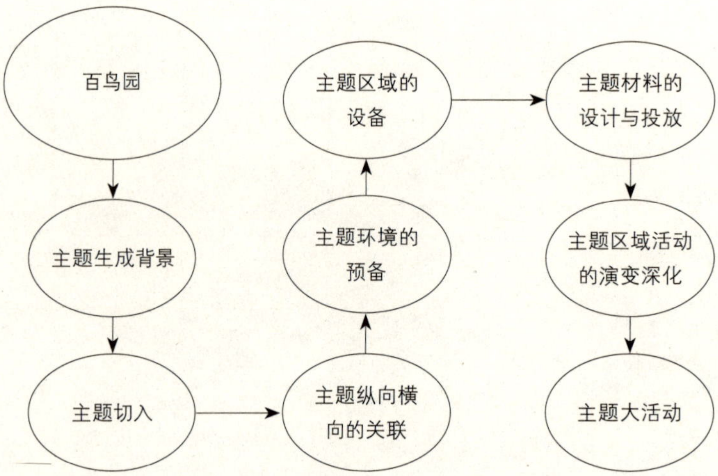

百鸟园主题活动预设

2. 家长的参与——收集主题材料

家长是主题开展活动重要的参与者，主题开展的每一个进程应该都是家长、教师、儿童共同探究的活动过程。主题的预备最重要的是要把家长主题参与的兴趣激发起来。在配合班级主题开展活动的过程中，家长也和儿童一起进行了前期的知识经验储备，收集了大量的“鸟”的书籍、图片、相关道具、手偶等。

3. 教师的积极思考——主题的预设与构思

要让儿童能够有效主动地进行探索，一个有准备的环境尤为重要。在主题开始之前，教师进行脑力激荡，共同思考班级整体主题环境的预设：①榻榻米墙的展示与操作材料的设计；②教室中间大树枝的主题氛围创设；③阁楼栏杆的主题环境创设；④阁楼楼梯操作材料的思考与设计。

（1）班级小鸟乐园

班级入门视线高处，根据主题布置成“小鸟的乐园”，让儿童对鸟类的栖息有个直观而具体的视觉感知。其中的鸟窝、鸟类模型、窝里的鸟蛋，都是家长和儿童一起搜集拿到班里，一起布置完成的。

（2）阁楼栏杆主题氛围

午睡的阁楼上，有一排栏杆，正好位于美工区的上方，如何成为美工区的延续而又烘托主题？班级老师先是将栏杆张贴了鸟类的剪贴画，但是贴上去以后虽然烘托了主题氛围，却没有更多的意义。在老师布置的过程中，儿童也从中受到启发，他们说："老师，我们会画森林和小鸟！我们自己来画吧！"于是，由儿童创作的几幅作品便呈现在班级一角。而这一角，是儿童自己对主题的直接而又细腻的表现。

（3）阁楼楼梯主题操作材料

通往阁楼的楼梯，如何生动鲜活起来，成为儿童操作活动时一个有趣的可以爬来爬去的场所，这是月亮老师一直在思考而又一直困惑的问题。在没有更好的创意之前，先是挑选了十几种比较有特征的小鸟图片，张贴在一级级的楼梯上。孩子们聚拢而来，纷纷表达自己的看法："尖尖嘴巴的翠鸟啊！""乌鸦在思考什么呢？""蜂鸟最爱吸花蜜了！"……那么，就顺着他们思考的河流设计一份可供操作的文字卡吧！小鸟对于儿童是具体的、鲜活的形象，但同时又是抽象的，毕竟这些鸟类在平时并不是常常见到，这种具体而又抽象的事物理解，借由文字卡来落实，是有效可行的途径。

（4）榻榻米

榻榻米上方有一面空白墙。这里设计成百鸟图。图片的展示能让儿童认识三十多种鸟的名称，且对鸟类的各种不同形态有初步认识。然而，仅这样是不够的，还需让这扇墙变得灵动起来，变为可操作的材料。儿童的学习都借由动作而内化于心。一周以后，我们又将百鸟图丰富，增加层次，增加为配对的操作性材料。

4. 儿童对鸟知识经验的初步体验与认知

- 主题前的铺垫：带领儿童认识周围环境中常见的鸟类。
  落实途径：榻榻米百鸟图的配对。
- 儿童前期的资料收集：熟悉一本关于鸟类的绘本，并与同学分享阅读。
  落实途径：每位儿童带一本关于鸟类的绘本来园分享故事。

装饰环境

图文配对

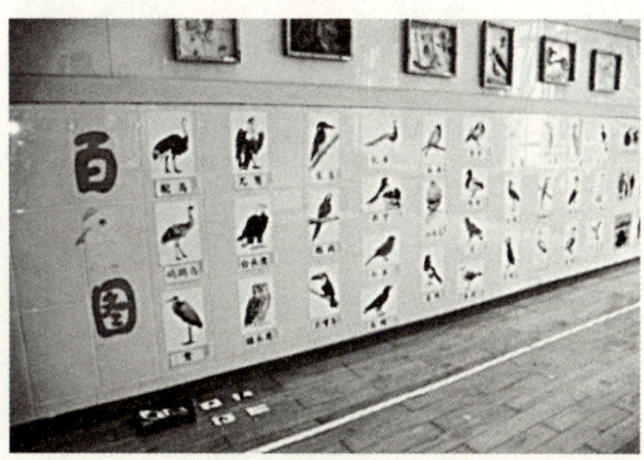

百鸟图

- 儿童前期经验：选一种自己最喜欢的小鸟，和同学分享喜欢的原因。

  落实途径：每个家庭共同制作一份研究一种鸟的生活习性、特点、生长环境的鸟类研究报告。

5. 前期准备——绘本制作

家长和儿童共同完成制作小鸟绘本，借此让儿童掌握研究一件事物的基本方法；也让儿童在众多的鸟类中，选出自己的兴趣点，借由这个兴趣点，自然地进入主题活动。选取儿童最感兴趣、最喜欢的一种鸟，以家庭为单位，用数据、图片、绘画等各种方式制作成专题绘本，并和同学老师分享自己的探究所得，进行更为深入的了解探究。通过自己动手以及学习分享，儿童不仅对不同鸟类的生活习性有了更加深入的了解，也提高了自己的动手能力。同时，增进了亲子关系。

（二）主题区域的创设

教师应对主题区域和各区域主题材料先有一个预设和思考。语言区中，要投放一些鸟类布偶和服装，可以供儿童进行阅读之后的角色扮演；数学区中，玩零的游戏。科学区中，学习有关鸟的生长过程、羽毛的观察日记和鸟的分类等；生活区中，练习各种鸟蛋的烹饪制作；建构区中，建设小鸟乐园，为小鸟们设计一个绿色环保、无污染无杀戮的美好家园；美工区中制作立体小鸟、做鸟巢的各种材料准备。

1. 科学感官区

科学感官区的材料投放目的，重点在于儿童在此区域工作中，能了解沉浮、轻重、大小、溶解等的基本科学知识，能用图画或其他符号进行记录。主题材料的提供也是基于这样的目的来设计投放的。

鸟蛋轻重

磁铁实验

科学区的系列材料源于儿童对世界上最大的鸟蛋——鸵鸟蛋的兴趣。家长带来一只真正的鸵鸟蛋，孩子们围在一起，不停地在惊叹，也都想把鸵鸟蛋抱在手里，感受它的大小与重量。于是“鸟蛋四段卡”的操作活动自然生成了。然而这样儿童并不满足，他们还想去比较，比较各种鸟蛋的大小与轻重，那么，对鸟蛋的探索活动不断生成。

鸟蛋四段卡

对鸟蛋的了解不止于大小与轻重，鸟蛋里的秘密呢？鸟蛋与生命诞生的关系是怎样的？这些都是儿童急迫想要探索的问题。

鸟类的羽毛五彩斑斓，美丽非凡。各种各样的纹路与颜色足以让儿童叹为观止。老师准备一个小本，让儿童将观察到的羽毛画下来，集成一册，到最后成就一本美丽的、缤纷的鸟类羽毛观察日记。

2. 数学区

数学区通过材料操作，促进儿童在空间、形状、数量方面的发展。中班的儿童重点是理解部分与整体的关系，理解10以内数的实际意义，理解零的意义，认识常见的

小鸟的出生

蛋壳里的生命

我观察的羽毛

零的游戏

几何图形。

零的游戏。筹码何不就用鹌鹑蛋来替代？儿童在小心翼翼的呵护中了解数与量的关系，理解零的意义。

3. 语言区

语言区根据主题，制作投放了大量的鸟类操作卡，通过鸟类三段卡的操作，儿童发展了分类、配对、排序、文字、语言、认知多方面的知识。

语言区里提供了大量的小鸟服饰、手偶、绘本资料，儿童可以根据语言作品或者绘本进行角色扮演。儿童穿上自己喜欢的鸟类的演出服，边玩边演，不亦乐乎。

4. 建构区

建构区是中班的儿童最喜欢的区域，中班的儿童认知能力在迅速发展，他们对建构充满高度的热情，建构区里的主题是小鸟乐园，提供了很多积木、插塑等建构材料。儿童从平面到立体，搭建出各种各样的小鸟游乐场，还加入了环保的素材，用天真善良的心和丰富的想象力，为小鸟搭建了一个温馨的绿色家园。

5. 美工区

美工区是整个教室的亮点，儿童在此进行所有主题体验的表达。在还不知道儿童

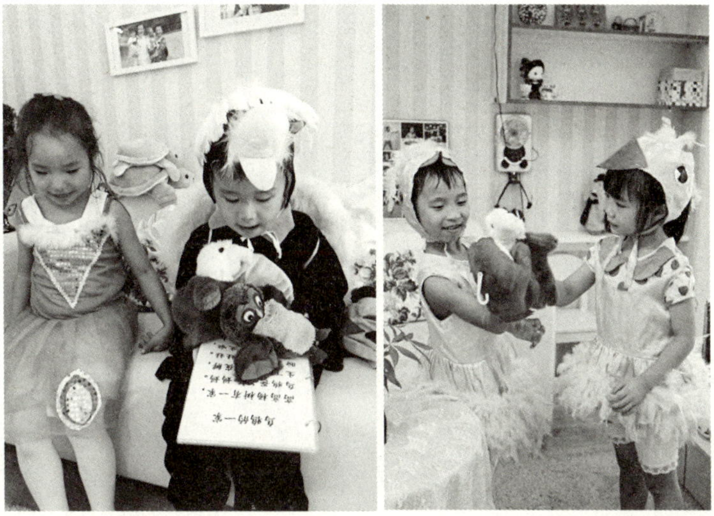

角色扮演

美工区

美工材料

的兴趣点爆发点之前，老师提供了各种各样的创造性材料。

美感的培养也是相当重要的。美工区还有各种各样的小鸟模型，既能带来环境美感的享受，又能激发儿童的美感。

儿童在这样浓郁的鸟的氛围当中，随时可以表达他们对鸟类认知的感受，也可以更好地感受人与大自然和谐相处的美好。

儿童的作品，能促进儿童思想的交流，在碰撞中给其他人以新的启迪。儿童的学习就这样不断地螺旋式上升。

6. 生活区

日常生活区是儿童最真实的生活体验区域，儿童在这里可以用真实的厨房用具做出各种美食。最近的餐厅出品物，是各种蛋类的美食，儿童在这里用味觉探索着自然的馈赠——各种美味的蛋。

在进行复杂的日常操作前，也提供某些单项技能的练习，如剪、贴、切、缝、涂色等。

鸟模型

仿真鸟

制作鸟巢

作品展示

作品交流

制作指示牌

制作蛋糕

美食拼盘

煎蛋饼

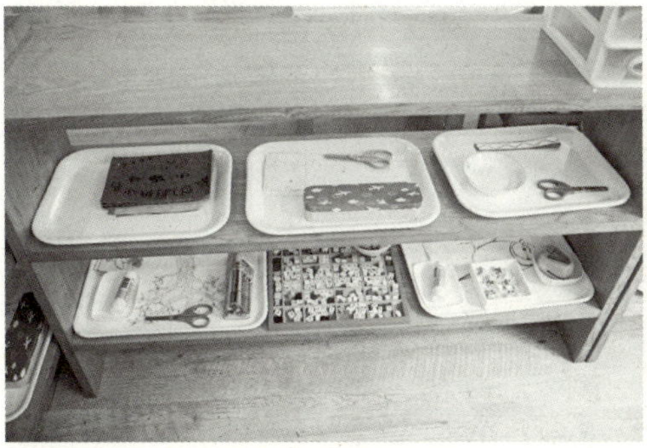
日常练习

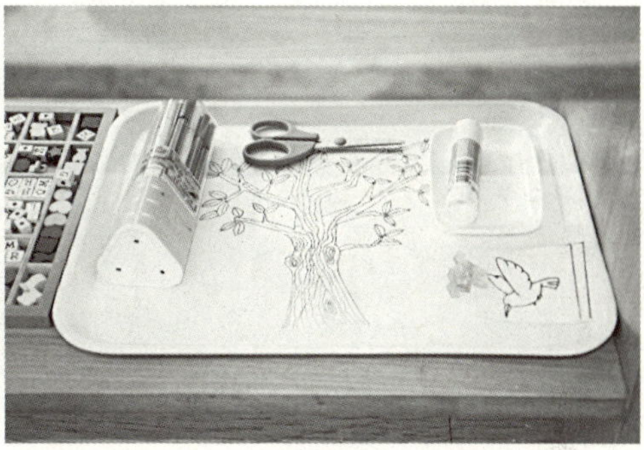
剪贴涂色

（三）区域中的主题深化活动

经过一个学期的探究学习，“百鸟园”的主题活动把教育教学目的无痕地寓于一份份精心设计的材料之中。儿童在区域的学习操作中，能体会理解这些事物之间的联系。这些区域活动相对独立，儿童掌握了各领域的基本技能。

到了下学期，在进行主题深化时，老师重点考量的是如何把环境中习得的技能灵活应用，把区域之间联系起来，建构一个各区域能力可以融合的体系平台。

如：语言区、数学区、生活区之间的互动联系。老师将区域设计成月亮币工作坊、孔雀银行、喜鹊面包屋……

数学的基础是逻辑，逻辑的基础是秩序，秩序的基础是生活。

数学区：钱币的换算。喜鹊面包屋的购买活动可以让儿童体验统计。

建构区：多米诺骨牌，新的挑战。

其余各区都有深化的学习活动。

生活区：喜鹊面包屋。

生活区延伸为“喜鹊面包屋”，将儿童制作的各种创意点心变成月亮班里可以出售的美味。制作美味的过程，又融合了儿童分类、切、挤、洗等基本技能，也促进了儿童语言交流、交往能力的发展。

喜鹊面包屋

美工区：月亮币的制作

美工区除了美术作品的创作之外，还需要儿童制作“月亮币”。儿童自己设计“孔雀银行”，“发行货币”。

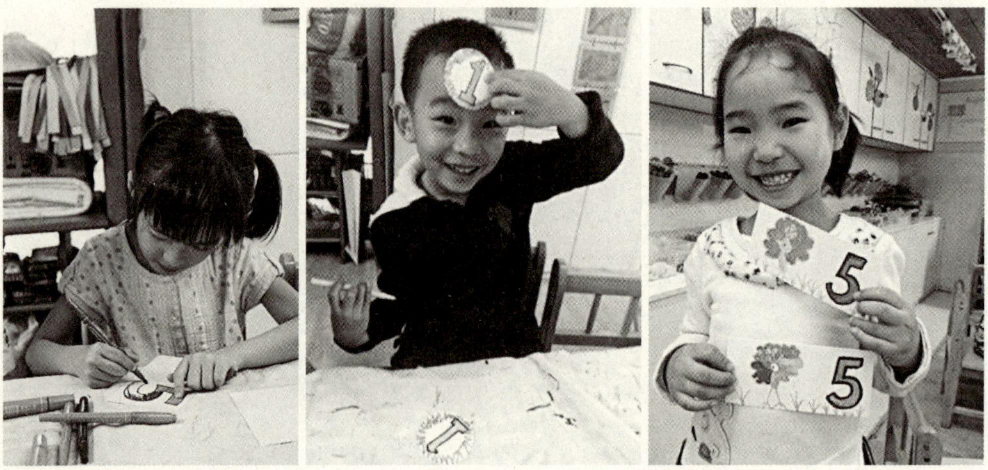

制作月亮币

数学区：钱币换算。

数学区亦有“孔雀银行”的存折。每个儿童都有一本，根据一日生活中一些常规要求的表现来打分，根据分数来兑换相应的“月亮币”。月亮币用于“喜鹊面包屋”美食的购买。这样一种设计，让儿童在趣味的、生活的、真实的环境支持中，理解20以内数的概念。

语言区：小鸟银行。

语言区布置成小鸟银行，儿童可以在这里扮演银行工作人员，进行钱币的兑换及角色扮演。

科学区：鸟的分类、攀禽科普墙。

鸟的分类是一个庞大的知识体系，月亮老师把这个体系化繁为简，在儿童三段卡的操作经验之上，设计趣味的分类游戏。其中融合了配对、分类、三段卡的操作形式，且形成小组的学习方式，深受儿童的喜爱。

随着主题的深化和对鸟类的知识有了广泛了解后，儿童的兴趣点集中于攀禽类的鸟类。儿童对于攀禽的爪子特别着迷。为满足儿童热切的期盼，我们增加了攀禽鸟类科普墙。

建构区：小鸟乐园。

在建构区儿童依然痴迷于小鸟乐园的搭建，而且越来越精彩，更多的立体建构出现了。

银行存折

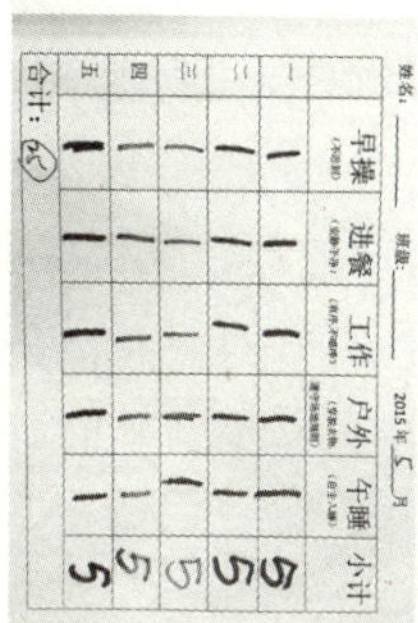

存折明细

兑换月亮币

储钱箱

收银员

顾客买单

品尝美食

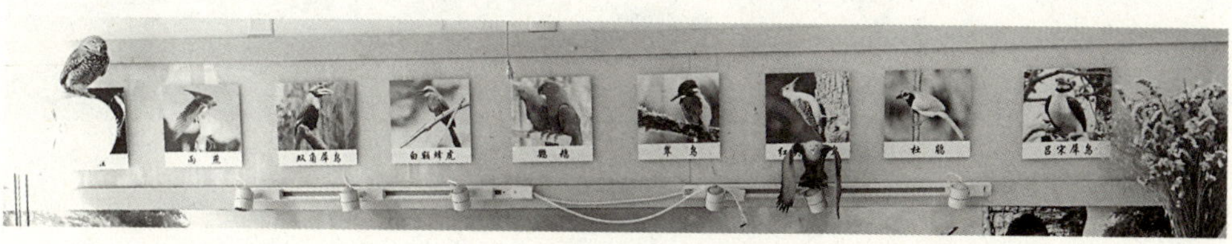

攀禽科普

鸟主题多米诺骨牌

建构小鸟乐园

四、全环境支持系统课程下的主题活动开展

全环境支持系统是教师、家长提供的，支持教师、家长及儿童等相关人员在活动中互相交往、相互依赖、互相影响而建立起来的能够积极促进和强化儿童自主学习与发展的一切环境。我们的主题活动在这样的支持系统下，开展得精彩纷呈。

（一）月亮故事绘本表演

“月亮故事绘本表演”是班级的家长特色活动，到了中班，有很多表演是由儿童参与的，儿童在表演中了解了更多的鸟类的生活常识，并且用音乐、律动、歌唱、各种肢体动作等进行表现。

家长助教会定期带来“鸟类科普知识”，每次都有一个相关的专题，这就是家长对主题教学的支持，一定程度减轻了老师的负担，是对幼儿园教学的一个良好补充。

孵不出的小鸡

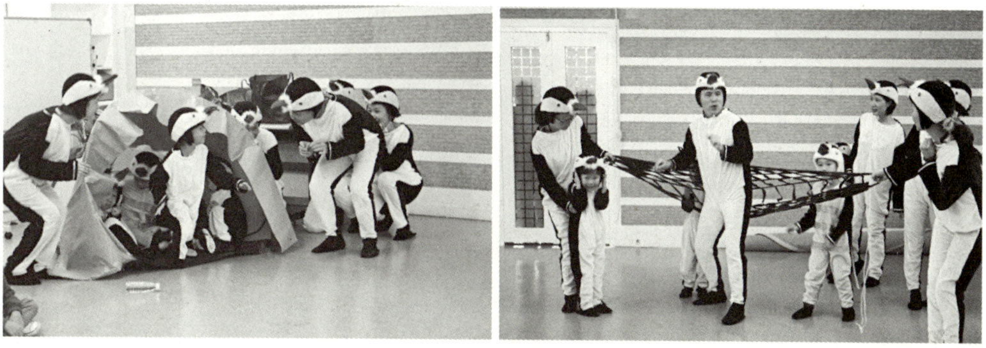

凯文不会飞

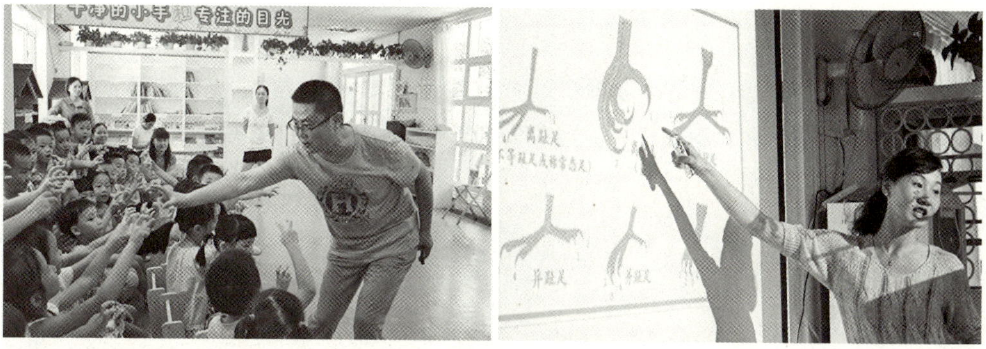

鸟类知识科普

（二）晨会展示——百鸟朝凤

每学期一次的晨会活动，我们也紧扣主题，将儿童对于主题探究的理解与感受通过表演的方式呈现。儿童在角色扮演中，更是倾情投入。连升旗手也是角色代入，全由“鸟”王国的礼仪“鸟”方阵完成。《百鸟朝凤》的故事由儿童倾情演绎，在角色扮演中，儿童对鸟类知识故事传说有更直观的体验与感受。精美的服装、道具，都体现了月亮老师、月亮家长对儿童浓浓的爱。儿童在这台精彩的演出中收获了成长，家长们收获了惊喜。儿童明白每一个生命都有存在的温度，每一颗心灵都有光芒在闪耀，每一个故事里都有爱！

晨会主持

晨会升旗手

表演《百鸟朝凤》

（三）动物大狂欢

这是年级的一个总结活动，五个班共聚一堂，各种小动物各出奇招，又开心，又有特色，孩子们之前还进行了跨班交流，其乐融融。

动物欢乐会

五、主题综合活动的艺术表征

每个班级都会根据教师的特长而有各自的特色，某班有一位特别棒的美术老师，班级儿童的艺术品位、动手能力和创作水平都要大大高于同龄的孩子。在这个主题中，老师运用不同的形式进行艺术表征，让儿童透过美术的窗口，进一步表达他们对这个主题的理解。

第四节　中班案例“恐龙”

一、全环境支持系统课程的主题建构

（一）全环境支持系统课程下的主题生成

1. 主题生成背景

在9月的一天，班级远足的儿童，发现公园大坝上有人在放恐龙风筝，前行的队伍索性停住了。这特别的风筝，引起儿童的讨论潮，他们提出很多疑问：这是一只食肉恐龙吧，你看它的爪子多锋利呀！不对，我在书上见过，它属于食草龙。世界上怎么看不到恐龙了呢？他们的问题各种各样，有着太多的好奇。

教室门装饰

儿童了解的恐龙相关知识远比老师要多，他们提出的问题老师也不清楚呢，他们喜欢，这是个很好的主题契机。回来后老师提议：我们新学期的主题就选“恐龙”吧？这一提议引起了孩子们的欢呼。被他们兴奋的笑脸感染，老师从心底燃起了和他们一起探究“恐龙”的欲望。

恐龙主题，在中班进行，很容易点燃儿童的兴趣，儿童将在主题里展示出自己解决问题的能力。

2. 主题切入

从建构领域切入，儿童在玩耍中开始探究恐龙。

建构区是一个创意性的区域，儿童在建构区很自由，投入他们感兴趣的“恐龙”主题后，这个区域非常热门。在建构恐龙公园的时候，他们积极地表达和讨论着，表现出了强烈的兴趣。

美术作品展

（二）全环境支持系统课程下的主题规划

1. 主题思考网络图

在主题思考网络图中，主题主线要跟随儿童的兴趣发展，但是老师首先要对主题有系统的思考，有目标地设计主题环境与材料，这样主题进行起来才能有序。

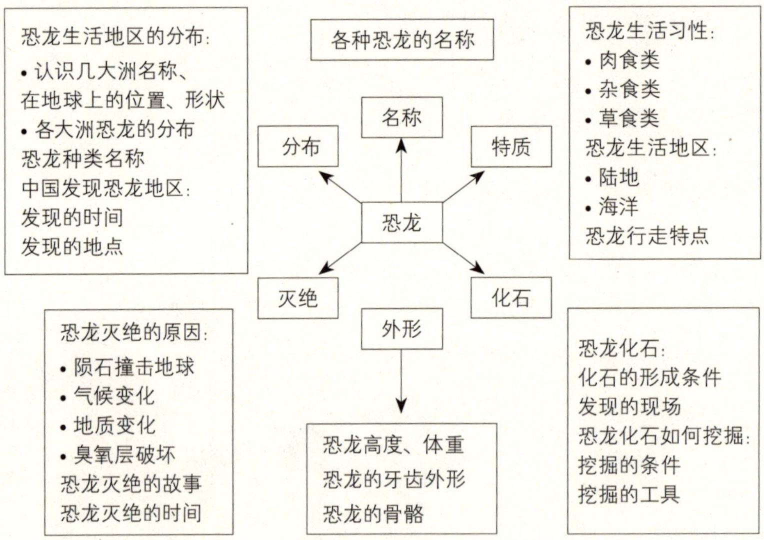

恐龙主题思考网络图

2. 主题区域活动与材料思考网络

儿童与材料的互动是主动的，教师如何把主题思考网络图中的概念变成具有目的性、层次性、趣味性的操作材料，用什么方式营造主题环境的氛围，材料的设计如何渗透主题的知识性和系统性，是需要考虑的问题。

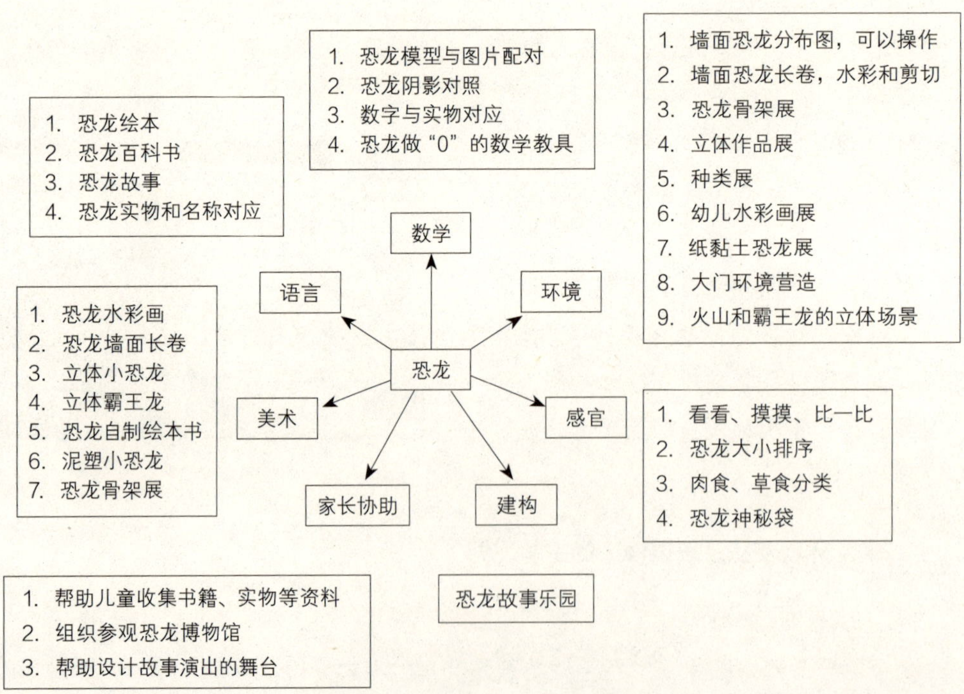

恐龙主题区域活动与材料思考网络图

3. 主题环境创设规划

在环境的设置中，要注重主题氛围的营造，目的是以引发儿童的想象、探究等学习行为。设计中，还要遵循环境的可操作性，例如实物展示台，展示的设计要注意艺术性、知识点的必要性，这样才是有准备的、必要的主题环境创设规划。

展示区

制作大恐龙

美术区

二、全环境支持系统课程的主题环境创设

（一）主题环境的预备

“恐龙”主题前期准备——绘本制作

家长与儿童一起进行的亲子作业——恐龙绘本制作，儿童通过讲述自己的绘本，并在班级里展示，提升探究的兴趣。

恐龙绘本

自制绘本分享

（二）“亲子师”的配合参与与活动准备

1. 家长的参与——收集主题材料

恐龙主题要开始了，我们和孩子们一起讨论，发动了每个家庭，去寻找一切关于恐龙的资源。很快，一个星期后，我们收到了大量的相关书籍，而且书籍的种类非常

多，有各种内容、开本，各种印刷的书籍。还收到了大量的立体恐龙、录影带等，我们准备揭起“恐龙”的神秘面纱，回到那远古的时代，一探究竟。

2. 儿童初步体验

儿童从图书馆、家里收集了许多资料和恐龙模型、录影带等，老师将这些资料布置在教室的主题环境中，组成了恐龙骨架展示、恐龙模型展示台，各种资料刺激着儿童的感官，引发了儿童强烈的求知欲。在观看迪士尼出品的电影《恐龙》时，儿童对大型的恐龙很感兴趣，特别是凶猛的霸王龙。于是，他们提议一起来做一只霸王龙。一只庞大的霸王龙要在教室完成，很不容易呢！这引发了他们的讨论。

孩子：我们想做霸王龙，可是霸王龙有多高呢？

孩子：对呀！霸王龙那么大，到底有多大呢？

孩子：书上说有最小的有5米呢。（说完孩子把手举得高高的，一边说：“就是这么高。”）

孩子：5米高是很高的，但我也不知道有多高。

师：那我们要不要量一量？有什么办法量呢？

孩子：用尺子可以量。

师：但我们只有一根1米的尺子，除了尺子还有哪些方法？

孩子：还可以用绳子。

孩子：小朋友的身高也可以。

师：你是指人的身高吗？那要怎么量？

孩子：几个小朋友连起来。

老师：你们每个人大概1米，那需要五个小朋友才能有5米呢！

（孩子们兴奋地想试试，躺在地上，连接起来，知道了5米是多长。）

老师：我们的教室高度是3米，那我们的霸王龙要做多高呀！

孩子：哈哈哈，那要做到天上去，穿过房子顶啦！

孩子：但那就不能在教室做了，我们还是做个小一点的吧！！

孩子：虽然不能高过屋顶，但是也要做个大一点的，我们可以找人帮忙。

制作好大恐龙

于是，我们设计了合作的主题——制作立体霸王龙。之后的两个星期里，全班都为恐龙的制作付出了努力，还有一些家长义工的加入。在儿童、家长、老师的一起的努力下，生动、艺术感十足的霸王龙出现了。

老师：我们的霸王龙完成了，还有什么需要修改的吗？

孩子：为什么这只霸王龙有三只爪子呀？

我昨天在书上看了，不一样呢。

（孩子看着爪子很困惑地说。）

孩子：霸王龙就是三只爪子的呀！

孩子：我看到霸王龙是两只爪子的。

老师：真的吗？我也不太清楚，我们应该查查资料。

孩子：我看了书，是要改改，是两个爪子的。

一起合作做恐龙

经过一番讨论，他们把霸王龙改回了两个爪子。这时有孩子提议，在霸王龙的旁边做些火山。因为在《恐龙》的电影中，恐龙就是因为火山喷发和陨石降落而灭绝的，他们希望做一个模型。不久，在老师的帮助下，一个火山也做成功了。

三、全环境支持系统课程的主题活动创设与开展

（一）各区域材料创设

1. 日常生活区——恐龙饼干屋

生活区是一个可以让儿童学习一些简单的、基本的生活技能，发展他们动手能力的区域。为了让儿童尝试动手操作，获得感知的体验，教师给他们提供了一些烘焙用品，并投入练习夹、切等动作的材料。在活动中，儿童的生活技能得以提高，拥有了照顾自己照顾环境的能力。

2. 感官区——聪明国

智能的培养首先依靠感觉，感觉练习是初步的基本的智力活动。通过感觉的练习，儿童能提升辨认、分类、排列顺序、算数、语言，甚至实际生活能力。良好的秩序规范都由感官教育引出，我们在感官区运用多种恐龙的形象设计出恐龙图片对应等材料。

恐龙饼干作坊

恐龙饼干

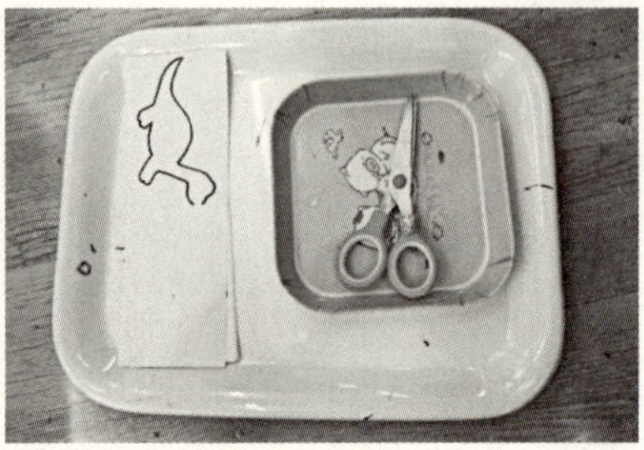

恐龙剪纸

排序

分类

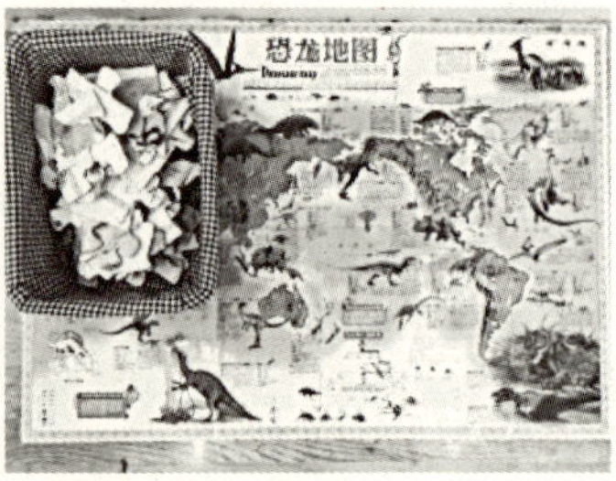

恐龙地图

3. 数学区——恐龙数字对应游戏

数学区域活动是一种开放、自由、自主的活动，儿童在活动中轻松愉快、没有心理压力，可以按自己的意愿自主地选择活动内容、活动方式和活动伙伴，并能按自己的学习方式、速度去操作实践，对促进儿童的身心发展起着重大作用。教师将实物恐龙与数学对应，儿童在摆弄恐龙模型的过程中，愉快地做起了数字游戏。

4. 语言区——恐龙的秘密

在语言区中教师为儿童提供了适量的各种内容的图书、立体动植物图片、手指偶、大头娃娃、头饰、大型故事图片及儿童感兴趣的录音带等，并充分利用这些材料，从而激发了儿童大胆表达的欲望。

恐龙数字与物品对应

图文对应

主题书籍

5. 美工区——恐龙乐园的制作

孩子们收集了很多恐龙模型，通过一段时间的研究，对恐龙的外貌特征、名称、习性等，有了较多的经验积累。在美工区中，儿童关于恐龙的创作灵感犹如泉涌，他们一起合作，画恐龙森林，制作大霸王龙，以彩泥塑、水彩画等方式，表征出各种艺术感十足的恐龙。

恐龙乐园的制作

6. 建构区——恐龙阿拉达一家

建构游戏能满足儿童的心理需要，让儿童获得自由和快乐，发展儿童的想象力、动手能力、创造力。了解各种建构材料的性质，学习空间关系的知识，理解整体与部分的概念，增强对数量和图形的认识，这些促进了儿童感知觉、思维的发展。为提高儿童建构造型的审美能力，培养儿童耐心、协作、互助、坚持等良好的学习品质和行为品质，我们在建构区投入了大量的恐龙模型，并给其中两个恐龙模型取名叫阿拉达一家，设计了形象。孩子们在建构中，还创编了很多故事。

（二）全环境支持系统课程综合主题活动开展

1. 恐龙艺术馆

儿童在此，可以把恐龙摆成自己想要的样子，既可展示他们收集到的材料，也可以自己操作。这其中涵盖了分类、观察、创编故事等技能。

恐龙艺术馆展示区

2. 亲子博物之旅——恐龙科普知识

为了获得更多的恐龙知识，在家长助教的帮助下，孩子们怀着兴奋的心情，参观了深圳仙湖恐龙博物馆。博物馆的大型骨架、远古的化石、地球的演变知识等深深地吸引了他们。他们在亿万年的时空中穿梭，留在心里的一定不止恐龙知识。

进入恐龙博物馆，巨大的恐龙骨架呈现眼前，关于地球发展的奥秘、各种恐龙的化石、恐龙的分布，讲解员一一讲解、操作。再次回到教室时，老师发现孩子们观察深入且仔细，他们的好奇和问题再次爆发。攸宁小朋友说道：“我看到有些恐龙蛋很大，有些很小，形状也不太一样。”老师：“为什么不一样？”孩子：“叔叔说因为这些蛋不是同一种恐龙的蛋。”

参观博物馆

3. 立体恐龙设计师大赛

恐龙设计大赛作品

4. 恐龙创编大师故事会

儿童在故事角创编系列故事，并分享讲述自己的恐龙故事。当儿童把自己制作的迷你恐龙放在一起展示时，儿童会围在旁边，把它们移来移去。老师发现，原来每次移动，儿童都是在讲述自己编的恐龙故事，他们把恐龙想象成自己故事中的主角。

阿拉达和爱菲菲的北京之旅

故事讲述与建构：辛思睿

阿拉达和爱菲菲要去北京生孩子，并想住在北京，让孩子在那里上幼儿园。

他们坐上了恐龙火车二号，这个车厢是专门为恐龙设计的，车厢很宽，里面有很长的椅子，可以同时容纳很多只恐龙，它的后车厢比前车厢要高，可以瞭望远处。但只有阿拉达坐在上面，因为爱菲菲有点儿恐高。

小火车穿过了一个小树林和一个树洞，小树林的风景很漂亮，开满了鲜花，有紫色的、有蓝色的，黄色的是太阳花。穿过小树林就是北京了。

一下火车站抬头一看，雾霾很大，天气不好，到处黑黑的，结果一下车就摔了个大屁墩，搞得阿拉达和爱菲菲叽里咕噜滚下了楼梯，站起来说："哎呀！我的屁股都摔痛了。”

他们只在北京玩了几天，就回家了。回去的路上，看到了梅林一村幼儿园，哇！！！这里蓝天白云的，还有很多小恐龙在里面愉快地玩耍，于是，就决定把生下来的小宝宝，送到梅林一村幼儿园去。

故事讲述表演

5. 恐龙报告会

上午的自主活动时间里，儿童很喜欢了解关于恐龙的知识。我们的语言区，因为投入了大量的恐龙书籍，经常是儿童选择的热门区域。在我们的恐龙模型展示区，大大小小各种类的恐龙吸引着儿童去观察。经常有儿童将这些恐龙摆成自己想要的场景，有时是恐龙大迁徙，有时是大型恐龙与小型恐龙的分类。

一天，老师指着书里的一只不知名的恐龙问：“你们猜猜这只恐龙是食肉的还是食草的?”孩子们议论纷纷，食肉的、食草的两种答案都有。老师接着问：“怎么判断食肉和食草呢?”孩子们热烈地讨论，说出了自己的观点，意见很多。老师请孩子设计一张关于食草和食肉恐龙的报告单，回家请爸爸妈妈一起共同完成，并在班级进行汇报。

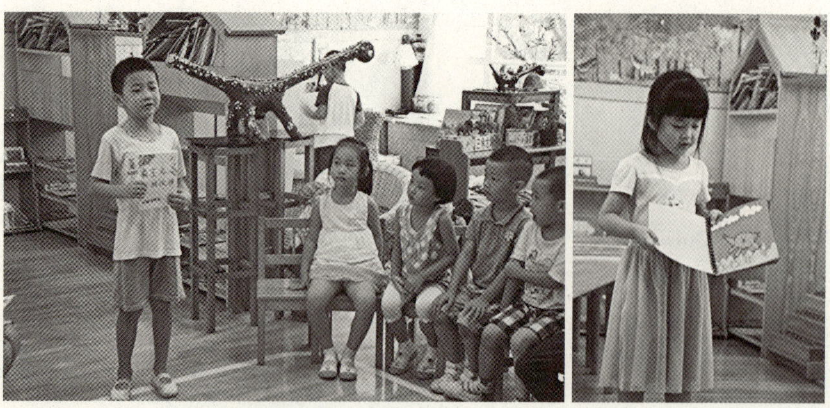

自制绘本分享

6. 设计建设恐龙博物馆

儿童进入恐龙主题几个月了，热情一直不减，而且在参访、报告、书籍、操作等方式的学习中，积累了很多的经验。尤其是对恐龙的种类、名称、外形，熟记于胸。老师决定引领儿童，把脑子里的东西表征出来，一起讨论出方案，展示恐龙。最后达成共识，他们决定成立太阳班的恐龙博物馆。

老师：你们制作的恐龙很漂亮，我们可以用什么方式，让大家了解呢？

孩子：我们可以把它们放在走廊上。

老师：但是很多恐龙，其他班级的小朋友并不认识。

孩子：我可以告诉他们呀！

老师：那我们可以用什么办法介绍给他们呢？

孩子：我们可以扮演。

孩子：但是，一直扮演会很累的。

老师：还有其他的建议吗？

孩子：我们上一次去参观博物馆，讲解员叔叔就介绍得很好，我们可以跟他一样，介绍自己的恐龙给小朋友们。

老师：那我们怎么像讲解员叔叔一样？

孩子：我们可以把教室变成博物馆。

制作立体恐龙　制作恐龙森林　恐龙展示

设计建设恐龙博物馆

博物馆需要很多展示的恐龙，轰轰烈烈的博物馆工程，就在教室里的美工区拉开了序幕，孩子们轮流去制作，设计自己想介绍的恐龙。其中，马××小朋友，用长纸筒搭建的马门溪龙，大概有1米长，还有长长的脖子，因为脖子太长，恐龙总是失去平衡，前面的头部往前倾，恐龙站不住。他很苦恼，但一直在尝试解决这个问题。一开始，他一直用手扶着，但是一松手就倒。后来，他决定加长恐龙的尾巴，但加长制作好的尾巴太长了，很难看，他看起来很不满意，过了两天，还是把加长的尾巴拆了。后来他在教室的美工区里找到两个鹅卵石，请老师帮忙，一起用纸黏土粘到了恐龙的尾部下面。

马××：老师，我的恐龙站不住，总是倒下来。

老师：为什么会倒呢？

马××：我觉得是恐龙的脖子太长了。

老师：好厉害，你发现了原因，你有什么解决办法吗？

马××：我想脖子要短一点，但是马门溪龙的脖子就是这么长的，我不想改！

老师：那还有什么办法吗？

马××：前面太重了，我把后面也变重一些，应该就平衡了。

老师：你可以试试，你想好了，需要帮忙时，可以来找我。

这只1米长的马门溪龙，马××小朋友从搭模型到装饰，用时一个月。在制作的过程中，他天天都会邀请不同的朋友来帮助他做装饰恐龙的小圆球，经常能看到几个孩子围着恐龙长时间工作。有一次，其他班级的老师走过，看着他们专注的样子，觉得很可爱，笑了。马××站起来，很郑重地说："老师，你别笑，我的恐龙可是很英俊的哦！"孩子很珍视自己的作品。

博物馆里，一开始，孩子准备制作的恐龙都比较大型的。美工区提供了多样的选择材料，让他们自由地制作恐龙。有一天，雯雯用一个扇贝的壳制作了一只三角龙，她的创意引起了孩子们的讨论和模仿。很快，孩子们开始制作一些精巧的恐龙，创意像雨后春笋般涌现。我们的恐龙博物馆开始了，一只只可爱的恐龙，立在教室的各个角落，孩子们很是骄傲。

7. 恐龙大迁徙晨会

随着恐龙主题的深入，活动接近尾声，孩子们积累了很多关于恐龙的经验，也读了很多关于恐龙的绘本。在户外活动时，他们还喜欢玩恐龙的扮演游戏。每学期一次的晨会，马上就轮到我们班了，我们展示什么好呢？询问孩子们的意见，他们都希望自己可以扮成恐龙，给全园的小朋友展示。这次活动掀起了本次主题的高潮。

老师：你们想展示恐龙？

孩子：我们喜欢扮成恐龙，他们一定觉得我们很神奇。

老师：那你们想表演什么呢？

孩子：以前，我们表演过故事，这次也可以是故事呀！

孩子：我们还可以跳舞。

老师：你们有最喜欢的恐龙故事吗？

孩子：我喜欢绘本，宫西达也的《你看起来好像很好吃》。

孩子：我还喜欢电影《恐龙》里的阿拉达。

经过投票，我们决定选择表演绘本宫西达也的《你看起来好像很好吃》。

这场演出，不例外，又是一次亲、子、师的通力合作。老师们把剧本编排好，召集了家委会，请求帮助，请家委会帮这台演出设计舞台布景。每个家长都在协助孩子制作服装，经过两个星期，准备完成了。孩子们是家长制作恐龙服的知识顾问，各种各样具有不同恐龙特征的服装完成了，汇集到班级，让人感叹集体的智慧。孩子们围着服装，恨不得每一件都可以亲自试试。

演出开始了，因为这次的演出来自孩子们喜爱的、熟悉的，并探究了很久的恐龙，孩子们的表现很投入。

演出非常成功，舞台上孩子们模仿恐龙吼叫，投入的表情使台下观看的大观众们忍俊不禁；台下的小观众们，除了一直投入地专注地观看，在看到剧中温柔慈爱的霸王龙死去时，都眼带泪光。

主题演出《你看起来好像很好吃》

四、全环境支持系统课程下的综合主题活动反思

（一）主题活动中儿童的成长与愿景

这个主题孩子们发自内心地喜爱，每个孩子都在主题中获得成长。班级中有个孩

子5岁，从小班开始，规则意识和责任感都较弱，上课不能专注，不愿意与同伴分享，但是在整个主题活动中，一直保持着高度的兴趣，可以耐性地听取同伴的意见，还可以与小伙伴合作，一直坚持完成自己的事情。

（二）主题活动中家长的参与与反馈

主题活动开始时，家长们很热心且不断帮忙收集、提供有关恐龙的书籍、录像资料、恐龙骨架模型等。同时，在推行的过程中，班级外出参观时，家长们帮助联系恐龙博物馆，制定出行安全细则，全程家长义工协助。在大型演出时，家长们帮助孩子们布置舞台、制作恐龙服装。乐乐妈妈说，自从班级里进行恐龙主题以来，乐乐很喜欢观察恐龙，可以长时间地研究关于恐龙的书籍，有一次全家去参观恐龙博物馆时，乐乐认真地观察，还积极地给爸爸妈妈介绍有关恐龙的知识呢。随着恐龙主题的进行，教室里的环境和操作材料（恐龙模型展示区—博物馆—恐龙故事乐园）不断丰富，家长们不仅看到孩子们的能力与构思，也一起动脑，参与其中，因此，在这个主题中不仅孩子有很大的收获，家长与孩子一起共同成长！

（三）主题活动中教师的成长与不足

本主题的整个活动过程与进行，是来自儿童的兴趣，并由儿童探究讨论创造出来的。老师在活动之前，对整个主题预先有网络式的思考，但是，很多时候儿童的兴趣和发现，并没有遵循网络架构来发展，而是根据讨论的兴趣发展。活动过程中，老师和儿童都会遭遇到一些困难。就老师而言，对恐龙这种古老的生物的知之甚少，所以为了能科学地与儿童讨论主题，老师们也要充实知识。不过在这个过程中，老师也对主题有很大的期待和被需要感，所以在遇到困难时，表现出一种积极的态度。

第五节　大班案例“生活中的成语”

“主题”是探究活动的核心，它既表明儿童将要参与的系列活动，又是教师选择组织学习内容、开展教育教学过程、创设环境的引航，因此，“主题”是探究活动的起点和灵魂。主题的选择要贴近儿童的生活经验，要充分运用幼儿园、社区和家庭现有资源，从而引起儿童的学习兴趣，要有便于儿童动手操作的各种材料，主题还应含有多种教育价值，要促进儿童主动发展。为充分利用儿童身边的素材自然生成主题活动，基于儿童的兴趣点，我们确立“生活中的成语”作为大班上学期的探究活动主题，将与儿童共同探究与我们日常生活中相关联的成语以及成语在日常生活中的运用与渗透。

一、全环境支持系统课程下的主题建构

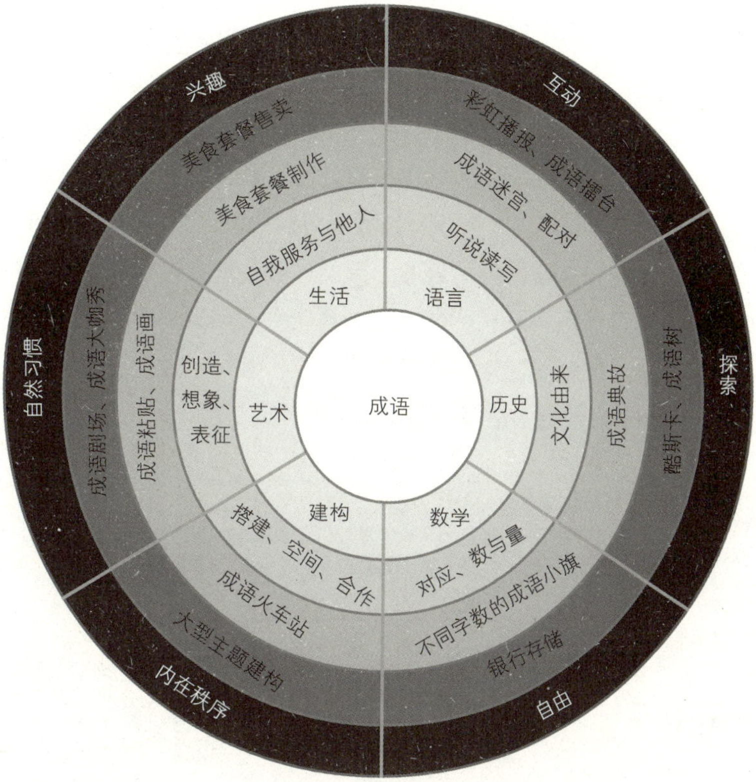

主题思考雷达图

（一）主题由来

作为中国优秀传统文化的一部分，成语能够通过生动诙谐的故事净化儿童的心灵，启迪儿童的智慧，从而使儿童得到全面、和谐的发展。在经典诵读活动中，我们发现许多成语都蕴含着较强的情节性和趣味性，而且语句富含韵律节奏，读起来朗朗上口，儿童非常喜欢。根据他们的兴趣和学习发展需要，我们确立了“生活中的成语”主题活动，旨在提高儿童的口语表达能力，让传统的经典文化与儿童同行，使他们在丰富多彩的活动中轻松自然地学习，不断地积累词汇并获得快乐体验，为入小学做好准备。

（二）主题目标

第一，激发儿童对文字及古老的中国历史、文化的兴趣；

第二，通过一系列丰富的成语主题活动，把各活动区域融会贯通，相互联系，促进儿童的合作能力；

第三，通过生活中的成语故事分享，培养儿童的口语表达、肢体表现力和自信心；

第四，培养儿童认识常见汉字，为幼小衔接做准备。

（三）主题建构思维网

《幼儿园教育指导纲要（试行）》指出，幼儿园“各领域的内容相互渗透，从不同角度促进幼儿情感、态度、能力、知识、技能等方面的发展”，强调教师要关注幼儿的兴趣与需要，教学活动要体现幼儿的经验。因此，我们应在遵循大纲标准的基础上同时根据本班儿童的实际情况，从认知、技能、情感多维度架构教学目标，进而探寻教学的有效策略和方法，使教学活动目标真正能落实于教学活动过程之中，充分体现儿童教育整体观，从而更好地促进每个儿童富有个性地成长。

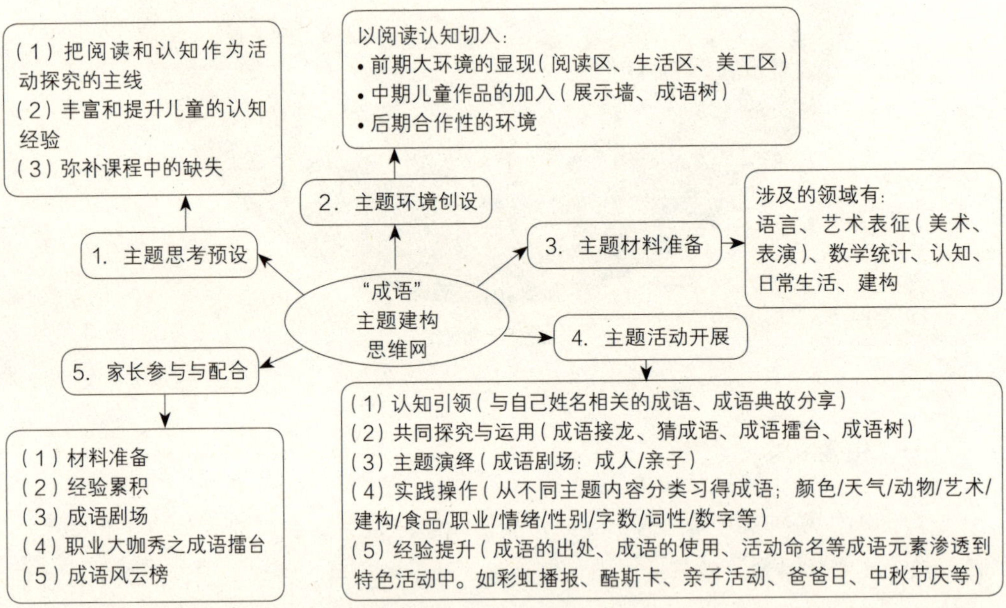

“成语”主题建构思维网

（四）预设主题活动网

在主题“生活中的成语”课程实施中，包含语言、数学、艺术、社会、建构、日常生活等领域，为了能调动儿童每一个能动的细胞，我们将更多的主动权交给孩子，让他们来选择自己感兴趣的话题或最想了解的问题来研究、讨论，采用多种学习方法，让他们在丰富多样的教学活动中获得知识经验，更全面、更深入地了解习得成语。

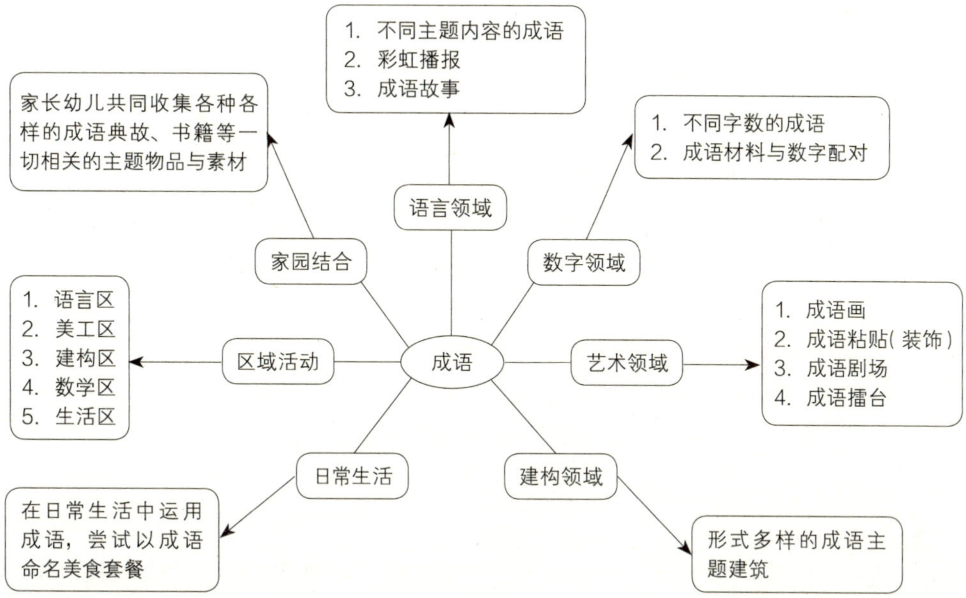

"成语"预设主题活动网

二、全环境支持系统课程下的主题环境创设

美国哈佛大学的心理学家怀特说："在促进幼儿早期教育方面，最有效的做法是创设良好的环境。"儿童的发展是在与环境的相互作用过程中进行的，在主题活动中更要充分地利用环境资源，实现教育目标。

（一）主题环境的预备

1. 教师对主题的认识和思考

- "生活中的成语"这个主题如何开展才能符合儿童的年龄特点并引起儿童的学习兴趣和探究欲望
- 主题活动所涵盖的教育价值有助于达成什么样的教育目标
- 主题活动的设计如何考虑到实施的适宜性和可行性
- 如何让各活动区域系统化、一体化，整个教室流动起来
- 创设层次丰富、富有邀请性的主题环境，遵循两个设计思路

（1）操作材料与日常分享相结合；

（2）主题材料与蒙氏材料相结合。

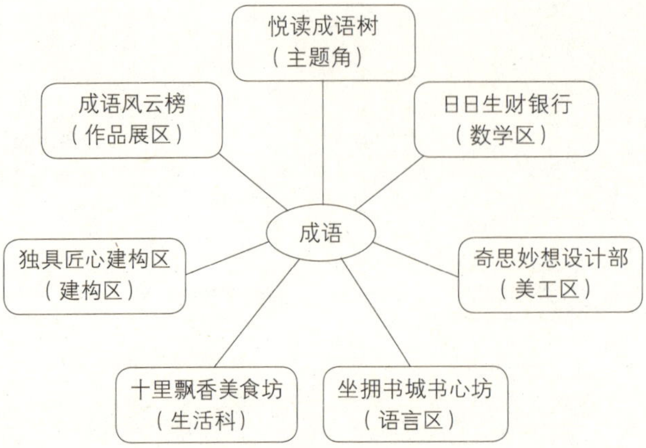

“成语”主题环境建构网

· 大环境的氛围营造

大环境氛围营造

· “坐拥书城”书心坊

集听、说、读、写、玩五要素于一体，把主题活动内容文字化、图片化、故事化、游戏化，营造儿童玩中学、学中玩的氛围。

· “十里飘香”美食坊

用美食表现成语，以成语命名套餐，在孩子的世界里，一切皆有可能，美食也能

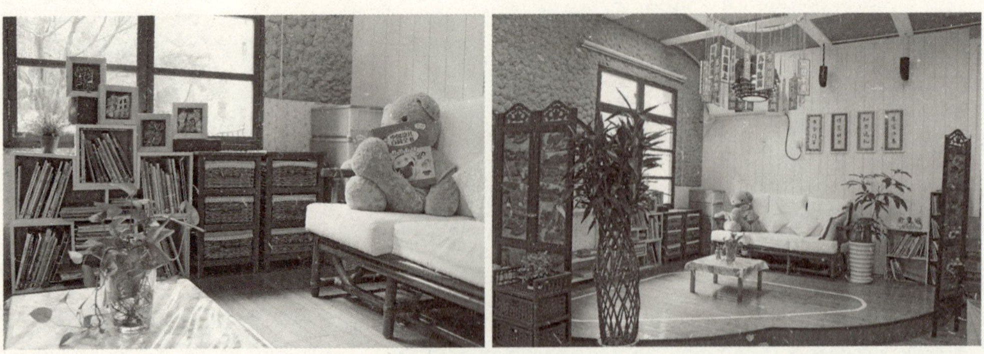

“坐拥书城”书心坊

“十里飘香”美食坊

玩出成语，你猜到了吗？

- “奇思妙想”设计部

孩子“说成语”、孩子“画成语”，儿童用艺术的方式表达诠释自己喜欢和理解的成语。

- “独具匠心”建构区

提供丰富多样的拼搭物件，满足儿童动手操作的需要，呈现不一样的成语主题的建筑，如成语博物馆、成语火车站等。

“奇思妙想”设计部

“画成语”

“独具匠心”建构区

2. 儿童对主题学习的前期经验和准备

（1）儿童主题活动前的铺垫

通过晨间分享、故事阅读、自查资料、影像欣赏等多种形式，查找收集与自己姓名相关的成语。如“朱××”——“朱雀玄武”，“××森”——“森罗万象”，“××洲”——九洲四海。

（2）儿童前期的经验准备

选择一个自己最喜欢或了解的成语，阐述喜欢的理由，然后用美术表征的方式表现出来。

画成语

（3）儿童前期的资料收集

找一本关于成语典故的图书，并与小朋友分享阅读。

3. 家长的主题支持预备

（1）协助收集资料

包括绘本、成语故事、操作材料、与成语有关的音像等。

成语资料收集

（2）亲子共同储备前期经验

名字与成语

亲子成语故事书

（二）主题自主学习区域环境的设置原则

1. 以儿童为中心

以本班儿童的发展为本，区域环境的创设，要符合儿童的生活经验；区域环境的设计，要邀请儿童参与、参加；区域环境的布置、使用、改造，需要儿童的支持、参与，要让儿童真正成为环境的主人。

2. 教室内外场地合理布局与利用

一些比较吵闹、能够让儿童兴奋的区域，比如表演区、建构区，可以放在教室外面的走廊或阳台。

儿童表演区

书法文化区

3. 考虑多种活动形式的需要

在区域环境布局时，要考虑到幼儿园的三种活动组织形式的需要，要想到给集体活动留下空间；在做区域规划的时候，既要方便儿童的个体学习，也不要忽略儿童集体学习的一些需要。

4. 因地制宜、动静分离

因本班教室的方便和适宜来规划区域学习环境，做到动静分离，比如建构区和语言区要相对分开，不适宜设置在较近的区域。

5. 界限分明、交通顺畅

各区域场地分割以及相互之间的通道要顺畅，便于儿童无障碍地从一个区域到另一个区域，儿童在玩中相互连接，建立关系。

感官区

数学区

（三）主题环境的创设与学习氛围的营造

教育家蒙台梭利说：“幼儿的发展是在与环境的相互作用中进行的，因此应该重视环境的创设，即为幼儿提供一种有准备的环境。”因此，我们班级在开展此活动过程中，注重通过创设丰富的主题环境，在儿童能与之互动的一切地方，例如班级的主题墙、大环境、各区域材料等，创设呈现与成语相关的内容。在利用周围环境对儿童带来刺激、诱导和启示的同时，还在日常生活学习中努力让各种氛围潜移默化地激发儿童的情感，丰富儿童的知识。

1. 创设“每天一看”的环境，让儿童意会成语

为了能让儿童活跃于主题活动中，我们从环境中充分挖掘儿童学习成语的资源，从营造丰富的成语环境入手，让儿童在耳濡目染、潜移默化中形成良好的文明行为，如充分利用有限的空间，分别在建构区、日常生活区、阅读区的主体位置粘贴和悬挂

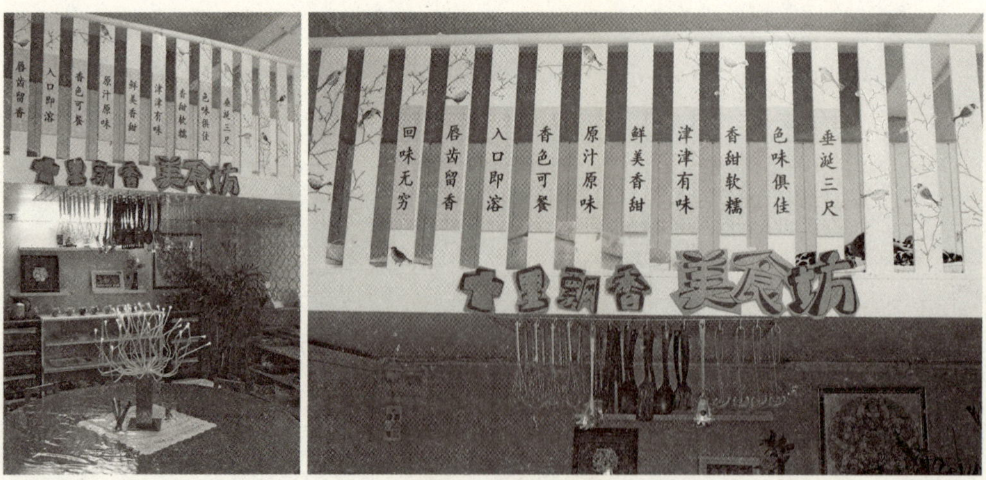

美食坊主题成语

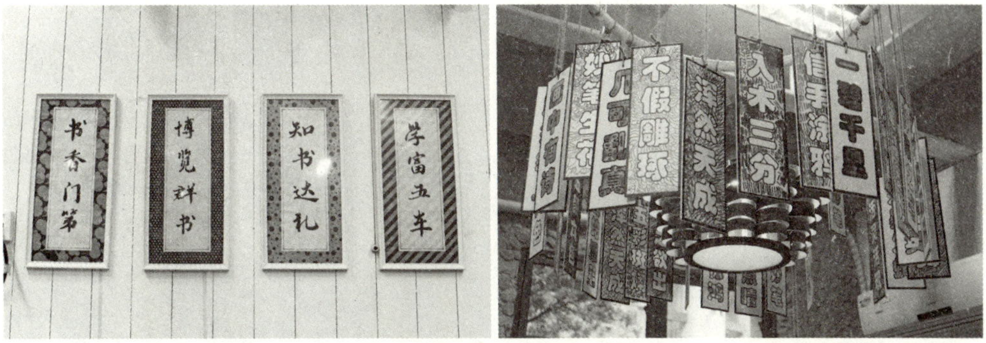

阅读区主题成语

建构区主题成语

与其区域有关联的主题成语。这样，在每天的活动中，儿童便能无时无刻与成语环境随机互动，在与环境的交互作用中潜移默化地意会成语。

2. 创设“每天一说”的环境，让儿童分享成语

开设成语主题PK秀，贯穿于一日生活中，每天请儿童分享一个自己了解的成语小故事或新了解到的与自己姓名有关的成语，组织儿童进行成语接龙的游戏，儿童也可以把自己了解的成语用表演或猜谜的方式和大家分享，还可以把自己对成语典故的理解用绘画、剪贴等美术形式表征出来，并装饰班级环境，让儿童感受分享与学习的快乐。

成语风云榜

成语树

成语猜猜猜

3. 创设“每天一听”的环境，让儿童感受成语

由于儿童对声音、动画很感兴趣，我们充分发挥电教设备的教育作用，让儿童通过听成语故事学习成语。自主操作时间里儿童可以在阅读区倾听，午餐时段和午睡的时候，也可以给儿童播放成语故事。

（四）主题自主学习区域材料的设计与投放

各个学习区域在提供了蒙台梭利教育的基础材料之外，教师还要思考如何把主题预设网络图中的概念转变成具有目的性、层次性、邀请性并符合儿童年龄与发展需要的操作材料，如何营造主题环境的氛围，操作材料的设计能否关注到相关领域的特点并能考虑到各领域之间的相互关联。

跟随主题活动的开展，自主学习区域材料的设计要基于儿童的兴趣，操作材料的层次要基于儿童的层次，操作材料的延伸需基于儿童操作的效果，而操作材料的存在性则要基于儿童操作的频率，这一切，都基于教师对儿童的整体观察。

1. 美工区

美工区为儿童提供了一个自由欣赏美和创作美的重要场所，是幼儿感受美、表现美的小天地。它为儿童的游戏、学习与创作提供适当的环境和条件，营造宽松、愉快而又有趣的氛围。美工区开拓儿童思维和创想，启发创造，呈现形式多样而富有童趣的主题艺术表征。

• 环境与材料呈现

儿童在“奇思妙想”设计部，可以对自己喜欢或者了解的成语进行个性化的创作，绘画、粘贴、综合运用，应有尽有。

2. 语言区

语言区促进儿童语言能力的发展，在确定语言区的教育活动和材料投放时，须紧

我喜欢的成语创作

“奇思妙想”设计部

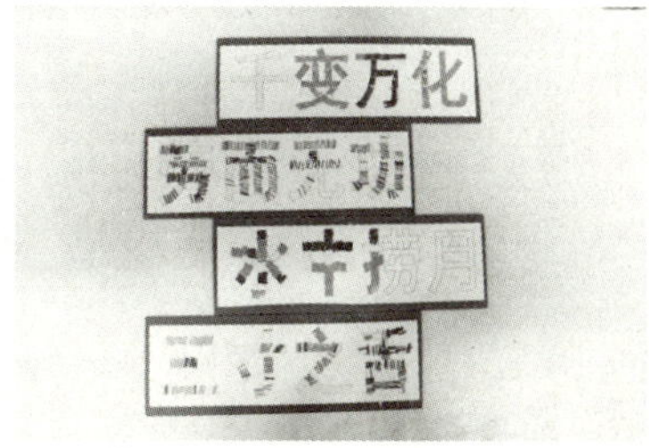

成语粘贴

紧围绕语言教育的目标，根据儿童语言能力发展的趋势，有目的、有计划地安排设计具体的活动内容，并根据内容提供相应的操作材料，全面系统地促进儿童听、说、读、写等方面的能力发展，把主题内容文字化、图片化、故事化、游戏化，营造儿童玩中学、学中玩的氛围。

· 环境与材料呈现

在语言区，可以创设投放的主题材料包括：成语接龙、十二生肖主题成语、褒贬评价的成语图卡、经典成语典故、形容性别的成语配对、成语迷宫、姓名与成语、填充成语、成语多米诺、趣味成语之最等。

成语接龙

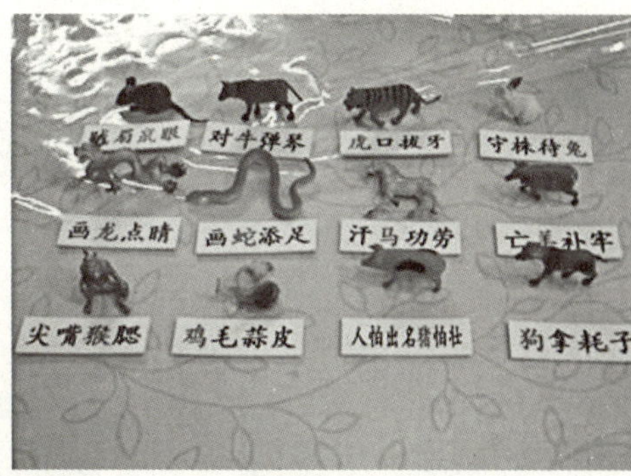

生肖成语

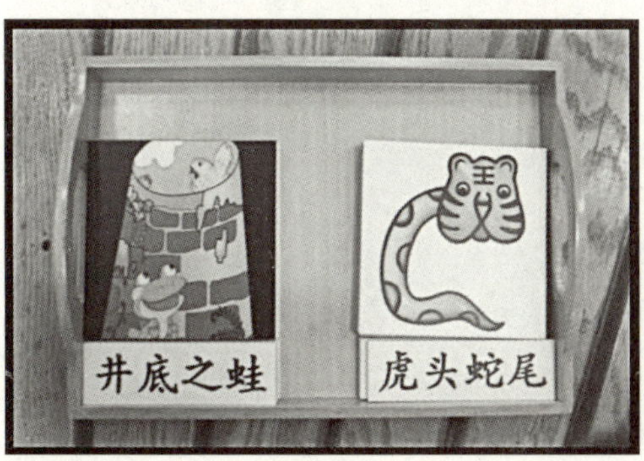

动物成语

赞赏的成语

褒贬评价的成语

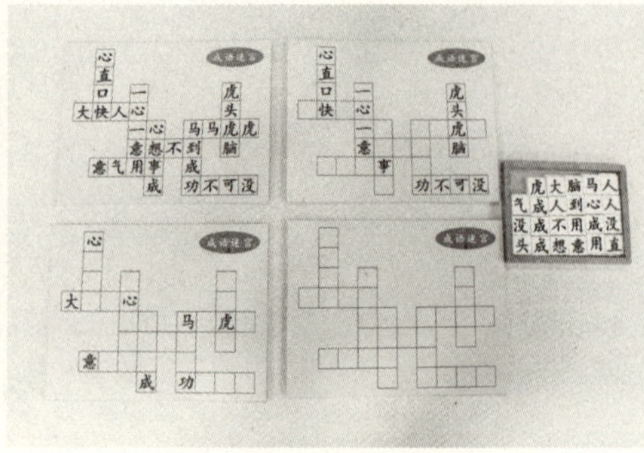

成语迷宫

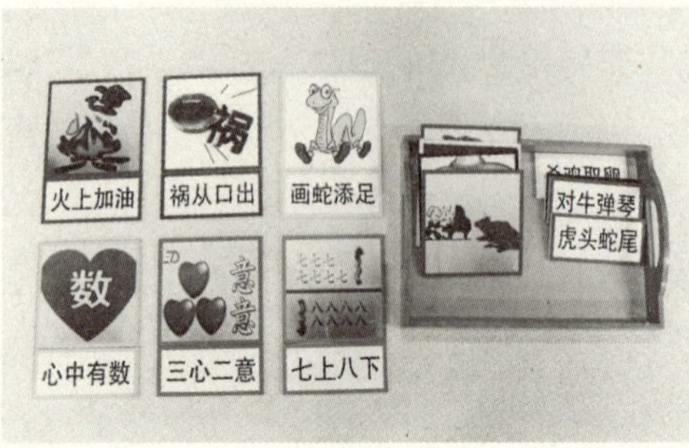

图解成语

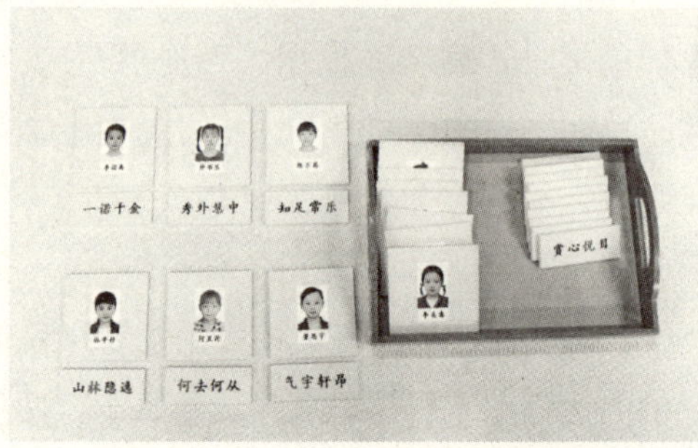

姓名成语

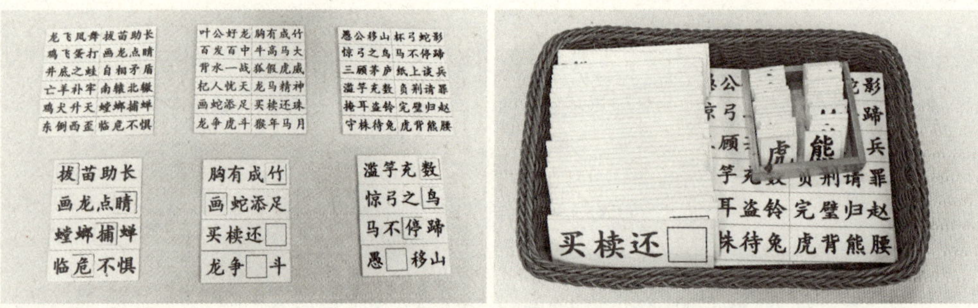

成语填空

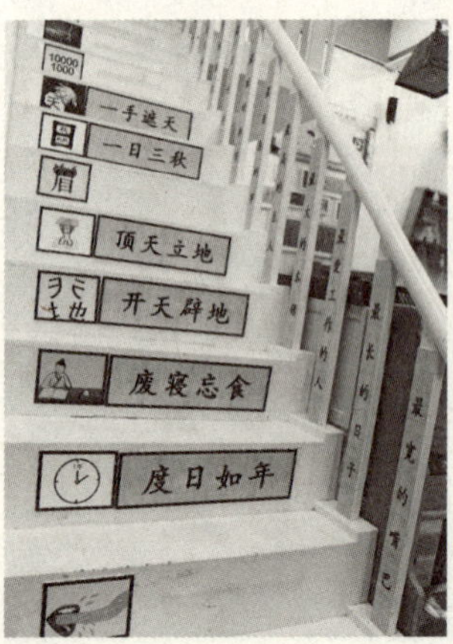

成语之最

成语多米诺

3. 科学（数学）区

科学区是通过科学活动的内容选择、活动设计、环境创设的不断改变激发儿童探索和求知欲望的场所。在区域中引导儿童运用多种感官感知周围事物与现象。把儿童已有的生活经验与科学知识紧密联系起来，利于儿童对科学和主题的理解、能力的发展，激发儿童的探索兴趣，把抽象概念游戏化，物化成可操作材料。

· 环境与材料呈现

可以延伸设计蒙台梭利教具转变为主题区域材料的有纺锤棒与数字成语、不同字数的成语小旗等。

纺锤棒与数字成语

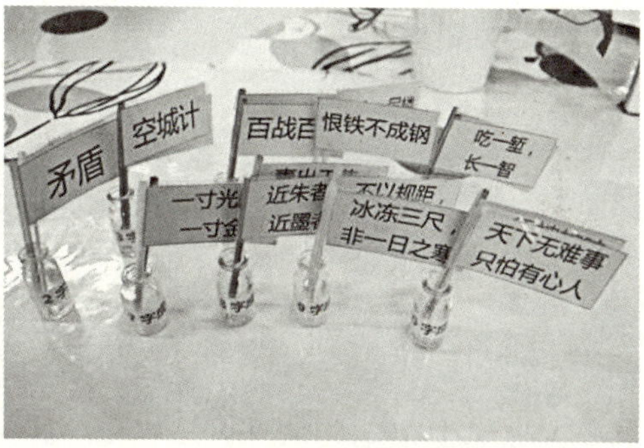

不同字数的成语小旗

4. 建构区

建构区是利用积木、纸砖、积塑、纸盒等进行建构游戏活动的一个区域。通过建构活动培养儿童的空间知觉，发展儿童的空间想象力、动手操作及交流合作能力。提供丰富多样的拼搭物件，满足儿童动手操作的需要，呈现不一样的主题建筑。

· 环境与材料呈现

在这里，儿童通过自己的创想，利用区域提供的材料，搭建“成语博物馆”“成语车站”“成语城堡”“成语公园”等。

“独具匠心”建构坊

成语动物园

5. 感官区

感官区是认知学习的开始，儿童借助于感官所收集到的信息来从事认知性的工作，进而促进认知的发展。感官区的重点在于帮助儿童分辨、分类以及将新信息与已知的系统产生联系。

- 环境与材料呈现

可以延伸设计蒙台梭利教具转变为主题区域材料的有味觉瓶与成语配对、色板与成语配对等。

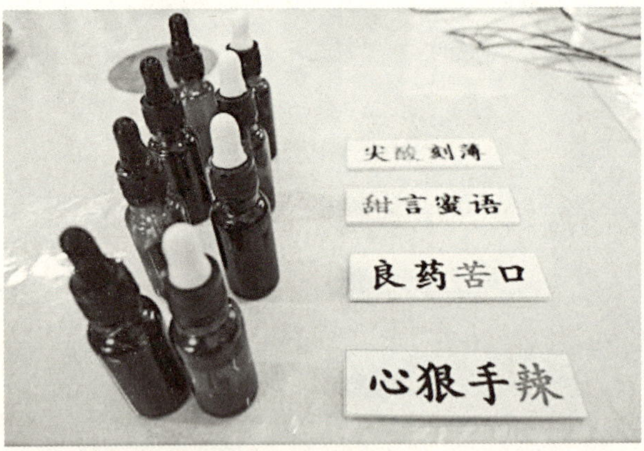

味觉瓶与成语配对

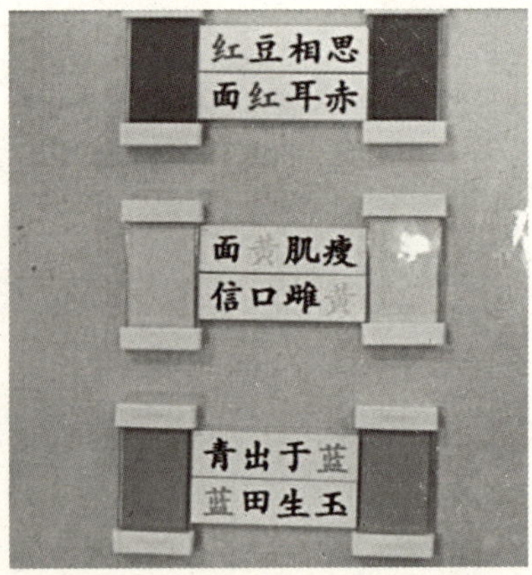

色板与成语配对

6. 日常生活区

儿童生活区域的建构来源于生活的本身，是现实生活的缩影，生活是教育的源泉，教育根植于儿童的日常生活，生活区的设置有其特殊的区域使命。如发展儿童的社会性，使其了解人际关系及不同的角色身份，儿童通过想象，并结合自己的生活经验，学习角色扮演及相应的行为；学习友好交往技能，学习表达个人意愿、情感、见解，能相互沟通，发展语言交流能力等。在这里，也可以培养自我服务和为他人服务的意识和基本能力，体验劳动的魅力。

- 环境与材料呈现

儿童在“十里飘香”美食坊制作的主题水果拼盘有“笑口常开”“一枝独秀”“百花齐放”等，还研制烹饪了“昙花一现”“入木三分”“三长两短”等成语概念套餐进行售卖。

食品拼盘与成语配对

食品拼盘

以成语命名的菜单

三、全环境支持系统课程下的主题活动实施

（一）主题的认知引领

1. 内容的选择与确立

为满足儿童认知、能力、情感的需要，按照涉及的各领域教育目标，结合本班儿童的实际发展水平，选择并确立以下内容：

- 了解生活中不同主题的成语，对所触及的成语产生兴趣，尝试在成人帮助下，有意识地以查阅资料的方式获取更多不同主题的成语典故
- 知道成语是中华民族瑰宝，能关注生活中使用的成语，激发儿童喜爱成语的积极情感
- 愿意运用多种方式（讲、画、制作、表演）创造性地学习与表现喜欢的成语
- 通过猜谜和表演的方式，演绎不同的成语故事

- 愿意用绘画、粘贴、纸工、特殊材料等多种艺术形式表达或表征所认识的成语
- 积极参与有关成语资料的收集、调查、记录、分享的探索学习与交流活动

2. 主题发展与获得

- 主题引领——探究运用——主题表征——实践操作——经验提升

儿童最有效的学习是以兴趣为动力的学习，最有效的学习内容是他们可以感知的、具体形象的内容。在一日生活当中，我们整理思考，行进发展，充分运用多种活动形式引发儿童兴趣，从分享成语典故、搜寻与自己姓名相关的成语，到猜成语、给成语配对、成语接龙、进行成语擂台赛，再到成语剧场的演绎，以及成语在日常生活中的使用等，让儿童走进成语的世界，体验成语的意境，感受成语的魅力，从而激发儿童对民族文化的喜爱。

3. 主题探究过程的呈现

- 形式多样化
- 引发儿童的兴趣
- 随着主题发展安排活动
- 发现主题活动的契机

（二）亲、子、师共同参与的主题活动探究

《幼儿园教育指导纲要（试行）》倡导幼儿园教育必须与家庭教育互相支持、互相配合。主题活动要充分运用自然资源、社区资源和家长资源，主题活动的过程是一个师幼互动、幼幼互动、家园互动的过程，不仅有教师、儿童的参与，家长也是重要的课程参与合作伙伴。

1. 成语座椅对对碰

座椅既是环境也是操作材料，且是一份无限时的材料，上午、中午或下午，都有可能进行操作，只要椅子出现挪动，就会产生操作的机会。

整个班级的座椅隐藏了三个不同的主题成语内容，涉及形容动物类的、形容天气类的、形容颜色类的，需要找到一致且能配对的座椅方能使用。

2. 成语多米诺

在120块成语骨牌刺激中，儿童学习并拿取认识的成语骨牌，进行摆放游戏，在玩中习得成语，享受其中的快乐。

3. “奇思妙想”设计部作品呈现

由家长和老师共同收集环保材料，投放符合活动主题，儿童根据个人喜好创作形式不一的作品。

成语座椅

成语多米诺

工作牌

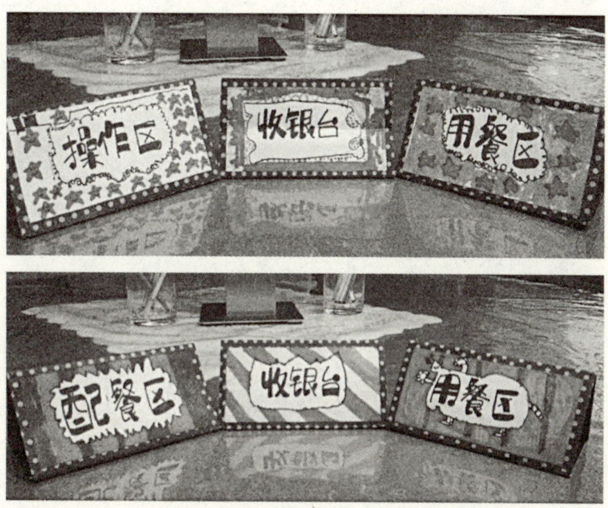

区域牌

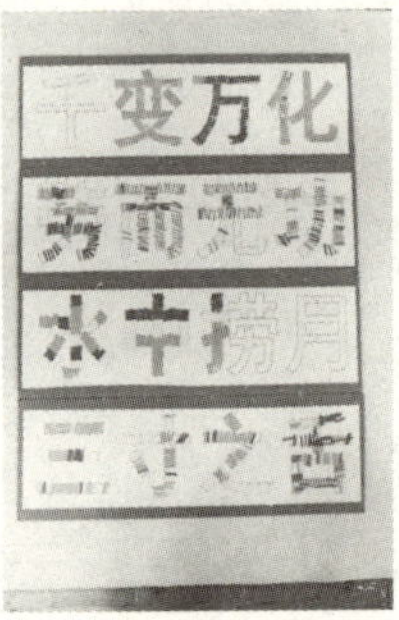

成语创作

成语扇子

刺绣成语扇子

4. “十里飘香”美食坊套餐售卖

由各家庭轮流提供新鲜食材，儿童亲手研制烹饪美食套餐，“小鬼当家”。美食套餐售罄后，孩子们快乐地点数钞票，享受成功的喜悦。

美食套餐

美食套餐售卖

点数营业额

水果拼盘

5. 悦读成语树

集装饰、观赏、自我表征与学习、互动游戏于一体；

可进行猜谜游戏，也可看图讲述。

成语树

6. 彩虹播报

锻炼语言表达和表现能力，根据年龄特点在内容准备上有所要求；丰富成语数量，了解实际意义。

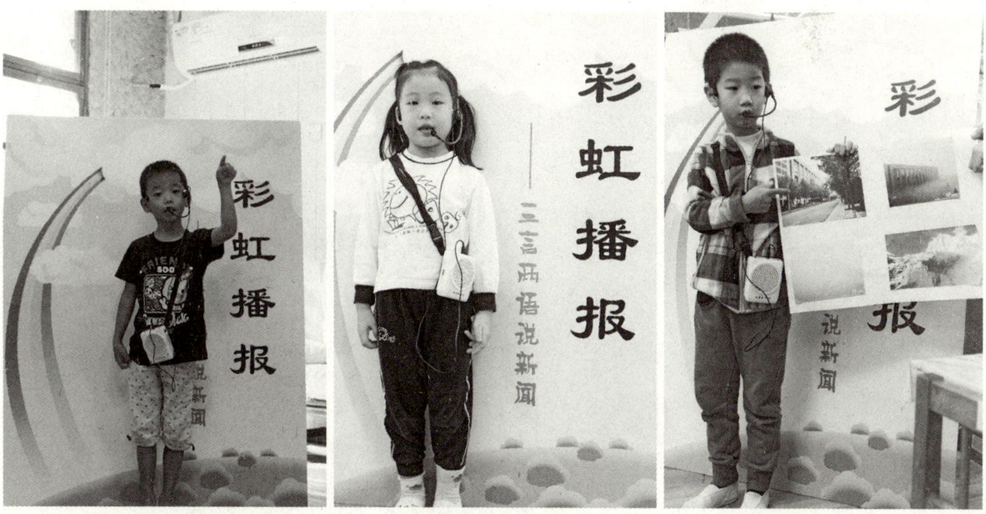

彩虹播报

7. 猜谜游园庆中秋

家长与儿童共同合作，以成语为主题设置谜语；辐射社区，与居民同乐。

猜谜庆中秋

8. 成语风云榜

激励儿童丰富成语量，鼓励儿童相互之间分享、学习、互助，锻炼孩子的记忆力。

成语风云榜

成语英雄榜

四、主题活动中家长参与

（一）亲师幼互动思考

（1）如何通过主题活动的学习引发儿童对成语产生学习和探究的欲望？

（2）如何透过精心设计的环境和材料刺激儿童对主题进行更加深入的学习与探究？

（3）儿童怎样进行主题学习，可以提供哪些支持？

亲师会家长成语接龙

（二）主题活动的家长参与与展示

1. 职业大咖秀之成语擂台

整学期开展了12期家长参与课程的主题活动，家长的引领，让孩子接触了解了超过30种的职业体验，成语主题涉及各行各业，帮助儿童以多种形式进一步积累了成语量。

2. 成语剧场

结合主题，完全由家长自编、自导、自演的成语剧场，丰富了主题课程的内涵、形式与资源；

通过不同类型的活动，刺激儿童从多角度直观了解与深层认识部分成语故事；

自由职业与成语

银行业与成语

观鸟协会与成语

体育与成语

人力资源与成语

服装设计与成语

销售与成语

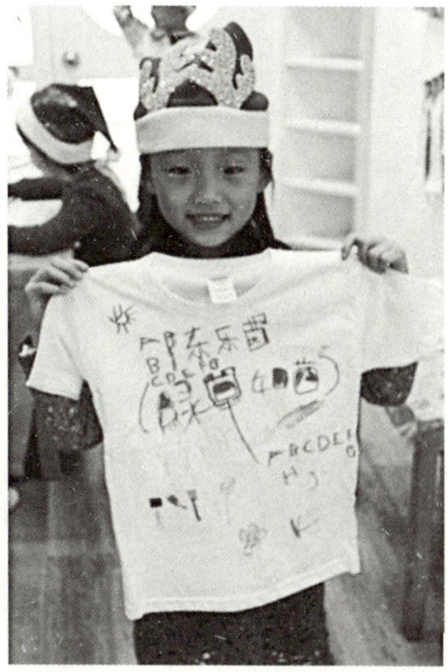

服装设计与成语

成语剧场的开展，丰富与增强了家长参与、家园合力的主题课程实施力量，锻炼了家长的故事演绎能力，增强了儿童与家长的舞台表现力和表达能力。

（1）成语剧《亡羊补牢》

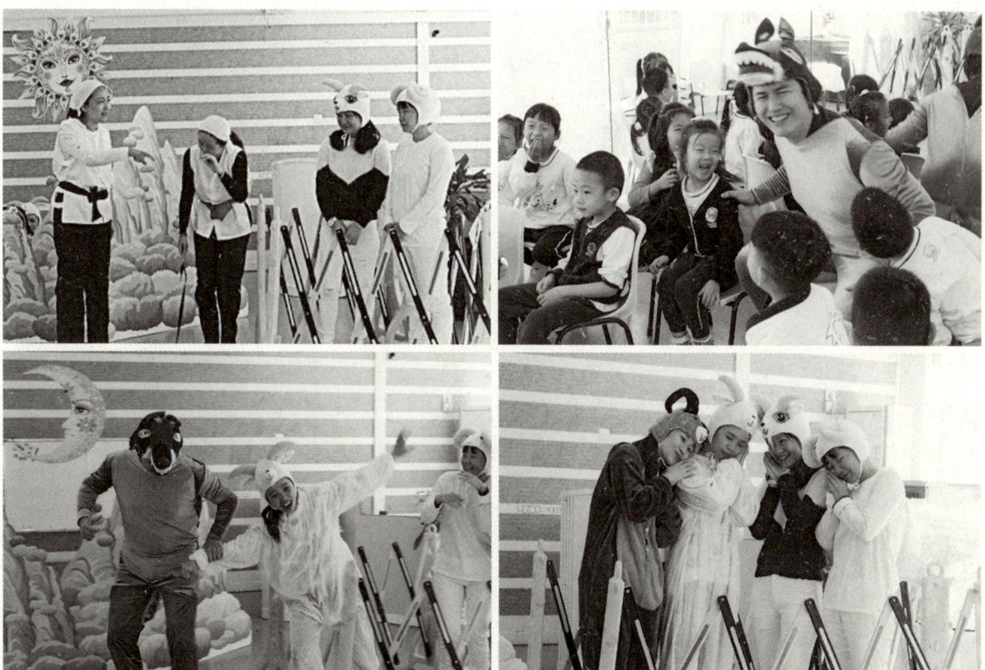

《亡羊补牢》剧场

（2）成语剧《拔苗助长》

《拔苗助长》剧场

（3）成语剧《盲人摸象》

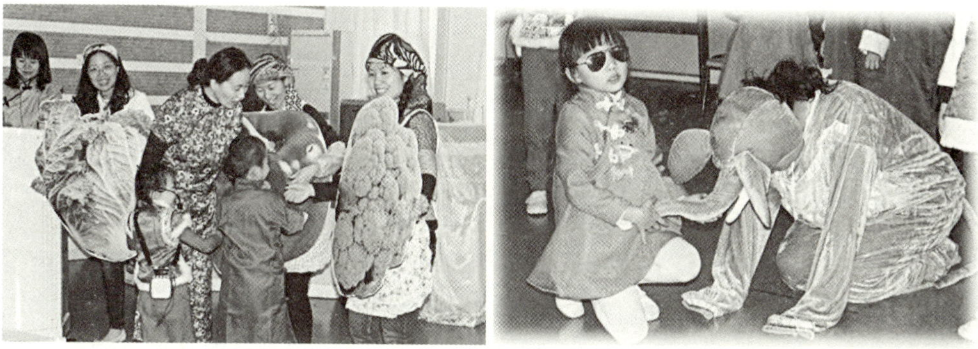

《盲人摸象》剧场

3. 酷斯卡嘉年华

成语生活化，渗透到活动各个环节当中，队名、游戏名称、加油口号、奖项命名、美食名称，全部都以成语命名，彰显成语主题元素；

丰富与增强家长参与、家园合力的主题课程实施力量，提升团队凝聚力，增进亲子互动，促进家园交流。

酷斯卡嘉年华

五、主题活动的反思与评估

（一）儿童的发展与获得

儿童通过多种活动，对生活中的成语有了更深的了解和认识，同时有了更多的储备，更主要的是我们在向儿童传达授之以渔的理念，让儿童知道通过查找资料、观看影像等多种方式都可以获取知识，又让儿童在不断搜查、分享、记录、表演中来巩固自己所习得的才能，增强了儿童的自主学习意识。

（二）教师的成长与反思

（1）在传统教学中，一接触成语的话题，我们肯定就想到了认知活动，认识汉字，积累词汇，以教师的想法为主去设计活动，而现在我们更关注儿童的兴趣点和热点话题，使活动设计更贴近儿童并富有趣味性，切实地反映儿童的所思所想，也就是以儿童的自身兴趣、经验和需要为出发点创设有教育潜力的情境，让儿童在这种背景下自主生成的各类活动中学得更自由、轻松。

（2）教师根据儿童的兴趣来设计并实施课程，充分发挥材料的操作性和创造性，仔细分析、研究，创造出适合本班儿童的班本化课程，最大限度地发挥和充实环境与材料的作用，让每个儿童都真正受益。同时，在创设环境、设计材料与活动等方面，也凸显出教师“再创造”的能力。

（三）家长的体验与实效

家长通过多种形式的课程参与和体验，在一系列有趣的主题活动中，和儿童一起更加深入地理解了成语的意义以及成语在生活中的运用。家园携手共育，使得儿童对成语学习的活动产生强烈喜爱，对成语在生活中的运用表现出浓厚的兴趣，更重要的是让儿童初步养成了积极主动、认真专注、勇于探究、大胆尝试的良好学习能力与品质。

第六节　大班案例“我是中国人”

一、主题产生背景

（一）班级已有研究主题的延续

班级在小班的时候，根据儿童刚入园的特点，为了稳定儿童情绪，让儿童尽快适应幼儿园生活，进行的主题是“我爱幼儿园”，让刚刚脱离家庭的小班儿童习惯他们到达的第一个社会团体——幼儿园。到了中班，儿童开始对周围的社会环境感兴趣，开始互相询问："你的老家是哪里的？"因为深圳是一个移民城市，一到寒暑假，儿童都跟随父母回老家。为了增强儿童对深圳的归属感，进行了"深圳——我的家"的主题，带领儿童探索了深圳的地理环境、物质特产、气候条件，引发了儿童对深圳的热爱，产生了要把深圳建设得更加美丽的美好愿望。儿童从研究深圳地图，发现深圳是中国的一部分，产生了研究中国地图的兴趣，并且对大中国的文化、传统产生了浓厚的探索欲望，于是，"我是中国人"的主题在前面一系列主题的带动下应运而生了。

（二）大班儿童年龄段的特点和认知兴趣

在5~6岁阶段，儿童心理活动的概括性和有意性的表现更为明显。他们都很好奇，不满足于了解表面现象，更加愿意去探究，追根问底。他们有强烈的求知欲和认知兴趣，看到什么，都要多问几个"为什么"。在这个阶段，他们对文化产生了浓厚的兴趣，对地理、历史等也开始有了探究的欲望。在区域的探索中，他们会开始趋向于文化区，开始摆弄各种地图模型，研究各种旗帜。祖国河山的各种地势地貌，各民族的各种漂亮服饰，各省市的不同美食特产，都是儿童感兴趣并且经常谈论的事情。

（三）对中国文化的传承

深圳，由于它的地理位置，是一个开放而且接纳度极高的城市，西方各种文化被越来越多的深圳人所接受，并且从家庭影响到儿童，深圳的儿童对西方的各种节日耳熟能详，比如圣诞节、万圣节，甚至情人节，反而忽略了我们的传统节日。但是，对于一个中国人来说，对于一个中国儿童来说，中国文化才是我们的根本，为儿童从小种下中国文化的根基，带动更多的家庭接触国学、喜欢中国传统，这是一种萌发自心底最深沉的爱国主义教育。

二、全环境支持系统课程中三大人群的思考

（一）教师厘清并且理解全环境教育体系的特点、因素及主要策略

教师，结合班级儿童特点和已有的经验基础把握着整个主题的发展方向，那么首先要理解和厘清园本全环境教育体系课程的特点、因素及主要策略，把其融入主题课程当中。

（二）主题活动中儿童的学习

在主题课程中，所有的环境、材料的准备都要跟随着儿童的探索需要而进行设置或者修改。从儿童的谈话讨论中，教师可以了解儿童的已有经验，获得儿童的探索兴

趣点，从而思考为儿童提供新经验。

儿童在主题课程中的学习，是通过以下四个渠道获得的：与环境的互动、与材料的互动、同伴间的互动、与教师的互动。在不同的互动中儿童形成了良好的学习品质：自我认可、合作、内在秩序、安全感、专注、自主、挑战、沟通力、勇气等。

儿童作为一个能动的主体，是主题的核心，所有的一切都围绕着这个核心进行，所以，主题的行进步伐，跟随着儿童的成长步伐。

（三）主题活动中家长的支持

教师可以借助亲师会，通过组织讨论、分享、亲身体验等方式，引领家长认识并了解我们现在在进行什么主题。通过各种网络渠道，如QQ群、微信群、博客等媒介，让家长了解主题进行的过程和儿童探索的方式，从而思考家长可以提供什么支持，如何有效开展家长参与主题的活动，如何把主题延伸到家庭中，带动整个家庭热爱中国文化，产生进一步了解国学的兴趣。

三、全环境支持系统课程下的班级主题活动

主题一旦确定，班级教师要进行多次的脑力激荡，大家各抒己见，把所有的想法都列出来，先进行一轮海选，再进行归整。在主题进行前，思维的整理是很重要的，每一个主题都有它的特性，都有不同的入口点和不同的兴趣点。在考虑“我是中国人”这个主题的时候，是从点到面来思考的。先围绕主题，根据儿童的已有经验，和与儿童讨论出他们的兴趣点，列出几项要探究的重点；然后再考虑区域的创设；接着是区域里材料的创设；最后是各种主题活动的进行。所有的思考点都围绕主题进行，最后的落脚点也是在主题上面。根据这样的思维，我们创设出“主题思考雷达图”和“一体化主题环境”。教师的思考力在课程的思考中得到了释放和成长，在跟随儿童的过程中又不时地停下来反思。在主题的进行中，儿童、教师、家长都乐在其中，并且收获多多。

（一）主题环境创设

主题环境的创设是主题教学中的一个重要部分，是主题教学进展的一个体现。儿童的学习更多来自与环境的互动，这是儿童自主学习的一个重要渠道。主题环境的创设不是单一的、割裂的，而是系统一体化的，这才能更好地支持儿童的发展。那么，在创设一体化主题环境时，要遵循以下三点原则：第一，线条性贯穿，打破割裂。以主题为主线条，贯穿各个区域，让每个区域服务于主题。第二，系统规划各区域，区

域材料投放围绕主题进行。区域的设置既要体现各区的特性，又要紧扣主题，实现区域性与主题性的完美结合。第三，区域主题材料投放的科学性、递进性跟随主题的进展。区域材料的投放不是一蹴而就，而是依据主题的进行，逐步投放，兼顾班级孩子的层次性。

主题环境以主题为中心，各区域互相联系、互相影响，在这种有准备的教育环境的支持下，儿童的互动行为自然产生，教师则被主题线索所引导，作为一名观察者、调整者的身份出现，跟随儿童的学习，不断完善主题环境。一体化主题教室犹如一个流动的水塘，各种营养液充盈其中，各种元素不停滋长，新陈代谢，欣欣向荣，每一天，既是一样的教室，又不是一样的教室，因为都有自然的更新、发展。

在“我是中国人”主题当中，整个教室中国文化浓郁，每个区域都冠上国学味道的名称。从教室的走廊开始，就犹如进入中华文化长廊，一条由全班儿童共同完成的巨龙屹立于门前，踏进教室，古色古香的环境让人为之一震：美工区化身为优墨阁，墙壁被装设为主题墙“中华文化壁”，语言区则是“三味草堂”，科学区是“百工居肆”，生活区是“稻花村”，演艺区是“吉祥戏台”，建构区是“汉字乐园”。

每个区域包含了儿童、老师和家长的智慧，有老师思考的痕迹，也有儿童行动的轨迹。接下来，让我们跟随着各个区域，走进“我是中国人”的一体化主题环境。

1. 中华文化长廊

每个教室的门口，都是儿童美术作品的展示区，有一面是钢化玻璃质地的，一面是木头质地的。与儿童一起设计，用儿童的作品表现出主题进行过程的一条由儿童集体完成的“巨龙”，铺垫了主题。多彩的京剧面具、青花瓷、雅致的水墨画，这些作品就是中国国粹文化的体现，还有儿童所绘的民族娃娃，这些都是主题环境的铺垫。

巨龙腾飞

彩绘京剧面具

民族娃娃

雅致水墨画

2. 优墨阁

优墨阁就是美工区，美工区是教室中的第一个区域。作为主题环境的开端区域，美工区有其独特性，儿童可以在这个区里尽情地创作国粹京剧、传统剪纸、国画、古书等，每一样都洋溢着中国风。

美工区

三字经

民族娃娃和脸谱

3. 中华文化壁

在“榻榻米”（儿童经常集体活动的场所）旁边有一面大墙，被拿来作为主题的集中展示。主题墙的上方是儿童手绘的万里长城，蜿蜒绵长，表达了孩子们欲登长城做好汉的美好愿望。主题墙的正中间，是深圳地图、中国地图和世界地图，让儿童了解了深圳是中国的一部分，中国是世界的一部分。中国地图可操作，他们可动手摆一摆各省市在中国地图上的位置。环绕着三个大地图的是56个民族，儿童可借此认识少数民族和他们的服饰特点。

主题墙上各种类型的地图

4. 三味草堂

语言区华丽转变为“三味草堂”，在这具有中国特色的书屋里面，有各种各样的语言文化材料，儿童还可以身穿汉服，犹如一个个古代的小书生，在里面阅读、与伙伴对弈，或者与文房四宝做伴挥毫泼墨。加入了穿服装的一点小技巧，让语言区变得更加有趣起来。语言区里还投放了听、说、读、写等材料，儿童在里面既可以阅读，也可以进行前书写活动、与材料互动等多种形式的对口头语言和书面语言的练习。

和小伙伴下棋

写毛笔字

5. 百工居肆

中国有四大发明，这是古代中国人民对全世界做出的卓越的贡献。在了解中国的四大发明和各种智慧创造之后，儿童也要尝试着在科学区里进行手工纺织、编织、活字印刷和造纸游戏等。当儿童把废报纸变成一张张可以书写的牛皮纸的时候，其成就感是满满的。科学区的主要任务就是要不定时向美工区输送儿童自己造的纸张，供美工区的儿童用不同质地的纸张进行绘画创作。科学区集地理文化、中国特色手工工艺、各种小实验等为一体，符合大班儿童乐于探索的特点。儿童经常在科学区流连忘返，在动手实践中进一步了解了中国古代文明。

“百工居肆”一角

丰富的科学区材料

6. 稻花村

生活区是一个真实的生活场景的小缩影，在区域里面，老师要投放适合儿童使用的安全的西餐刀、小煎锅、叉子、勺子、筛子等用具，还有各种食材，供小厨师们在生活区里大显神通。进入生活区的儿童换上古代店小二的衣服，煞有介事地在里面制作冰糖葫芦、驴打滚、煎鸡蛋、水果拼盘等。当稻花村里的一切餐品准备妥当之后，将会有其他儿童过来品尝购买。

7. 吉祥戏台

表演区给幼儿童提供了一个展示自我的机会，到了大班，儿童有强烈的表现欲望，不仅把自己的已有经验进行再现，还很乐意进行创编，而且同伴之间会探讨。“吉祥戏台”是在教师跟随儿童的学习步伐之后，经多次修改完善的。一开始教师只是投放了相应的服装、乐器、道具等材料，后来发现儿童的兴致不是很高，于是，一份画师的工作就产生了。当画师坐在小画桌前面为演员现场画画的时候，演员们的热情开始高涨了。有了画师，还应该有观众，于是，一个观众席又应运而生。“稻花村”的“小厨师们”也开始为观众们提供吃食，一个完整的“吉祥戏台”就丰满了，每天，吉祥戏台都成为最热闹的一角。

8. 汉字乐园

教室门口有一小块户外活动场所，这便成为建构区的最佳场地。儿童可以任意进行搭建的创意，运用各种材质，建构他们心目中的汉字乐园。汉字，作为独一无二的“中国特产”，儿童无时无刻不在接触，运用搭建游戏的方式来熟悉汉字，这是最自然

吉祥戏台外观

美丽的撑伞姑娘

神清气爽的小小男子汉

的方式了。在“汉字乐园”中，体现出了儿童不同的思维方式和创意，有汉字高楼、有汉字模型，还有从汉字的意思中延伸出来的各种情境，儿童畅游于汉字的各种意境中，快乐无比。

9. 区域活动开展时的联动

班级的所有区域都有所联系时，就会促进儿童在区域中自然地串联起来，他们不再单一地在某一个区域中工作，而是会根据自身学习的需要，自然而然地运用各个区域。儿童在准备好的环境当中自然地进行流动串联：银行游戏自然地发展到买卖游戏，有批发商、有零售商，还会抬高价钱，讨价还价，赚到钱的便可以去“品字庄”消费，一边吃美味一边看戏，真是怡然自得啊。

大数目游戏

记录计算内容

展示计算结果

进货

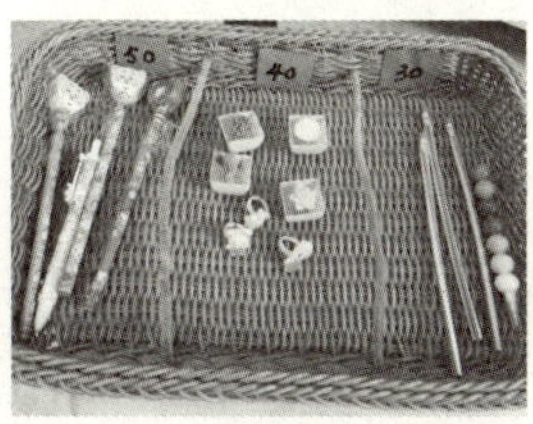

货品

取钱

孔雀银行

出售

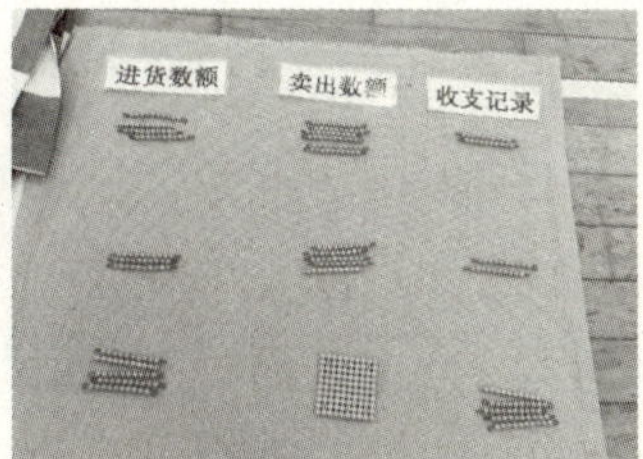

计算盈亏

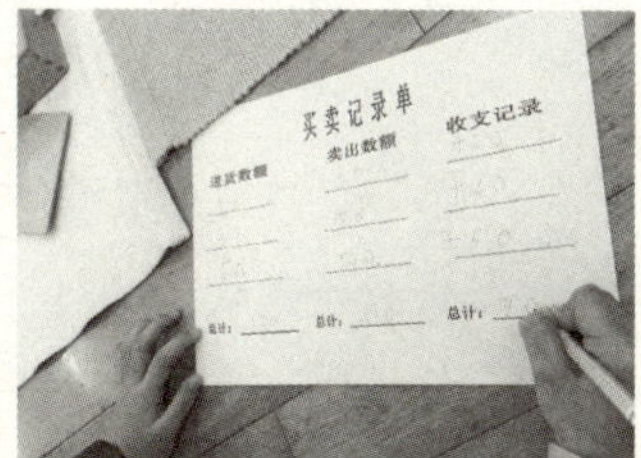

记录结果

观赏表演

购买

生活区餐品

（二）主题材料的创设

主体材料的创设是主题探究中很重要的一个组成部分。材料的创设，要基于一定的原则：教具的设计基于儿童的兴趣，教具的层次基于儿童的层次，教具的延伸基于儿童操作的效果，教具的存在性基于儿童操作的频率。一切都要基于教师对儿童的观察。

主题材料的创设要注意层次性、整体性和趣味性，并且尽量多加入儿童的思考，让材料来源于儿童、作用于儿童，一份好的材料并不是最完善的材料，而是一份能不断被完善的材料，让儿童可以不断进行思考、创新。

案例一

舌尖上的中国

设计意图：

承接上一个主题“我是深圳人”，儿童在已有的主题经验基础上，知道深圳是一个移民城市，对中国地图上的各个板块非常感兴趣，纷纷在上面寻找自己的老家，于是设计了这一份中国地图。当这份地图面世时，儿童基于我们之前“食物”的主题经验，又提出老家有很多好吃的，这正遂了老师的心愿，抓住契机研究各省的特产。

操作过程：

第一步：把地图填满。一开始不熟悉或者能力较弱的儿童可以根据这张地图模板进行错误订正。

第二步：两个人以剪刀石头布的方式决定胜负投掷沙包。

儿童效果反馈：

兴趣浓烈，参与度高。（从破损程度可以看出）

符合儿童年龄特点，特别是大班男孩子对文化科学兴趣浓厚的特点。

案例二

二十四节气

设计意图：

当主题进行到“中国的传统节日”这一部分时，我们萌生了把二十四节气介绍给儿童的想法。因为中国的很多传统节日都是从二十四节气里引申出来的，比如清明、冬至等。作为中国特有的传统文化，这是国学的精髓，我们做这个主题，目的就是要为儿童埋下中华文化的根。但是在之前设计此份材料的时候，也曾担心会不会过于深奥，儿童不感兴趣，所以我们结合了语言的学习——“二十四节气歌”。儿歌朗朗上口，再加上游戏的结合，儿童很快就掌握了，实现了从抽象到具象的转化。

此份材料涉及多种学科领域：语言、数学、感官等。

错误订正：

（1）原版图订正。

（2）抽签游戏的签与四个季节相应，分四种颜色：红、橙、蓝、绿。

操作过程：

拼图游戏　抽签游戏

儿童效果反馈：

了解了每个月的基本节气，在进入每个节气时，老师与儿童进行分享的时候，他们理解了很多。

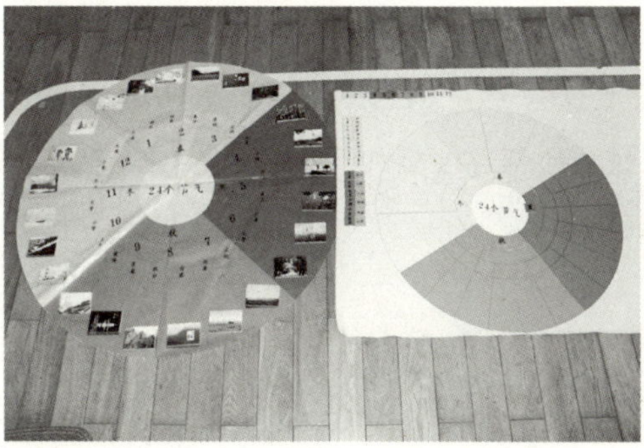

二十四节气

示范

案例三

历史长卷

设计意图：

灵感一：来自于千珠链的形式，每次儿童操作千珠链都非常有兴致，摆出长长的链子让儿童非常有成就感；灵感二：来自于二项式的理念，历史对于大班的

历史长卷

儿童来说是抽象的，但是将抽象转化为图文的可操性的具象后，儿童脑中的历史就犹如每日时间表一般易懂易记。

操作过程：

第一步：先把长卷打开，欣赏长卷上的每一个朝代的画面；

第二步：把代表朝代的图卡、字卡散放；

第三步：把图卡、字卡和长卷进行配对。

儿童效果反馈：

热门材料之一，每天必有人操作。在饭前的畅游活动中，进行主题知识竞答时，儿童可以知道某个朝代之后是哪个朝代。

案例四

砂字笔画拓印板

设计意图：

灵感来自于蒙氏材料的砂字板，结合触感、归类、前书写练习等。

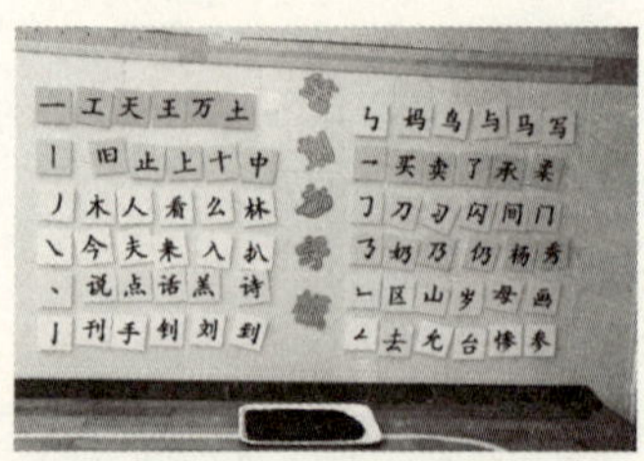

砂字笔画拓印板

操作过程：

第一步：食指触摸感知笔画，把有相应笔画的汉字归类。

第二步：取出砂盘，在砂盘上写画出自己喜欢的笔画或者汉字。

第三步：拿出白纸和彩色铅笔，把白纸蒙在汉字上，用彩笔拓印出凸起的笔画。

兴趣点：

用手触摸砂字笔画；拓印。

案例五

趣味汉字结构分类

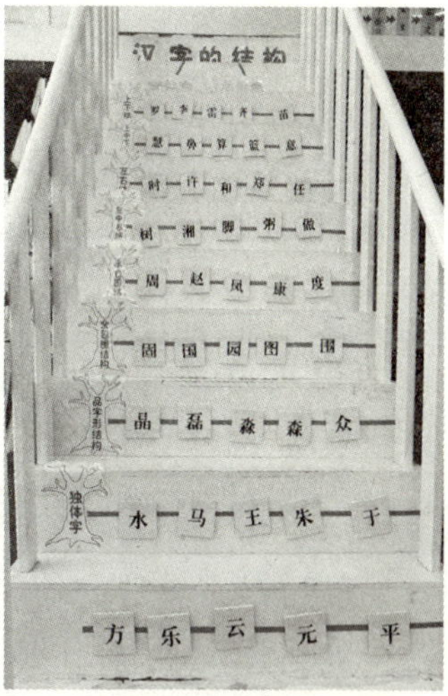

趣味汉字结构分类

设计意图：

这是主题进行的初期，儿童从整体研究汉字，对汉字的结构产生兴趣，把这份材料设计在阶梯上，增加了材料的趣味性，让知性的认知不枯燥。

操作过程：

第一步：取出所有的汉字散放。

第二步：观察汉字结构，进行相应结构的分类。

第三步：拿出汉字结构小册子进行检查对照。

兴趣点：

阶梯式分类、检查对照。

案例六

百家姓百格板

百家姓百格班

设计意图：

中国式的百格板，在百格板的基础上，自然地感知中国百家姓。

操作过程：

第一步：认知百家姓。

第二步：每次取出十个姓氏，进行对应摆放。

第三步：全部完成后依照对照板进行检查。

兴趣点：

把姓氏摆满一百个格子。

案例七

姓氏统计

设计意图：

班级伙伴和老师的姓名是儿童最熟悉的，这是与儿童息息相关的汉字认知，把汉字认知与数学统计结合起来，儿童兴趣盎然。

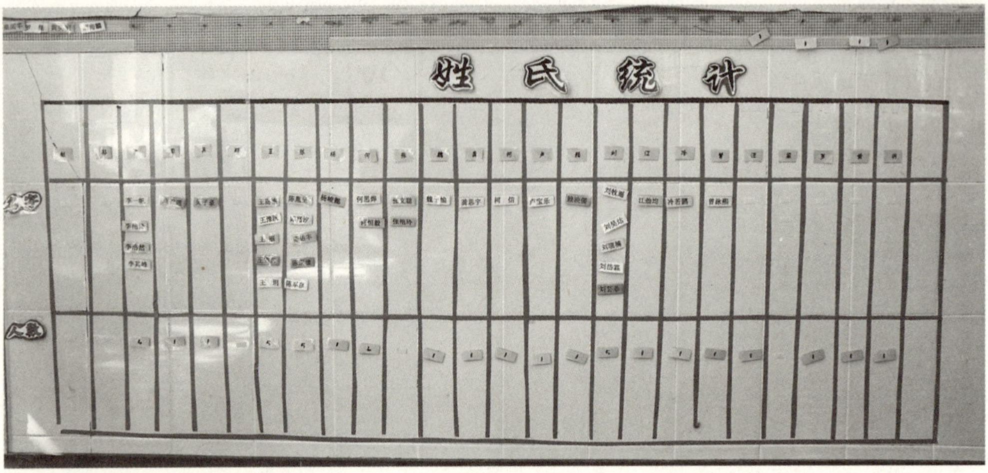

姓氏统计

操作过程：

第一步：把同一姓氏的姓名进行分类。

第二步：数出同一姓氏的人数。

第三步：数一下班级一共有多少种姓氏。

兴趣点：

把自己认识和熟悉的姓氏进行分类。

案例八

其他主题材料举例

· 中国之最三段卡

神奇的东方中国，诞生了无数个傲领世界的中国之最。这一套三段卡，带领儿童走进一个瑰丽神奇、包罗万象的世界。

· 拼单词

通过拼单词的操作方式，儿童掌握“国旗”“牡丹”“饺子”等极具中国特色

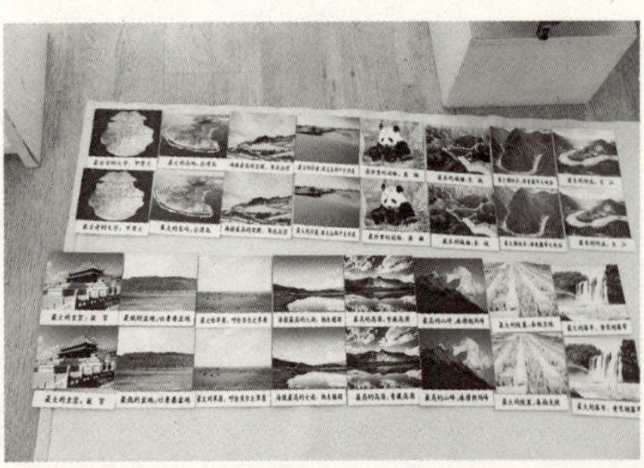

中国之最三段卡

拼单词

的单词。

· 文房四宝

书法作为中国的国粹要让孩子从小接触。我们选择了水写布字帖，用清水就可以写出墨汁的感觉，干了后可以反复使用，儿童没有写错的压力，而且不会因为墨汁而弄脏衣服。

· 省会地图三段卡

深圳是一个移民城市，儿童来自全国各个省市，通过这套三段卡，让儿童了解自己家乡的地图地形。

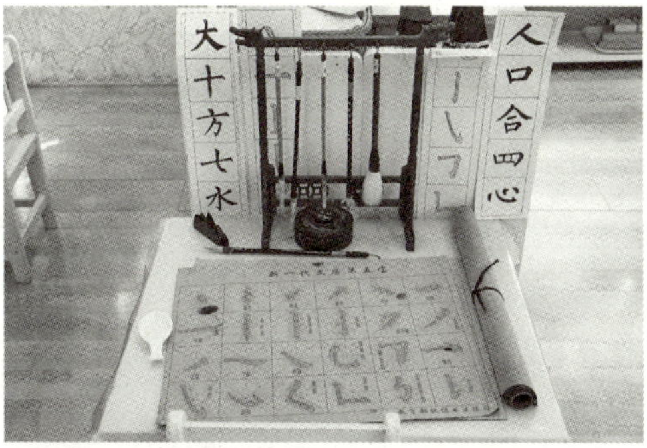

文房四宝

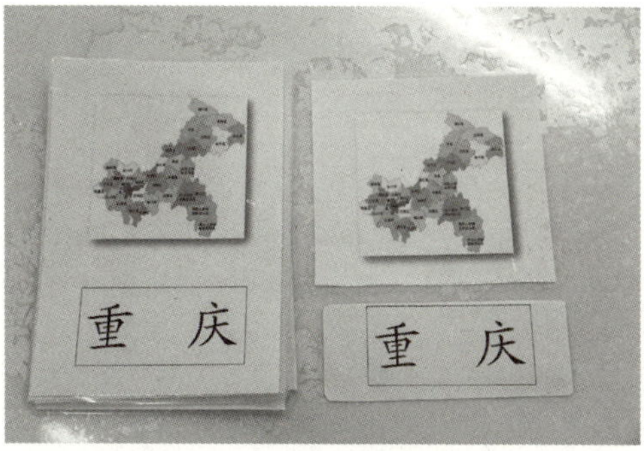

省会地图三段卡

· 中国地图

中国地图是进行这个主题时最先入手和最先提供的材料，墙面上的操作，让儿童更有全面视野。

中国地图

· 民族大团结

中国是一个多民族国家，这是必须让儿童有所了解的。这份工作有一定的难度，符合大班儿童的挑战精神。

· 地形地貌配对

这是一份和蒙氏材料相结合的主题材料，找到中国地形的实体图、卫星图和地形板配对，再完成作业单。这是一份具有5个步骤的程序化材料。

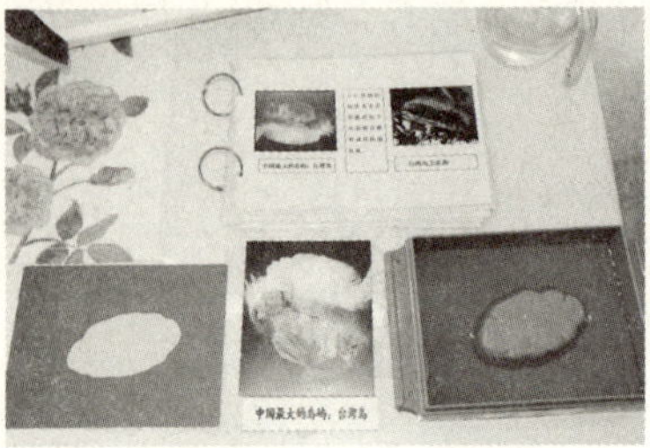

地形地貌配对

编织

· 编织

编织是中国传统的一种手工艺，能培养儿童的手眼协调能力和耐心，并可延伸到纸的编织工作。

· 造纸术

四大发明是古中国对全世界的贡献，儿童在了解的基础上操作此份简易的造纸工作，从中体味劳动的快乐。

· 磨黄豆

生活区的驴打滚制作需要用到黄豆粉，儿童用古老的石磨把黄豆磨成粉，装瓶备用。

造纸术

磨黄豆

四、全环境支持系统课程中的家长参与

一个完满的主题课程，离不开家长的参与，从主题一开始的材料收集、进行的过程到最后的主题总结，家长就是那股不可或缺的巨大力量，支持着儿童的成长。

（一）主题材料的收集

在主题开始的时候，儿童和家长们要进行材料的收集，这是引发儿童兴趣和能动

各类相关书籍

各类脸谱

中国元素的马

性的一个最好的实践活动。

（二）亲子绘本的设计

和父母一起研究自己的姓名，进行一场姓名溯源活动，大家一起动手，制作风格各异的亲子绘本。

亲子绘本

（三）亲子参访活动

游长城

亲子一起到博物馆、历史纪念馆等地方实地参访，感受中国文化的源远流长。

（四）妈妈故事团

妈妈故事团是班级一直坚持的特色家长工作。在这个主题里，家长们自编自演了各种与中国文化相关的故事，并且让儿童在其中担任角色。他们穿上古代的服饰，感受古代服饰与现代服饰的不同，扮演着古代的书生、小姐、皇帝、大臣等，用演绎的方式，体味着古人的生活。

穿古代衣服进行表演

饰演小皇帝

（五）爸爸学堂

爸爸的加入，补充了很多不一样的元素。每周一次的爸爸学堂，爸爸们带来了各种相关的主题知识，这是对主题的一个很大的补充，是对儿童已有经验的一个补充。

爸爸故事会

爸爸在讲授有趣的知识

（六）民族大融合晨会

家长与儿童共同演绎祖国各民族，这是巧巧大家庭对主题的一个小结活动，体现了儿童对主题的理解，也表达了对祖国和平盛世的祈祷和祝福。

亲子表演

优雅的古典舞

第七节　大班案例“海洋世界”

一、全环境支持系统课程之主题产生背景

铭铭：鲨鱼的嘴巴好大，可能会吃人啊！

宝宝茹：那你看过吗？

铭铭：我在电视上看过吧！

这是维尼班两个小宝贝的对话，偶然听到，好想继续听，结果被发现了。他们两个选择去另一个角落讨论了，结果这个话题引发了更多小伙伴的参与和关注。前段时间，我们进行了“我认识的树”主题活动，我们和孩子们一起赋予了这间幼儿园最大的活动室充满艺术气息的独特环境，一起制作完成了一棵承接教室上下空间的大树，把无形的文化变成了有形的艺术，其实它更具体的命名应该是装置艺术。在这个主题开展过程中，探究我们如何引导儿童，教师的角色如何定位，教师如何引导儿童进行主题活动探究，所有这些才是我们真正开展主题学习的意义所在。

“海洋世界”这个主题历时两个学期，从2014年9月开始到2015年7月结束。我们累积了很多与主题相关的经验，并用图片、照片、影像、文字描述、绘画等形式记录了整个主题推行的过程，教师的角色也由观察者、支持者转变为参与者。这个过程是教师、儿童、家长三大人群共同完成的，我们选择艺术领域作为主题开展的切入点，以一个点为开端的做法，这使我们厘清了自己的教育取向，并完整地梳理了我们的课程目标。

“海洋世界”这个主题和我们进行的其他主题一样，有独特的全环境支持系统，也有完整的推行流程。但是，一个主题是无法完全被复制的。这些活动都是我们和儿童共同完成的，完全以儿童的兴趣、能力以及日常的观察与发现为基础。可以引用一段美国幼教协会发表的演说说明：我们对儿童的期望必须具有弹性且是多变的，我们必须和孩童一样，能够感受到惊奇与欢快。我们必须能够接住孩子丢给我们的球，并以一种让孩子想继续与我们玩、进行时有可能渐渐发展出其他游戏的方式，把球抛回给孩子。

鱼三段卡

鱼五段卡

二、全环境支持系统课程之主题的开始

我们不难看到各种生活在海洋世界里的生物，儿童也会透过书籍、电视、互联网等了解海洋世界，这个静谧而且广博的海洋世界里蕴含的丰富资源，常常会引起儿童更多的好奇与关注。

维尼班有个分享的班级文化，一直延续至今。2014年暑假归来后，孩子们开心地分享假期见闻，分享各地美食，分享伴手礼，这其中最受欢迎的当属从香港海洋世界带来的鲨鱼玩具。儿童会自然地进行游戏活动，完全不需要成人的组织与引导，于是，在这样的契机下，我们和儿童共同开始了奇妙的“海洋世界”探究之旅，并且进行了为期一年的深入研究。

（一）主题开展准备

主题开展前我们以年级为单位进行了研讨活动，预设了主题的目标及如何开展主题活动，也预设了各种可能，当然这一点是非常重要的。接下来，班级的四位老师认真思考，讨论出更多的适合儿童的主题相关活动。我们也会分组与孩子们进行主题讨论，并以此来了解他们对海洋世界里的生物认知有多少。既然我们已经从儿童那里得到了关于海洋知识的灵感，我们就要把这些想法再还给儿童，并鼓励儿童大胆想象、

小鱼折纸

小鱼数与量对应

鱼类色板

鱼种类排序

海洋动物拼图

鱼剪贴画

创造，一起制订关于这个主题的初步方向。接下来我们先给家长们发布了一份主题报告书，目的旨在告知家长我们的研究方向及他们需要配合的事宜。因为这是需要共同合作完成的学习，家园达成共识后才能让儿童成为最大的受益者。

（二）主题思考网络图

附："海洋世界"主题网络图1

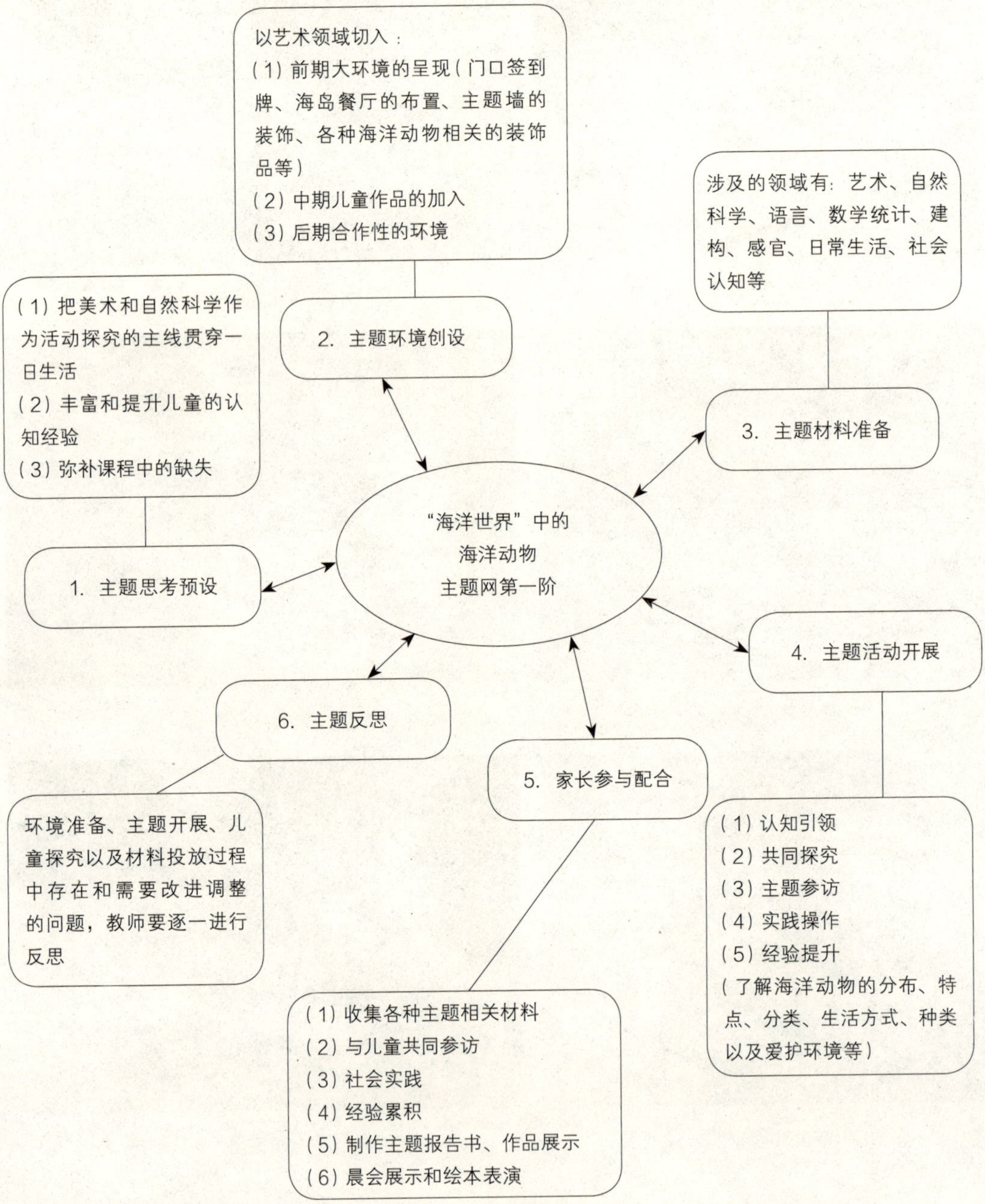

"海洋世界"中的海洋动物主题网第一阶

附：“海洋世界”主题网络图2

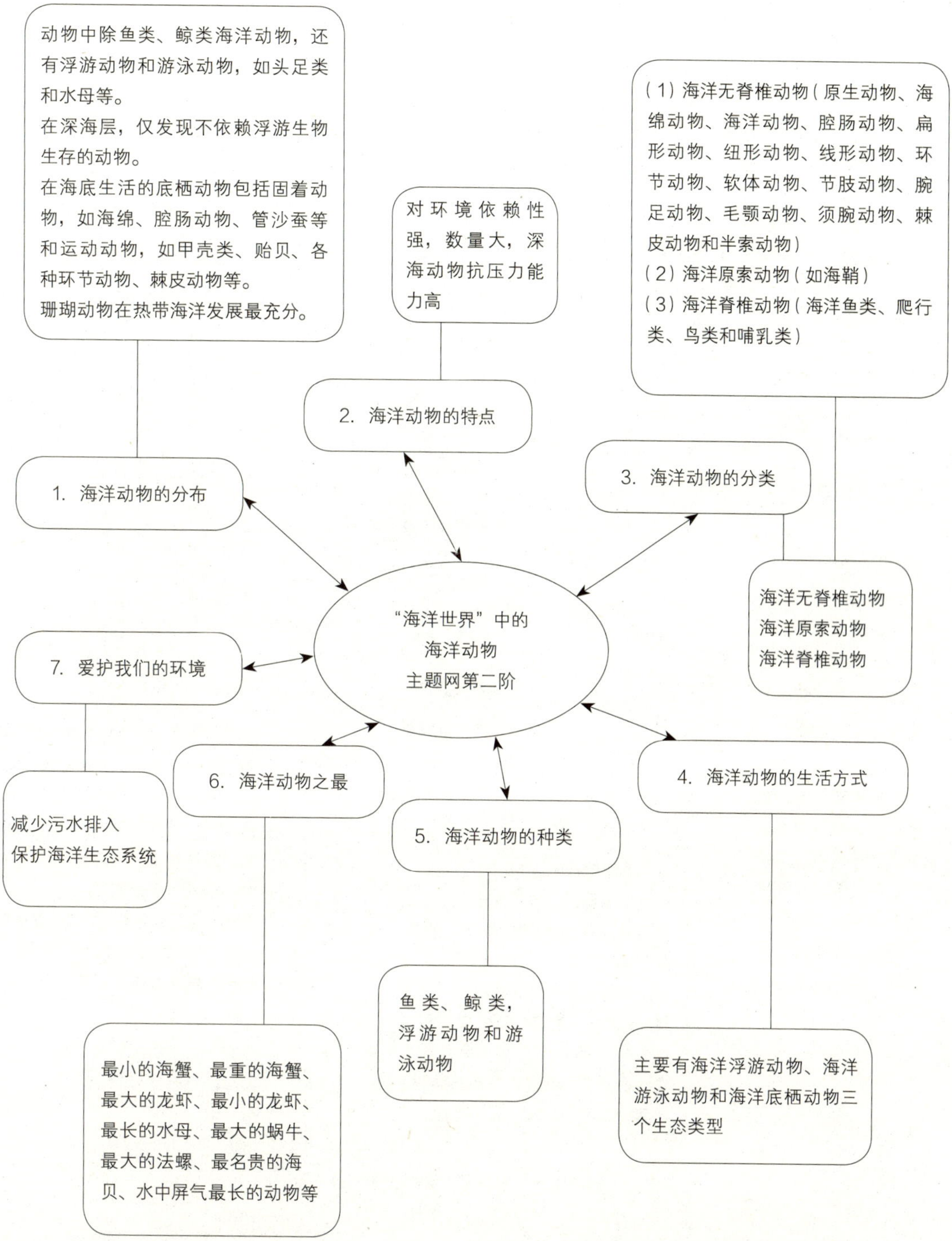

“海洋世界”中的海洋动物主题网第二阶

附：“海洋世界”主题网络图3

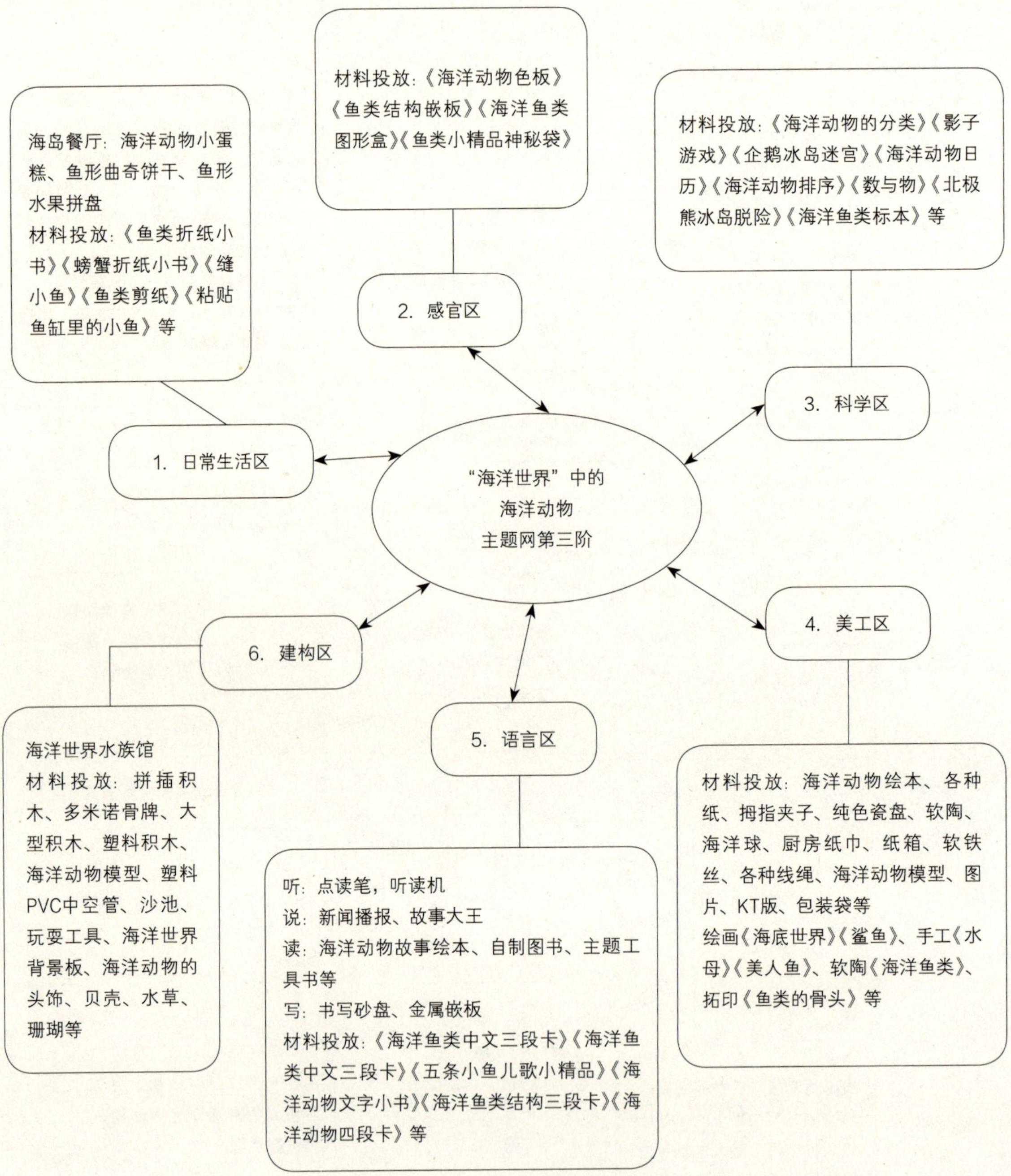

“海洋世界”中的海洋动物主题网第三阶

（三）“海洋世界”主题预告

“海洋世界”主题预告书如下：

亲爱的维尼家长您好！

这学期我们研究的主题是“我的动物朋友”，年级各班会有不同的侧重点，维尼宝贝的研究重点是海洋动物中的海洋鱼类。从下周开始，全体维尼爸爸妈妈开始行动起来，一起搜集与主题相关的资料吧，具体安排如下：

首先需要大家搜集的是网络高清晰度图片，按分类来搜，图片要备注鱼类的名称。制作好后用电子文档的形式传到老师邮箱，再统一喷绘制作成操作材料。现安排如下：脊索动物门由第一组（组长）组织搜集；尾索动物亚门由第二组（组长）组织搜集；头索动物亚门由第三组（组长）组织收集；脊椎动物亚门由第四组（组长）组织收集。每个小组由组长负责协商分配任务，每个家庭都要根据不同的分类来收集资料等，寻找的过程也是大家带着孩子探究的过程哦！

还需要大家收集的有：关于鱼类的绘本，各种鱼类的图片、卡片，各种鱼类的装饰品，鱼的造型小实物，鱼的拼图，鱼的面具，等等，凡是有关鱼儿的东西都可以带到幼儿园来。

另外，日常生活区将变成“海岛烘焙屋”，孩子们每天会在那里亲自体验烘焙的乐趣。现在开始招募设计师啦，希望有思想、有创意、有时间的您前来班级一起设计这间令人充满期待的小餐厅！如果您有了很好的想法就打电话或来班级与老师沟通吧！

感谢大家的支持与配合！

维尼班

2014年9月12日

三、全环境支持系统课程之主题的开展

（一）主题氛围的营造

任何一件事情的开始应该都是最难的，这也意味着迈开第一步是如此重要。确定主题目标的同时要关注儿童对这个主题的已有知识与兴趣点。教师要预先为儿童创设全环境支持系统的主题氛围，让儿童可以在这个有准备的环境中真实地感知，并对自己感兴趣的事情尽情探究。教师要尽可能地支持儿童的各种想法，最大限度地激励每个儿童主动进行探索发现，因为，每个儿童都是主题课程中最重要的一分子，我们也充分相信每个儿童都是天生的艺术家，他们会创造出更多令成人惊叹的作品，同时这

主题环境

也是教师关于主题知识网建构的重要依据。

从晨间接待开始，每个班级的“签到牌”的设计是幼儿园大环境中最有内涵、最受儿童喜爱的角落。晨光中，朝霞映衬笑脸圆圆；见面时，热情拥抱爱意暖暖。当儿童从医生阿姨手中接过表示健康的小绿牌，飞奔着来到班级，见到迎接他们的老师时，美好的一天就从这里开始啦！“海洋动物”主题中，儿童在日常生活区设计缝制属于自己的“小鱼袋子”，从简单的长方形袋子到后来各种鱼形状袋子，他们都亲力亲为，自己设计纹样，自己缝制喜欢的款式。孩子们觉得，在海洋世界里，签到用的小袋子也应该是和主题相关的。我们尊重儿童的想法，给孩子们提供各种颜色的无纺布、针线、纽扣、动物眼睛、小珠子、亮片等，让他们绘制专属于自己的签到小袋子，也是很有趣的事情呢。

主题刚开始时，儿童习惯用绘画的方式进行讨论，他们在美工区的大桌子上画出各种各样自己所认识的海洋动物。然后，他们开始讨论彼此的作品，这时你会发现，很多有创意的点子就是在这时迸发出来的。其中一个孩子的鲨鱼画得有点儿小，旁边孩子会告诉他：“鲨鱼应该再画得大一点吧……”待作品完成后，教师会和一组儿童单独小结讨论他们的作品，并开始将一些发散性的问题抛给孩子们，鼓励他们彼此讨论交流。如：鲨鱼爱吃什么呀？小丑鱼身上的颜色为什么是多彩的？海龟是怎么生宝宝的啊？虎鲸的身上有鳞片吗？这些问题都来自儿童，教师收集起来并引发其兴趣。我

晨检卡设计

晨检卡制作

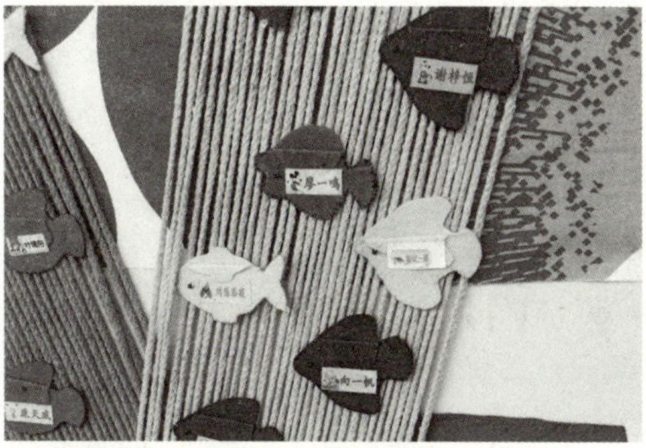

晨检卡

插晨检卡

布艺彩绘

美人鱼制作

们常会用笔速记儿童的有趣谈话，因为那是教师了解儿童想法，容易与儿童建立沟通话题的最好途径。

儿童对于海洋中的个别动物有一些自己的了解和看法，每个人都认为自己的观点是最正确的，他们有冲突也有共识，其中强势的一方会主导整个谈话过程。当他们把海洋世界主题定为具体的某一种动物时，我们会发现，儿童的思想可以随着自己的喜好而进行，也容易受到其他观点的影响发生微妙的变化。于是，老师隔天便按照两个孩子的谈话内容在美工区准备了他们所需要的材料，让他们可以把自己的想法变成现实，也让他们在制作过程中体验自己的想法与现实会存在着一点小小的偏差，老师不会去指出或纠正这种偏差，而是让他们自己发现后再寻求新的解决方法，这也是我们设计主题性课程的初衷所在。

（二）主题区域材料的衍生

在主题活动初期准备和大环境基本营造完毕之后，教师就以区域为单位进行主题材料的设计与制作，根据本班所设置的几个区域进行材料的统一规划设想。区域材料是吸引儿童进入区域活动的首要因素，材料如何设计以及材料选择的特性都会遵循四个原则：趣味性、丰富性、层次性、多样性。除此之外，教师还要把握一个重要的原则，就是要严格遵循儿童的年龄特点，所设计的材料要符合儿童的天性并能为儿童所用。

主题材料顾名思义要切合主题内容，利用主题这条线索贯穿每份材料，遵循《幼儿园教育指导纲要（试行）》与《3—6岁儿童学习与发展指南》的具体要求，使得设计的每一份材料都能够便于儿童操作与使用，增强材料本身的实用性。以下介绍“海洋世界”主题的部分区域材料。

儿童在这些充满想法而又自然的主题材料中探究的过程，对于他们来说是极为珍贵的，儿童与材料、儿童与儿童互动的过程正好说明，他们的好奇心是需要和材料以及周遭共同建构完成才能得以满足。那么，作为教师，只需要提供丰富而有趣的材料，满足儿童对于“海洋世界”主题活动的各种探索欲望，用不同的材料形式表征出儿童的真实想法，让儿童充分感受到他是被尊重的。教师对教学的投入是对儿童知识建构的最大贡献，在很大程度上能满足儿童对于知识的好奇心。进入下学期，随着主题的深入研究，儿童的认知经验也在不断提升，慢慢地我们将主题的侧重点转移到了海洋生态环保方面。每个区域中的材料也在原来的基础上进行了增加，让这个主题更加丰满，材料的层次性较上学期有了明显的改进。

又经历了一个学期的累积，我们和孩子们一起享受在全环境支持系统的主题课程中自然畅游，孩子们像一条条自在的小鱼儿一样，无忧虑地吸收这水中的养分，来滋养他们坚硬的小鱼鳍！

扣子粘贴

水彩画

立体手工

线描画

美工作品

精品句

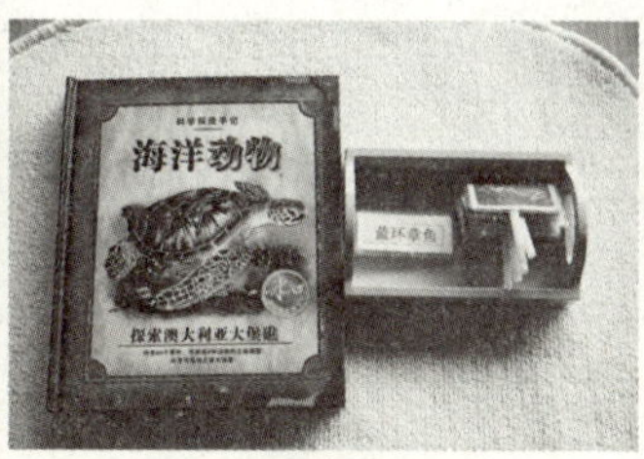

五段卡

认识月份

语言材料

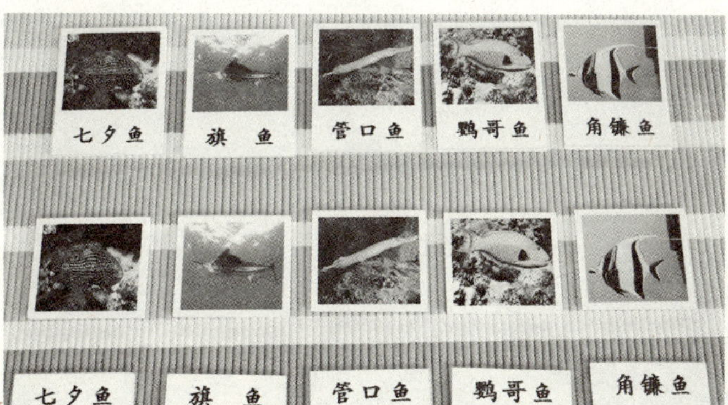

三段卡

破冰

企鹅是鱼吗

数与量

数学材料

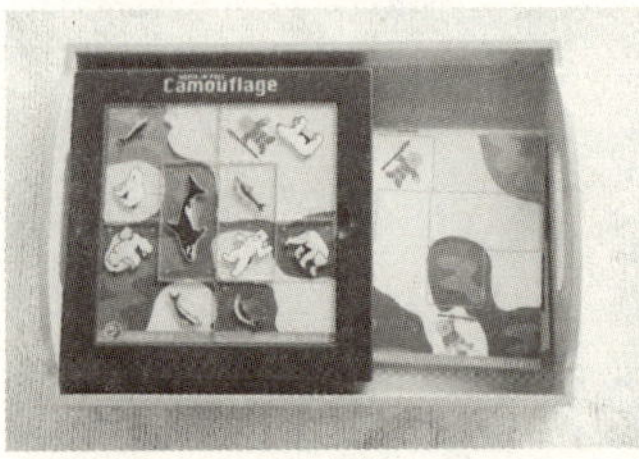

视觉大发现

色板

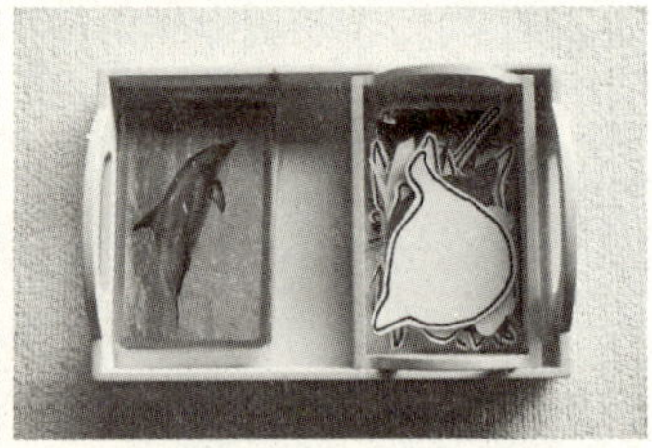

影子游戏

感官材料

开锁

鱼类折纸小书

日常生活材料

儿童讨论

（三）主题在一日生活中的渗透

我们的主题并不是一个孤立的个体，而是融入儿童一日生活中的课程，我们会依照儿童的兴趣发展来设置课程内容。主题课程涵盖不同领域的活动内容，这种方式会给儿童提供主动参与的机会，儿童可以从中获得更多的经验，了解与主题相关联的知识。儿童可以在一天当中不断探索与主题相关的内容，教师为儿童提供宽松、自主的学习环境，满足儿童对于主题活动的探索欲望，将主题活动融入区域活动、区域材料、环境创设、师幼互动、班级活动等一日生活中的许多环节当中。

当儿童在忙碌的早晨进入工作时，我们会一起制订和讨论上午的活动计划，用最受儿童欢迎的点名游戏等形式开始晨间计划。这个环节会经常根据儿童的年龄特点而变化，也会结合主题进行调整。例如，主班老师会预先在儿童的座位下面准备一些海洋动物的图片，我们很享受大家围坐在一起的晨间计划时间，将找动物的游戏与点名游戏相结合。其实，孩子们并不知道自己的椅子下面的海洋动物是什么，老师先开始：小乐的海豚藏在大海里，不是我，就是你，不可能，那是谁？当问答到这里时，被点名的小朋友就要从自己的椅子下面取出卡片，继续进行。这个过程充满了神秘感，儿童会期待自己的椅子下面到底会是什么动物，他们会兴奋不已。这种与主题巧妙结合的游戏，很能吸引儿童，引发参与的热情，因此，他们的讨论话题很自然地就转向与主题相关的内容了。

时间到达8：55时，孩子们用自己的小计划本做好了上午的工作计划，接着便开始线上活动。他们双手端着点燃的小蜡烛台，静静地聆听着舒缓的音乐之声，5分钟左右后孩子们陆续进入自己选择的区域开始工作。日常生活区餐厅今日的烘焙主题是“夏威夷海洋风”，每个周五都会有一位妈妈来教室和孩子们一起创意“妈妈的味道”。她们用各种贝壳小鱼形状的磨具、纯牛奶、鸡蛋、面粉、绵糖、曲奇饼干、果冻这些材料制作蛋糕。每个人沉浸在自己的工作中：把曲奇饼干捣碎做沙滩，果冻做成蓝色海

线上活动

计划本

海洋风蛋糕制作

海豚饼干拼盘

洋，纯牛奶和蛋清用打蛋器打好倒入磨具里放入冰箱冷冻备用。工作持续了30分钟左右，孩子们都期待着自己的作品在烤箱里成功出品。20分钟过后，香味已经弥漫整间教室，宁宁说："我的口水先流出来了耶!"孩子们又开始后期的整合造型工作。他们小心翼翼，生怕把牛奶小鱼、小贝壳弄坏，四个孩子和妈妈合作完成了极富创意的"夏威夷海洋风"蛋糕，成功后的喜悦已经难以言表。

在所有的自主选择区域活动接近尾声时，三位老师去每个区域提醒选择复杂工作的儿童可以先收拾。几分钟后，主班老师播放表示活动结束的音乐，所有的孩子开始收拾整理并与老师进行小结活动，中间会边吃水果边坐下来分享自己的工作，有时也会谈论海洋动物的事情，教师也会充分利用这个小结时间，对明天的活动提出新的希望。

主题活动在一日生活中每个时段的具体活动安排如下：

8：00—8：55入园时间：早操及晨练，早餐，餐后与主题相关的绘本阅读活动。

8：55—10：15计划时间：线上活动，与主题相关的点名游戏，互动游戏，自主选择区域活动。

10：15—10：20活动小结时间：与主题相关的小结、分享、讨论，享用点心（也会有与主题相关的点心）或水果，盥洗。

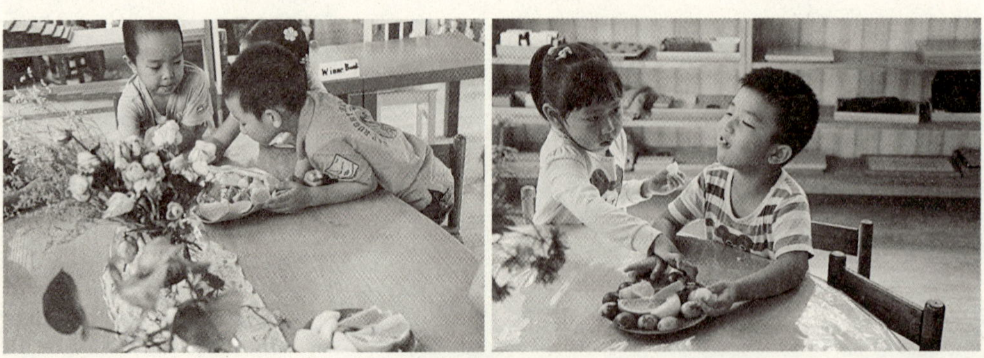

享用水果时间

餐后主题谈话

10：20—11：20户外活动时间：活动准备，与主题相关的体育游戏等。

11：20—11：30餐前准备时间：主题相关的小游戏，新闻分享，音乐律动游戏，手指游戏等。

11：30—12：10午餐时间：先吃完餐的儿童可进行阅读与主题相关的绘本，老师分享故事，散步。

12：20—14：50午睡时间：睡前会播放与主题相关的故事或者由老师讲述。

14：50—15：20整理和下午茶时间：盥洗，整理，音乐律动游戏，下午茶点。

15：20—16：20学科学习和户外活动时间：分组进行学习（个别学科会与主题相关），户外互动。

16：20—16：30离园时间：拥抱互道再见，小结当日活动，个别交代明天与主题相关的事宜（如日常生活区材料轮值）。

自主区域活动

音乐律动游戏

下午茶

户外活动

体育课

户外搭建

(四)“海底总动员”大型活动的展开

在一个主题开展前，要先制订主题计划，共同商讨主题网络，并根据主题活动内容，和家长共同收集与主题相关的信息和资源。家长分组收集主题资料，每组组长进行统计安排，避免浪费和重复。如与海洋有关的各种图书、故事绘本、装饰品、海洋动物模型、世界地图、海洋世界的影片等，我们在布置教室主题环境时会充分利用这些材料，并且会把书籍放在儿童伸手就能触及的区域，让儿童可以随时随地查阅资料。孩子们在餐后最喜欢阅读这些书籍，也会找到一些绘画的灵感或是谈话的话题，识字的孩子可以帮助阅读并找寻到谈话中问题的答案。

儿童也会充分利用材料制作各种充满想法和创意的邀请函，在上学期，当儿童对海洋主题深入了解之后，他们想用自己的方式表征主题晨会，经过亲、子、师三大人群的共同讨论、创意，我们的“海底总动员”大型展示活动孕育而生。从角色选择到剧本讨论，再到服装道具的准备，我们共同见证了儿童的小脑袋里蕴藏大智慧的奇迹！成人要充分相信儿童，给予他们足够的支持与想象空间，他们一定会还你一个惊喜甚至更多！

正是因为有了“海底总动员”的成功演绎，整个年级共同用“动物狂欢大游行”将上学期的主题学习在寒假前画上了一个圆满的句号！

海底总动员表演

（五）《做一个心中有爱的人》绘本剧的演绎

每年5月幼儿园有“妈妈故事分享之夜”，孩子们会邀请爸爸妈妈来观看自己的表演。制作邀请函的过程中，他们会相互学习和比较，并提出自己的建议，也会把自己认为很有想法的邀请函展示给全班小朋友看。他们也会给园长阿姨、园医阿姨、曾经在亲子班时的老师制作不一样的邀请函，表达他们对所有老师的感恩之心。

我们在2015年6月25日进行了“妈妈故事分享之夜”的主题绘本剧表演，孩子们沉浸在自己选择扮演的角色里，亲、子、师三大人群共同参与剧本讨论和演出。在排练节目的过程中，孩子们对于剧本中海洋动物的选择加入了自己的感情色彩。起初他们不太喜欢凶悍的虎鲸先生这个角色，经过几番讨论，围绕着“做一个心中有爱的人”这个主题，孩子们又想出了好多角色，最后确定为：虎鲸先生、海豚哥哥、海螺小姐、美人鱼姐妹、小丑鱼、小企鹅、小章鱼、消防员叔叔这些角色。故事内容梗概：小美人鱼妹妹的生日宴会上，邀请了很多好伙伴一起来庆祝，大家都在为送给小美人鱼什么礼物而发愁时，忽然发现一只虎鲸意外搁浅了，于是大家想尽各种办法对虎鲸先生展开营救………

我们经历的最忙碌而又惊喜的过程就是剧本内容的录音工作，这是绘本剧表演的先决条件。孩子们熟记台词后便开始庞大的录音工作，他们需要一句句、一字字清晰而完整地表述剧本台词，他们沉浸在自己演绎的角色中，他们的全心投入让老师们惊叹不已！孩子们享受着这个角色扮演的过程，充分感受到角色带给自己的快乐。录音顺利完成之后开始排练，女孩子们选择了可爱而漂亮的美人鱼姐妹、海螺小姐和小章鱼这三个角色，虎鲸先生、海豚哥哥和消防员叔叔的角色就由爸爸们扮演，男孩子们则选择了小企鹅、小章鱼和小丑鱼的角色，妈妈们就当漂亮的美人鱼姐姐了。但是孩子们又对小企鹅的类别产生了质疑：它是鱼类还是鸟类？我们借此机会和孩子们一起查找资料，了解到小企鹅是鸟纲企鹅目，它们生活在地球的南半球，如果虎鲸先生搁浅了，有爱的小企鹅也一定会去帮忙的。于是按照孩子们的想法，我们的故事中加入了小企鹅这个角色。在这个过程中，孩子们除了知道动物的种类区分，还了解了什么是“合作”，即只有大家一起才能更好地完成一件事情。教师会先给孩子们讲述剧本内容，让他们了解整个故事的过程，真正融入角色扮演中。孩子们学会了相互提醒，并快乐地模仿着其他小伙伴的动作和台词，这是主题表征活动的高级阶段，是让大家最欣喜而兴奋的时期，孩子们用可爱的肢体动作和最纯真的语言完美展现了这个故事。绘本剧只是主题活动开展的一个载体、一种形式，其最终目的是让孩子们通过合作表演，知道如何去关心和帮助他人，做一个心中有爱的人。

剧本设计手稿

《做一个心中有爱的人》剧照

四、全环境支持系统课程之主题活动反思

（一）教师从单一个体到年级共享

主题是我们课程中的一个载体，它是一种具有反思能力的实践活动。它像线一样将每个区域中的活动串起，实现了区域间的连续性统一；它不是割裂开的，区域间的

共融让主题课程在区域中的活动更具系统性；它也是一种合作与反思式教学体系的转变，我们由单一的班级开展到以年级为单位将主题活动融入儿童的一日生活中，实现年级共同探究一个大主题和班级分支大主题下的小主题，做到真正意义上的“你中有我，我中有你”。我们把对全环境课程一体化的多元因素进行整合，教师的目光就能从只考虑自己班级转移到年级共同合作完成，感受到资源共享的教育意义所在。

（二）儿童从集体学习到自主探究学习

什么是儿童真正意义上的自主性操作？我们所达成的教育共识不只是停留在一份材料的操作上。这是儿童愿意主动参与课程的首要条件。我们所尊重的教育哲学是“儿童的学习是‘不教’的教育，不用过多地传授知识，为儿童找到认识世界的最佳方式就够了”。自主学习是让儿童享受工作的状态，他们投入的神情是教师职业成就的最高奖赏。和儿童在这间教室里和谐生活，我们之间平等互动，我们尊重彼此的想法与创意。儿童通过主题区域学习，对海洋世界中的鱼类动物有了深入的了解，儿童的潜能是非常惊人的，教师仔细倾听每个孩子内心发出的声音，并反思他们的表达，及时给予帮助和反馈，就能够为儿童创设挑战自我潜能的机会。

（三）家长从旁观者到参与者

通过幼儿园全环境支持系统课程的开展，家长们借由家园密切互动的平台，有机会了解儿童在幼儿园怎样学习、如何思考，他们也用一种新的体验方式走进幼儿园，有机会与孩子们共同学习、体验课程。家长们从小班的旁观者到大班的积极参与者这一角色的转换，也包含着他们的辛苦付出，他们让我们的课程得以顺利开展，也让亲子关系更加融洽。我们的课程中就提供了很多儿童与爸爸妈妈亲密相处的活动，我们相信，对于个别家庭来说，这是亲子之间建立关系的最好途径。

家长参演

第四章 全环境支持系统：教师与家长

【发现儿童畅然流动之美】

学习是什么
你知道吗
你可能有一种理解
但我也有另一种思考
有准备的环境必须结合所有老师的声音一起呼唤孩子
用主题材料来教育儿童
我们尊重和热爱所有的儿童
用丰富的材料引燃儿童的热情
因为我们对儿童都有相似的感觉
看到老师耐心的“企图”，儿童深深地了解到
他们所用的每一份材料就是心灵的互动
因为教育的目标就是唤醒儿童内在沉睡的小种子
激起生命中最大的火花

儿童在每间自由的小世界里穿行
儿童的爱在流动中传递
那是儿童在探寻成长的快乐
不想在一个空间里留驻
因为儿童的心智需要更多的滋养
当我们仰望星空，看到它们如此忠实地运行在自己的轨迹时
我们只想说
儿童的自发性秩序感与社会行为亦如天上的群星
是如此的细致、稳定且完美
我们感叹
儿童遵从成长的规律是自然而奇妙的

来吧！亲爱的小伙伴
让我们拥有更多的朋友
来吧！亲爱的老师
让我们也来分享您的另一种爱
让我们的爱
在流动中绽放美丽的色彩
爱不是原因，而是结果
就像行星接受太阳照射过来的光线一样
促成儿童建立爱的动力是本能
也是生命创造的原动力
儿童内心产生了爱
这份爱将进入儿童的意识
自觉与独立
从此刻起，就像一股势不可当的狂潮一样
儿童展开了一连串的“学习运动”

我们发现每一个儿童的特质
是每一个儿童都应该拥有的
就像艳丽的羽毛之于小鸟及芬芳的香味之于花朵一样
儿童的学习是需要帮助和支持的
因为教育是能够协助儿童自然发展的教育

第一节　专业的有激情的教师

在不断深化的幼儿园教育改革中，教师的专业发展问题一直是研究的重点，教师是幼儿园教育教学工作的基本力量，教师素质的高低已经成为幼儿园教育事业成败的关键。

梅林一村幼儿园在长期的教育教学实践中，采取“园本研修”的方式结合教育真实情境进行研究思考，以此促进教师专业能力的提升。但是在以往的研修中或多或少存在这样的问题：重视教学活动，轻视一日生活的各个环节，造成老师对“生活即教育”“一日生活即课程”的片面理解；重视理论，轻视实践，造成教师能“说”不能

“做”的现象；重视专题讨论，轻视思想的碰撞，造成教研活动一言堂，缺少互动与交流；重视如何做，轻视为什么做，造成教师“质疑”思维和主动思考的缺失。

为了解决以上出现的偏差和问题，梅林一村幼儿园逐步修订“园本研修”的内涵、原则、实施方式和策略，力促有激情教师培养过程，形成全环境支持系统下的教师专业发展。

在全环境支持系统中，强调在教育现场中，教师在教育工作实践中发现问题、提出问题和解决问题。在此过程中，教师采用设计思考的方式，通过思考—行动—反思—再行动，并依托教师团队的持续分享过程，唤醒每一个教师的自我成长意识，发挥每一个教师的潜能与智慧，让教师沿着自己的个性轨迹成长，积极主动地建构自我发展，同时实现整个教师团队的专业发展。

一、全环境支持系统教师的特质

全环境支持系统教师之所以与众不同，是因为具备了不一样的特质。全环境支持系统的每一位教师，都是朝气蓬勃自信自强，胸怀理想，并且充满激情和诗意，勇于挑战自我，不满足于已知的领域，富有创新精神，勤于学习，不断充实自我的人。他们有敏锐的洞察力，善于合作，具有良好的沟通能力，并且具有社会责任感。

（一）团队中每个人都是思考设计者

在全环境支持系统中，有思考的教师显得尤为重要，因为教师是主体，是研究者和实践者。全环境支持系统中的每一位教师，都有绝对的主人翁精神，他们积极地在教育工作实践中发现问题、提出问题、解决问题，积极地进行以自身为主体的“问题解决式”思考。当有了积极思考之后，教师就开始设计符合他们教学理念、适合他们和孩子的各种环境，包括物质环境（班级整体主题环境、区域环境、材料环境）和精神环境（儿童的已有经验、家长的配合）。

每个人都是独立的思考设计者，在一个班级，有三位教师，那么就有三位“思考者”，当个体的思想火花进行碰撞时，就会燃起熊熊的思维火团。脑力激荡、思维碰撞，当三团熊熊火焰形成一体时，更加多元的设计思想就迸发了。正因为每个人都可以独立，所以团队中每一个人都是鲜活积极的，每个人的思想都是活跃的，这个团队总能持续地保持最佳的思考状态。

（二）团队成员能持续思考并分享

教师的工作结构、工作特点以及工作环境在很多时候都使教师处于“自我思考—自我成长”状态，很少有与同伴互相交流分享的机会。但是，在教师的专业发展中，同伴的支持与挑战起着相互促进的作用。围绕着教室里所发生的事情进行讨论、对话，可以帮助教师以新的视角来了解知道的事情。这样的讨论可以引发更多的教师主动分享、讨论及探讨与教学有关的问题，能够形成一个持续的、多元的“思维分享”氛围，并且建立一个更健全、更有意义的“学习共同体”。

1. 分享的内容

可以分享教师的观察（幼儿活动记录、幼儿的谈话、幼儿与材料的互动等），可以分享教师的思考（对环境的思考、对材料适宜度的思考、对班级事务的思考），可以分享教师在工作中对工作点滴的各种感悟。分享的内容便是教师对工作的感知觉，当教师高度投入工作时，分享的内容就会越来越丰富，越来越言之有物；而教师分享的过程，也是对各种教育经验和教育场景的再现，是一种再思考。

2. 分享的形式

分享可以是随机的，教师在谈话聊天当中分享感受；可以是班级会议，教师之间的脑力激荡，不分对错的思维分享；可以是正式的教研分享，有主题、有准备的分享，会让分享者更加被重视被鼓励，也让倾听者有更多的感触。当分享思维成为一种习惯，就会不断持续，形成一种氛围，成为团队中的一种正能量。

（三）高效且有激情的行动者

全环境支持系统的教师随时都保持着一种积极的心态，哪怕是遇到了困难和挫折，也会充满激情地工作。激情源于对理想充满追求、对自己充满信心、对目标充满渴望。因为我们对前途充满信心，能够从容面对工作中的压力，并能把各种压力变成动力。遇到暂时的失败，我们的教师不唉声叹气，不强调客观原因，不放弃，不抱怨，而是积极地进行调整，快速渡过难关。

当你面对全环境支持系统的教师时，会觉得他们身上有一种与众不同的魔力，那就是激情。教师们的激情令人神往，它具有魔力与吸引力，引领着教师们去爆发。而行动力就是为了实现梦想所采取的行动，没有行动力，梦想也只能是空想而已。全环境支持系统的教师不是空谈的梦想家，而是立即付诸行动的实践者。

在拥有高昂的激情和急速的行动力之外，高效也是必备的。一个活动，从酝酿到推出，有时可能只需要三天，有时可能只需要两天，有时甚至是一天的时间。因为全环境支持系统下的教师都是有储备的，比如每周一的晨会，是由各个班级承担的，那么轮到的班级，他们是如何高效激情有行动力地完成的呢？

首先，确定好班级晨会的时间。然后，开始思考晨会内容，内容可以从最近的主题活动、这段时间的节假日、节气季节等入手。班级老师脑力激荡敲定内容之后，开始分工准备。三位老师，一位排练主持人，一位排练节目，一位排练升旗手。一般两三天的时间就可以完成。在大家眼里非常丰满精彩的晨会，一般都是只用了一周不到的时间，就能够以团队合作的方式呈现眼前。

二、全环境支持系统教师成长策略

有生命的万物，皆需要成长。成长既包含自然生长之意，也包含依据发展需要，通过人为的努力去推动、促进、提升和改进之意。教师的成长，是指教师在其职业生涯中，基于个体经验，依据职业发展规律不断提升、改进自我，以顺应职业发展需要的过程，包含自我教育和教师教育两个过程。教师的专业成长是终身化的过程。没有教师的成长，就没有高品质的教育。这已日渐成为人们的共识。道理很简单，教师本身是课程资源的重要组成部分，教师自身的成长是教育力量的源泉。

（一）全环境支持系统教师成长的原则

在全环境支持系统的建构过程中，教师作为不可或缺的一部分，其有效的专业成长已是影响该系统质量的重要因素。在梅林一村的教育实践中，着重以“直击教育现场”“改变思维模式”“激发高效行动力”三个原则来促进教师的有效专业成长。

1. 直击教育现场

每一所幼儿园都处在特定的社会环境之中，拥有独特的建筑景观、环境布置和富有个性的教师和儿童，幼儿园教育工作总是充满着诸多复杂性和不确定性，因而幼儿园的教育与管理工作也离不开对具体教育现场的敏锐感知判断。而正是教育现场的常态化、多样化给了人们进入幼儿园教育的内部世界，观察、分析、理解幼儿园教育实践的无数机会。只有深入和关注教育的现场，才可以洞察教师的教育理念、教育经验、教育智慧，才可以看到其教育行为的针对性、合理性和有效性，才可以看到儿童在环境中如何学习，如何表现自我，如何处理与同伴和教师的关系，等等，在动态性与不确定性的教育场景中，掌握和了解教育的实际状态，获得对教育的切身体验和感受，直面幼儿园教育实际面临的问题与困惑，引发新的教育思考，做出新的判断，产生新的决策，对幼儿园的教育工作进行智慧的引领，实现教育管理与教育实践的相互促进和提升，真正促进幼儿园不断改善各项工作。

2. 改变思维模式

传统的教学思维模式已经不能适应当代教学改革的节奏，为更好地促进幼儿园教学改革，我们着眼于教师本身的改变——思维模式的转变。为此，我们引进国外设计思考的模式来改进整个教学过程。

斯坦福大学设计思维学院（D-School）把教学和创意活动结合起来，将设计思维切割成观察理解、分析总结、头脑风暴、原型设计、测试五个环节。在观察理解环节，设计师通过观察、深入访谈、切身体验等方式对设计对象进行全方位的深入了解；然后通过分析总结发现，确定关键问题和设计机会点；通过头脑风暴环节，发散思维，大胆提出各种解决方案；在原型设计环节，将筛选的想法可视化，以模型测试想法的可行性；最后，测试环节将所有元素整合，进行仿真模拟。

在这种可视化的思维模式中，每一次教学改革都与实际的教学现场相关，并且从教师的真实需求出发，与全环境相互作用，设计出有创意的活动方案，并实践展示，最后在反思中实现教师专业成长和教学有效改革。

3. 激发高效行动力

李季湄老师曾说："怎样把项目研究变成老师自身的需要，这个过程本身就是一个研究的过程，是我们项目研究的一部分。"需要或者是动机，是引起、维持个体活动并使活动朝某一目标进行的内在动力，它是一种主体意识到的匮乏状态，这种匮乏状态只有被充分激活，才能引导人们主动去行动，实现期望。因而在全环境系统的构建中，我们充分关注教师的真实需求，通过教研活动、项目课题让教师自由选择感兴趣的话题，鼓励教师热爱自己选择的课题项目，尊重教师的选择，并且成为真诚的倾听者。同时，在选择好的项目中，鼓励教师们对话交流、知识共享，在交流中生成教育智慧。

（二）全环境支持系统教师成长的实践策略

1. 案例一：构建学习共同体（学习型实验室）

"学习型实验室"起源于"学习型组织"。本园将其引进到幼儿园教师专业发展中，让教师在学习型组织中通过对话、交流和分享，获得共同成长。在学习型实验室中，激发全体教师成员的共同愿景和团队创意，对课程的设计、实施进行优化、修订，重新思考课程及教育发展的近期目标和长远目标，课程如何走向深化以及实施计划等问题，在平等对话中分享权利，分担责任，进行学习型团队的修炼。

（1）动员邀请

幼儿园管理层设定好学习型实验室本期主题、人员时间安排，以发邀请函的形式邀请教师参加该实验室的活动。

"课程 · 愿景学习实验室"邀请函

辞旧迎新之际，幼儿园领导班子会合教务组邀请您到"学习实验室"参加"课程 · 愿景"的研讨，一起回顾过去，展望未来，共同规划课程发展计划。

地点：音乐厅

时间：见附表

准备：请根据会议讨论提纲预先思考相关内容

您的建议与想法能点燃每一个参会人员的思考，谢谢！

梅林一村幼儿园

附表

时间	分组参会人员
1月11日 星期一	大班班主任教师、中班助教一、小班助教二
1月13日 星期三	中班班主任教师、小班助教一、大班助教二
1月14日 星期四	小班班主任教师、大班助教一、中班助教二
1月15日 星期五	全体专科教师

（2）问题预热

发放本期学习实验室讨论问题的提纲，请相关老师针对问题搜集理论资料和教育现场素材，做出预热思考，方便在实验室运行中讨论。

“课程·愿景学习实验室”准备提纲

一、请回忆我院所采用过的课程实践方法（做法），思考各种方法的优劣与适宜性。

①请用头脑风暴的方式全部列出来。（10分钟）

②您认为应该保留下来的是哪些？原因是什么？（轮流发言，20分钟）

③基于目前的一些做法，您认为应该去除哪些？原因是什么？（轮流发言，10分钟）

二、在我园未出现过，而您经历过或有所了解的课程实践方法有哪些？

①全部列出来，有需要可以简单介绍。（自由发言，5分钟）

②您认为可以补充进我园课程的做法是哪些？原因是什么？（自由发言，5分钟）

三、假如您是梅林一村幼儿园园长，您对课程发展有何期望和设想？（每人发言2分钟，记录员整理关键词）（轮流发言，约25分钟）

四、如果没有任何限制，你会如何安排你班级的作息时间？（会前准备，会上自由进行说明，15分钟）

五、关于工作，您个人的愿景是什么？（长远的、近期的）请用一句话或一小段话来表达。（请准备用小纸条写下来，并以张贴和宣读的方式与大家分享，10分钟）

六、您认为我们团队的共同愿景是什么？

①请用一句话或一段话表达。（自由发言后轮流补充，10分钟）

②大家一起商讨出共同愿景的关键词。（5分钟）

七、总结及后续事宜安排。

（3）实验室运行

在该环节，每位参与者轮流担任学习团队中的领导者（或组织者）、计时控制者、记录者。在实验室运行中，要求参与者解读主题，介绍相关注意事项，同时分享领导角色，互换角色也互换思考，分享权利也分担责任，表达个人愿景，建构共同愿景。

课程诊断

（4）运行反思

学习实验室运行以来，教师们及幼儿园管理层在不同的项目主题中都有重要的收获。首先，学习实验室的参与者们彼此磨合交流，对话分享，逐渐建立起团队信任，彼此的信任则更加能激发成员的创造力，生成教育智慧。其次，学习型实验室运行过程中的精细化设计和要求，预先公布提纲，让老师们做好充足的经验准备，郑重邀请的方式激发兴趣和热情，在学习方式、环境设计、材料提供、互动方式上的不断更新对教师的专业成长都起着重要的意义。

2. 案例二：分层级导师制

幼儿园教师的工作实践性极强，教师在长期的教育教学实践工作中需要不断总结经验和自我反思，但教师也很容易走入自身模式化的误区，如果没有行业内的专业人士提醒和指导，他们很容易当局者迷，难以发现自身问题，陷入迷惑，导致专业发展进程陷入停滞。梅林一村幼儿园在教育实践中，逐步形成了专家、行家和教学能手的分层级导师制，使每位教师都在原有层级上获得进步和发展。

（1）专家引领

“专家引领”通常是指具有教育研究专长的人员通过他们的先进理念、思想方法、先进经验引导和带动一线教育工作者开展教育实践探索，促进教师专业发展。专家在知识结构、思维方式、观察视角与一线教师存在较大差异，与教师相比，专家既能从旁观者的视角更清楚地观察教师的行为，也能从专业的视角来解读教师的行为，进而有针对性地提出更深刻的问题，为教师答疑解惑；同时，专家是最新知识的代表者和传递者，能够把最新的教育理念、技术方法传递给幼儿园教师，能开拓教师的视野，扩展他们的知识。并且，专家能够将教师的教学实践进一步升华成其教育智慧、教育理念，不仅使教师知道了怎么教，还能使他们知道为什么这么教、怎样教更好等更深层次的教育理念问题。梅林一村幼儿园广泛邀请各院校学前教育的专家对幼儿园的课程、环境创设、教学实践等进行诊断，在理念层次设计幼儿园发展路径，有效解决了教育教学中遇到的各种困惑和问题，很大程度上提高了幼儿园的整体理论发展水平和实践效果。

（2）同行交流

行家是指精通这一行业内部运行规则的人。在幼儿园行业里，行家或许没有专家精深的专业理论知识，但是他们清楚地知道幼儿园运行的一切要素、规则，以及在实际工作中各要素是如何相互作用的；他们知道如何调配各方面的关系以实现幼儿园发展效果最大化。为此，梅林一村幼儿园大量参观周边、省内外优秀幼儿园的运作，并邀请优秀幼儿园园长、管理人员来园交流、分享、合作。通过这种同行交流，我们可以借鉴不同幼儿园的发展特色与设计思路，能够就发展中遇到的共性问题做深入的沟通，达成共同认可的解决方案，也能够共享教育资源、教改成果，形成幼教事业的一股合力，共同促进教师的专业发展。

（3）教学能手示范

与前两者不同的是，教学能手来自于幼儿园内部。教学能手是指在幼儿园教育教学活动中表现优异的教师群体，他们是幼儿园发展的中坚力量和重要资源。在教师的专业发展中要充分调动教学能手的带头作用是非常有必要的。教学能手传、帮、带其他教学经验稍浅的教师，传授其有效的教学方法、班级管理技巧等，能使新手教师迅速接手各项工作，同时，教学能手也起着模范带头作用，能有效激励其他教师锻炼自己的教育教学技能，实现新手到能手的转变。如下图便是教学能手在向其他教师进行示范教学。

导师

3. 案例三：项目选择制

（1）调查教师学习意向（需求）

根据幼儿园学期计划和安排，教师的培训学习分为几大主题，在开始培训之前，以表格问卷的形式调查了解教师在某一领域里不同熟悉程度上的培训需求。如在“蒙台梭利教具操作”培训课题上，事先发放给教师调查表，请教师填写不同程度下的培训需求。活动的组织者根据收集上来的调查表设定培训的方式和内容。从教师的学习需求出发，给予他们最渴望的培训，这样就能最大限度激发教师参与培训的热情，使其愿意投入时间和精力于其中，使培训效果最大化，进而也会促进教师教学的改善。

（2）提供不同主题供教师选择

在每周一次的教研活动中，要求每个年级组确定一个研讨内容，请对该内容有深入钻研的教师向参与者分享自己在某一主题教学中的宝贵经验，参与者自由报名自己感兴趣的主题参加教研活动。在十月的教研活动中，分别就感官教具的操作、故事分享、文化材料的制作等主题举行了研讨会，教师可以自愿报名参加感兴趣的活动。年级组提供不同的研讨主题来分享交流经验，教师根据自己的需要选择能对自己教学改善起重要作用的项目来参加，这种自愿选择项目极具针对性和实操性，能有效地满足教师不同的教学需要，同时也能促进教师专业技能的发展。

（3）鼓励教师钻研所选项目

教师结合年级组或者全园提供的研究主题和自己的需要、兴趣爱好，确定自己的研究方向、内容等，幼儿园鼓励教师对确定好的研究项目进行深入钻研，形成研究课题项目，并提供各种条件促成其研究。比如进行班级开放观摩活动，教师可以根据自己所订课题项目去相关班级做实践调查，在学习型实验室和教育情景模拟中研讨自己的项目，在幼儿园资料库学习相关理论基础知识等，最后得出课题结论和成果，并尽可能在全园公开分享，交流心得。这就形成了教师自由选择项目的良性循环，从需要出发，“选我所爱，爱我所选”。

4. 案例四：教育情景模拟

教育情景模拟旨在优化幼儿园课程，提高教师的个别教学能力。即模拟个别教学情景，教师分别体验教师、儿童、观察者三种角色，然后一起研讨分析，直接作用于教师教学能力的提高、对儿童理解力的增加以及教师观察的系统化上。

（1）对教师的模拟直接提升了教学能力

教学情景模拟真实、具体地再现了一个完整的个别教学应该是怎样的，每一个步骤是如何进行的，在个别教学中教师承担了何种角色，以及如何引导儿童和教具充分互动，如何发挥教具的最大作用。在随后的研讨分析中，每位参与者从不同的视角对该过程进行评析：该个别教学的亮点在何处，弱点又在何处；整体设计思路的优劣如何。研讨的结果直接反馈到教师教学上，能最大限度地改善教师的教学思路设计。

（2）对儿童的模拟加深了对儿童的理解

邀请研讨会其他参与者扮演教学现场中的儿童，从教师的示范角度、邀请和参与时机及方式、动作和细节具体考量分析儿童在活动中有什么具体的需要，他们有什么样的体验、认知视角，是如何学习的。通过对儿童的模拟，教师真实地感受到儿童的需求和学习视角，这加深了教师对儿童的理解，进而使教学设计更贴合儿童的需要，适应其成长和发展。

（3）对他人的观察增加了敏感意识

在模拟教育情景时，还有相当一部分教师担任观察者的角色，根据预设的指标，如教学环境（场地空间、时间安排、教具材料等）、儿童的行为水平及教师的表现对某个教学情景进行观察、分析、评价，广泛吸收不同教师好的课堂教学经验，同时反思自己的教学流程，促进教师对不同教学方法的理解，达到因地制宜、活学活用的效果。

蒙台梭利曾说：我听了，我忘了；我看了，我会了；我做了，我懂了。正是通过教育情景模拟，教师实际体验到真实的教学情景，在分享交流中不断深化对教学方法的理解和实践，最后收获了超过原有层面的知识，实现了有效的专业发展。

而在这一过程的组织中，资源库里的操作录像的共享、相关书籍的配备、《学习资讯》的配合，加上教师个人培训的学习笔记结合起来共同作用于教师教学实践，再结合教学情景的模拟和研讨、标准化学习班、有针对性的学习小组，形成了教研活动的良性循环系统。

第二节 自主参与的家长团队

一、全环境支持系统家长的特质

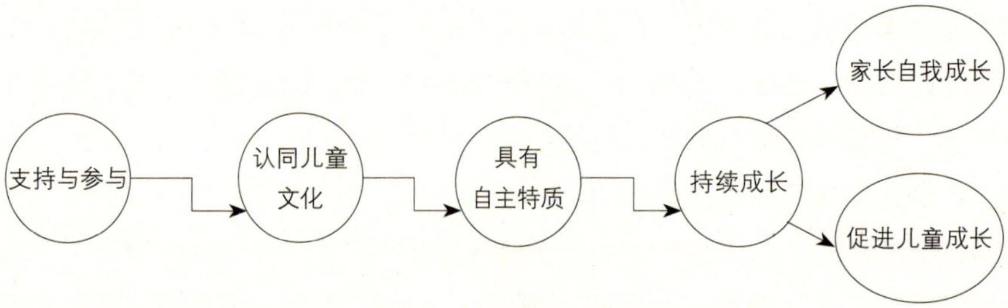

全环境支持系统家长的特质

（一）家长支持与参与儿童成长

在有准备的全环境支持系统中，家长参与儿童成长，对儿童健康全面地发展有着重要的意义。父母在教育中肩负着不同的作用，有人说："父亲是带孩子打开世界大门的人。"中国文学巨匠茅盾曾无比自豪地宣称："我的第一个启蒙老师是我的母亲。"父母参与儿童成长，在建构儿童安全感、激发好奇心、培养儿童的综合能力等方面有着重要意义。

家长的参与不但影响儿童发展，对学校的发展也具有重要意义。苏联教育家苏霍姆林斯基非常重视家庭与学校的合作，他说："最完备的社会教育是学校教育与家庭教育的结合。"学校教育与家庭教育是社会的两大教育系统，对人一生的发展都起着相当重要的作用。他还说："施行学校—家庭教育不仅可以很好地培养年青一代，而且还可以使家庭和父母的道德面貌完美。"可见在促进儿童成长过程中，父母参与是重要的前提。

（二）认同儿童文化

有准备的全环境支持系统中，引导家长认同儿童文化，是家长工作开展的重要的目标，认同"儿童文化"是引发家长自主参与的基础。我们的家长是自各行各业的人才，有很多自己的育儿观点，让家长了解儿童的特点和正确的儿童教育观，可以有效地引导家长成长。

（三）具有自主特质的家长活动

美国学者Nieto1992年所做的研究表明，在每一个成功儿童的背后都有着"参与的父母”。幼儿园创建各种渠道，多方引领家长参与儿童在园学习，使更多的父母得以走进幼儿园。当儿童看到父母和老师一起合作，儿童感受到家长和教师亲密的关系，他们的安全感会增加。资料表明，其家长参与学校课程的儿童，会将父母视为学习的一部分，会觉得自己受到了特别的关怀，对自己的学习持正向的态度。

家长自主参与幼儿园活动，可最大化地给孩子提供成长的帮助，可以密切家庭和班级工作的联系，从而给予支持和丰富各项活动。教师与家长形成一股高质量的合力。

有准备的全环境支持系统中，自主参与是家长工作的显著特点之一，家长自主参与活动，会给儿童在园的教育带来很多支持。如何能达到这一目标呢？

第一，达成共识：在参与的过程中，达成共识。

第二，组织活动：让家长体会到合力的作用，将有最好的效果。例如：班级亲师会、家长读书会或亲子活动、假日小组活动等，家长们在组织和参与的过程中，会体会到活动的意义和收获。

第三，赋权与放手，助力家委会“唱主角”：家委会在家长自主参与中，起到领头羊的示范作用，他们的专业和付出可以吸引更多的力量加入。

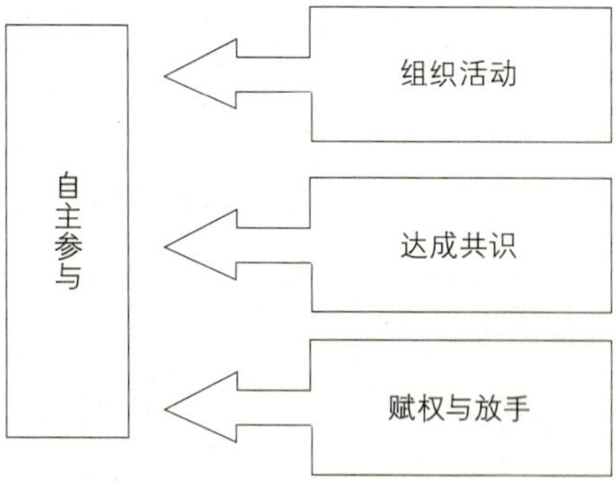

自主参与达成手段

（四）持续成长

有准备的全环境支持系统，在三年时间里，以全园、全班为单位，在教师和家长之间、家长与家长之间建立学习型系统。而一般认为，学习型组织是一种不断在学习和转化的组织，其学习的起点在组织成员、工作团队和整个组织。学习是一种持续性、战略性运用过程，并与工作相结合，学习将会导致知识、信念及行为的改变，并可强化组织的创新与成长的能力。我们用学习型团队的方式和理念，带领家长组织各种活动，邀请家长参与班级活动，如爸爸日、蒲公英妈妈故事团、亲子运动会等。在完成这些项目的过程中，教师和家长是共同进步的。教师要具有持续成长能力，并对每件事精益求精，这种持续学习的习惯，可以形成班级文化，辐射到儿童之间和家长之间。当教师、家长、儿童三大人群共同成长，形成的终身学习、持续成长的习惯，就为“有准备的全环境支持系统家长”打下了坚实的基础。

二、全环境支持系统家长“三维”参与

教师和家长，两者有着共同的目标和责任。学校和家庭，应该达成教育共识，志

同道合，抱着一致的信念，始终从同样的原则出发，无论在教育的目的上、过程上还是手段上，都不要发生分歧。

教师除了对儿童有传道授业解惑的职责，还要有在和家长在交流、沟通的过程中帮助家长成长的意识。教师应帮助家长更新教育观念，教育观念将直接影响到家庭教育的质量。种种原因，有不少家长对自己育儿观点缺乏正确的认识，这就给我们的工作提出了新的要求，这也是实现高效、多元的家长参与首先要解决的一个问题。

（一）高效、多元的家长参与方式

1. 沟通建立双向学习的渠道

沟通理解很重要，也是做好教育教学工作的有效途径之一。教师几乎每天都要处理这样或那样的问题，如儿童上学抵触情绪、卫生保健情况、解决儿童之间的矛盾等。处理儿童事务的原则是尊重家长，做到客观公正，还要让家长乐于接受。在这些过程中，要求教师做到尊重、欣赏家长，尊重家长群体中的不同意见，关注他们的需求。真情付出能带来真情回报，如此，一座信任的情感小桥，就会悄然在教师和家长之间建立。

沟通也是一种管理，更是一门心灵与心灵对话的艺术。做到家长教师之间良好的沟通，是高效、多元的家长参与方式的前提保证。

2. 参与成就高品质的课程模式

有准备的全环境支持系统中，我们邀请家长参与了解儿童在幼儿园的学习和生活，以多种形式激发家长的参与兴趣，使活动过程充满趣味和活力，创建了民主、和谐的幼儿园文化。

幼儿园定期举办家庭教育讲座，向家长传递现代教育思想，树立家长科学的儿童观；邀请幼儿教育专家，综合分析目前家长在家庭教育中所面临的突出而普遍的问题与现象，展开形式多样的家庭教育咨询、家庭教育指导、心理卫生知识讲座、教育专家专题讲座等。家长通过学习培训，了解儿童心理发育特点和教育规律，与儿童建立了温暖、和谐的亲子关系。

家长开放日，让家长参与了解儿童的一日生活。设立家长开放日，开放的方式可以有多种。可以设立面对全体家长的教学开放日或者是大型活动开放日，也可以邀请个别有需要的家长，以义工的形式，进入教室亲身体会，并了解老师的工作。与此同时家长也会对幼儿园的工作提出建议，促进幼儿园教育保育水平的提升，达到学校教育与家庭教育的完美结合，共同促进儿童成长，更有效地支持儿童的学习和生活。

多元畅通的沟通渠道使家长能及时了解和参与活动。幼儿园可以利用微信、QQ、短信、讲座、沙龙交流、微信课堂等形式，开设家教指南、亲子通道、指导家庭教育的专栏和教育沙龙等交流活动。幼儿园提供机会让家长进入课堂，家长担任特长老师，为孩子们带来自己最擅长的领域的知识。

3. 全环境支持系统课程下家长的深层次参与

《幼儿园教育指导纲要（试行）》中提出家庭、幼儿园、社会应该密切配合。《3—6岁儿童学习与发展指南》提出家庭、幼儿园和社会应共同努力，为幼儿创设适宜的学习环境。国家“新课标”改革，在如何看待学生、学习、知识、发展、课程等方面，都有重大的转变。这一转变对中小学、幼儿园的课程设计及教育管理提出了新要求。新课标的实施，更加注重学科的综合性，注重联系儿童经验和生活实际；重视学科知识、社会生活和学生经验的整合。因此，新课程的运作，对家长的参与度以及教育技能、理念的更新有了更高层次的要求。

表4-1 全环境下家长的深层次参与

意义	原则	方式	事项
对课程的完善和支撑	互动	提供晨会资源	提供学习资源
家长、儿童、教师三大人群的学习成长	兴趣	家长课堂	参与课堂、丰富形式
有效的亲子陪伴	探索	家长义工	给予教学和活动支持
认同文化达成共识	自由	创建自主家委会	帮助孩子成长

（二）全环境支持系统下，多元化亲职教育

全环境支持系统下，多元化亲职教育内容包括参与主题课程、了解儿童的一日生活、学习育儿技巧、建立正确的儿童观等。我们的亲职教育从形式上看，除了举办健康、阅读、教育讲座和建立阅读、安全、督查义工外，还有丰富的亲子学堂课，每个班级都有自己的特色活动，如“月亮秀工坊”“周五爸爸秀”“妈妈故事团”“爸爸温暖日记”“爸妈和我DIY”“叮当嘉年华”“叮当爸爸温暖日记”“樱桃班流动课堂”等。

全环境支持系统下，亲子教育改变了家长，使他下在不同的时间和空间中，对儿童的成长给予支持。

（三）推行家委会自主运作、自治管理

1. 创建自主运作、自治管理的家委会运作团队

（1）家委会的定义

幼儿园的家长委员会是家长工作的核心力量，是一个由家长组成的志愿组织。它横跨家园两个重要体系，以幼儿园为据点，通过正规的途径，引领家长参与学校事

务，强化家园之间的沟通，促进双方紧密合作，为儿童营造理想的成长、学习的环境。

（2）自主、自助的家委会运作解读

在家园双方促进儿童全面发展的目标下，家委会积极发挥主体能动性，促进家园的双向沟通，主动引领家长积极参与儿童的学习过程，整合优秀家长资源支持、补充课程，提供组织家长学习成长的机会，参与、协助学校管理运作，有效形成教育合力。

（3）家长委员会的主要任务

国家教委颁发的《幼儿园工作规程》第五十四条指出："家长委员会的主要任务是：对幼儿园重要决策和事关幼儿切身利益的事项提出意见和建议；发挥家长的专业和资源优势，支持幼儿园保育教育工作；帮助家长了解幼儿园的工作计划和要求，协助幼儿园开展家庭教育指导和交流。"

（4）自主、自助式家委会的基本职责

a. 主动参与、协助幼儿园的管理。

对幼儿园工作计划和重要决策，特别是事关儿童和家长切身利益的事项提出意见和建议。对教育教学和管理工作予以支持，积极配合。对幼儿园开展的教育教学活动进行监督，帮助幼儿园改进工作。

b. 积极引领家长参与课程。

发挥家长的专业优势，为幼儿园教育教学活动提供支持。发挥家长的资源优势，为开展园内外活动提供教育资源和志愿服务。发挥家长自我教育的优势，交流宣传正确的教育理念和科学的教育方法。

c. 有效促进家园的双向沟通。

积极创设沟通渠道，向家长通报学校近期的重要工作和准备采取的重要举措，听取并转达家长对幼儿园工作的意见和建议。向幼儿园及时反映家长的意愿，听取并转达学校对家长的希望和要求，促进学校和家庭的相互理解。

d. 提供和组织家长成长学习的机会，整合教育资源。

家委会应积极争取园方的支持，或利用家长资源提供和组织形式灵活多样、内容贴近家长需求的学习成长机会，改善家长教育观念，增强家长教育实践能力。

（5）自主、自助式家委会作用

《幼儿园教育指导纲要(试行)》在组织与实施部分明确指出："家庭是幼儿园重要的合作伙伴。应本着尊重、平等、合作的原则，争取家长的理解、支持和主动参与。"幼儿园家长委员会就是家长以合作者的身份，参与和协助幼儿园的教育和管理，促进幼儿园向更高层次健康和谐地发展。作为家庭与幼儿园之间联系的桥梁和纽带，家长委员会对增进家庭和幼儿园间的信息传递，整合、提升家庭和幼儿园的教育资源，形成教育合力起到了巨大的促进作用。而在其中，自主、自助式这一新型家委会运作模式具有独特的优势，主要体现在以下几个方面。

a. 更利于疏通家园双方沟通的信息通道。

家园之间传统的信息交流方式通常是单向的、灌输式的，传统家园之间的地位其实是不平等的。幼儿园往往处于主导、主动的地位，向家长提出要求；家长则是从属的、被动地听取幼儿园发布信息。虽然幼儿园有时会咨询家长的意见，但家园教育责任分离的取向导致家长向幼儿园献计献策的积极性也不高。有些家长虽然对幼儿园有意见或疑问，却因心存顾虑，而不能畅所欲言。

而自主、自助家长委员会为家长开拓了更多了解幼儿园情况的机会和途径。幼儿园不再是闭门议政，而是以开放和接纳的心胸接纳家长的参与，家园双方可以借助家长委员会进行双向的、回应式的沟通交流。如我园的“家委会轮值日”“家长督查日”“家长问卷调查”“意见箱”等由家委会自主运作，任何家长对幼儿园有什么要求、疑问、意见和建议都可以向家长委员会反映，家长委员会能解答的，就可以直接解答，不能及时解答的，就把这些信息及时、真实、全面地反馈给幼儿园，并给出合理有效的建议，经幼儿园园务委员会讨论通过的，幼儿园将采纳并进行整改。家长委员会有利于家长和幼儿园之间进行平等的、经常的、双向的沟通与交流，真实有效地疏通了家园双方沟通的通道，提高了信息交流的效率。

b. 整合家长力量与资源，支持、补充课程。

与家园之间的沟通相比，家长之间的交流更容易为家长所接受，家长委员会能够更深入地了解每个家庭、每个家长的具体情况，从而能够协助幼儿园更细致、更全面地开展家长工作。家长委员会对幼儿园家长工作的帮助突出表现在以下方面：

第一，家长委员会能够主动挖掘家庭潜在的教育资源，每个家庭、每个家长都有自己特有的优势，对这些优势的挖掘与利用单靠幼儿园是力不从心的，而家长委员会可以帮助幼儿园做好这项工作，如家委会建立的QQ群、微信群让家长之间互动频繁，家庭的资源更易显现。

第二，家长委员会能够提供和运用优秀教育资源支持、补充课程的发展，如我园各班级家委会组建的“妈妈故事会”“爸爸科学营”“爸妈DIY”“家长主题日”等紧贴课程需求的特色参与活动，为课程的发展注入了新的能量。

表4–2 家长参与的特色活动

序号	班级	特色主题	主题领域	活动形式	参与时间	参与人群
1	大一班	成语剧场	阅读	表演	两周一次	班级家长
2	大二班	QQ美食坊	日常生活	制作讲解	每周一次	班级家长
3	大三班	周五爸爸秀	科学	小实验	每周一次	爸爸参与

续表

序号	班级	特色主题	主题领域	活动形式	参与时间	参与人群
4	大四班	妈妈故事团 科学大讲堂	阅读 科学	表演 讲述	两周一次 两周一次	班级妈妈 班级爸爸
5	中一班	彩虹科学营	科学	实验	每周一次	爸爸参与
6	中二班	太阳故事会 美食沙龙	阅读 日常生活	讲述表演 制作讲解	每周一次 每周一次	班级家长 班级家长
7	中三班	主题故事秀	阅读	表演	两周一次	班级家长
8	中四班	爸妈DIY	美工	手工带领	每周一次	班级家长
9	中五班	妈妈的味道	日常生活	制作讲解	每周一次	班级家长
10	小一班	拉拉故事会	阅读	讲述	每周一次	班级家长
11	小二班	迪西故事会	阅读	讲述表演	每周一次	班级家长
12	小三班	晨读妈妈	阅读	讲述	每周一次	班级家长
13	小四班	主题分享日	五大领域	不定	两周一次	班级家长
14	小小一	节日苹果派	社会	美食手工	主题节日	班级家长
15	小小二	安全护卫队	健康	传统游戏	每周一次	爷爷奶奶

c. 参与幼儿管理、协助幼儿园运作，形成教育合力。

家委会不应处于幼儿园的从属地位，要主动积极参与幼儿园的管理和运作，发挥家委会主体能动性。如我园家委会主要负责人是幼儿园伙食管理委员会成员，参与决策幼儿园伙食方案的制订并监督实施，家委会主动成立放学时分“幼儿园安全护卫队”，协助后勤做好管理工作，以及参与幼儿园亲子图书馆的全程筹建和自主运作，既分担了幼儿园的责任，又为课程的发展增加了资源。

总之，家长委员会是一个代表全体家长和儿童利益的群众性组织，也是一种家园共育的形式，通过广泛的交流和沟通，成为幼儿园和儿童家长意见沟通和信息交换的桥梁与渠道，帮助幼儿园更好地培养、教育在园儿童，促进儿童健康、快乐、全面发展。家长委员会每一位成员都要能认识到这种组织形式的意义所在，都能乐于通过这种组织形式奉献自己的智慧、精力和时间，为幼儿园的发展出谋划策，使幼儿园的教育质量和管理水平更上一个台阶。

d. 自主运作模式铸造了一支甘于奉献、高效运转、承上启下的家委会团队。

家委会团队的工作模式建立后，形成自主运作、蓬勃发展、乐于奉献、心怀大爱、承上启下的优秀家委会团队，具体表现在以下几个方面。

第一，凝聚共识，达成家园共同的愿景。在尝试家委会自主、自助的运作模式过程中，家委会不断与幼儿园沟通讨论、实际运作，确立了家园共同的愿景：以儿童的学习发展为导向，发挥家委会主体能动性，积极有效自主运作、自治管理，创造家园之间真实的沟通渠道，整合资源、丰富课程，引领家长多方参与儿童在园的学习，督察检视幼儿园工作规划的落实，参与协助幼儿园的管理，促进家园紧密合作，为全园儿童创设优质学习环境。

第二，用心思考，重新架构章程、制度。幼儿园家长委员会是一个由家长组成的志愿团队，是家长的领袖团队，在运作过程中应有必要的章程与制度，尤其是自主运作、自治管理更需要思考新的章程与制度，确保团队运作的一致性和有序开展，避免运作过程出现随意和偏差。如：家委会的准入制度对于选择什么样的家长参与团队、家委会成员的角色、态度都有认真考量。

家委会委员是整个团体的领袖，他（她）的角色应该是：参与者，积极热心参与；鼓励者，鼓励家长为所有的孩子做出贡献；引领者，以身作则，引领家长多方参与；平衡者：积极沟通，达致家园双赢。

基于对角色的认知，家委会根据“家长自愿报名，家长民主推选，班级推荐，学校审核”的原则制定了家委会准入制度。

随着家委会运作模式的转变，家委会的组织架构也发生了变化，从最初设置的由一个会长和多个功能组组长转变为通过推行的几大项活动设立主要负责人，会长也有多个家长分担组成，根据特长和性格的互补等方面考量，负责人之间既有主负责领域又能够紧密合作、相互支持，同时在每个大的活动项目中又分出子领域的负责人，保证每个活动都有小团队负责运作，使活动落实到位、推行顺畅。

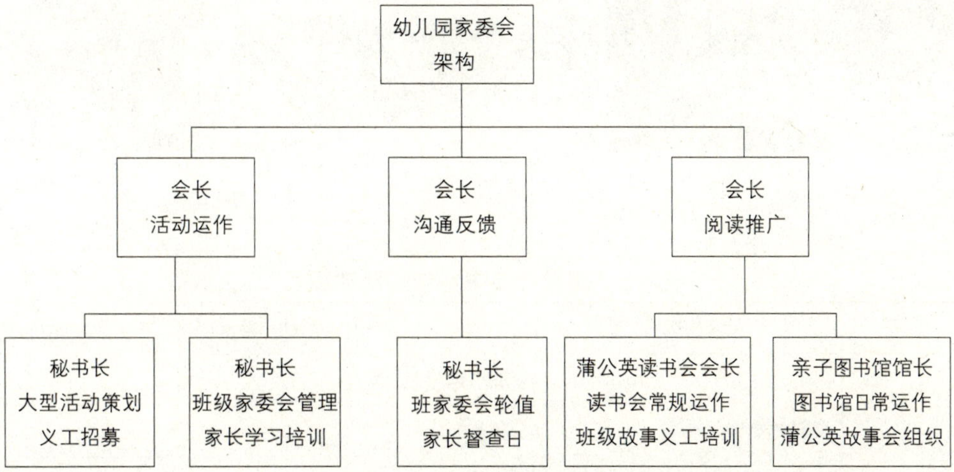

幼儿园园家委会组织架构

e. 自主运作，发挥家委会主体能动性

确立自主、自助家委会运作模式，对于家委会是一个巨大的挑战，没有任何可以借鉴的实例，也没有相关的文献可作参考，园家委会在几位会长的带领下率先开始尝试，并确立了以孩子的发展为目标，以活动锻造团队的原则，边实践边总结。

家委会在自主运作的过程中积极发挥主体能动性，主动挖掘家长资源，开蒲公英读书会、家长义工督查、爸爸日等活动。美食欢乐秀和亲子小菜园两项活动，邀请美食制作达人到幼儿园和家长切磋、分享厨艺，提升家长对孩子膳食营养的重视；邀请有种植经验的爷爷奶奶带领孩子打理小菜园，让孩子近距离观察植物生长的全过程，这两项活动都深受家长和孩子的推崇喜爱。

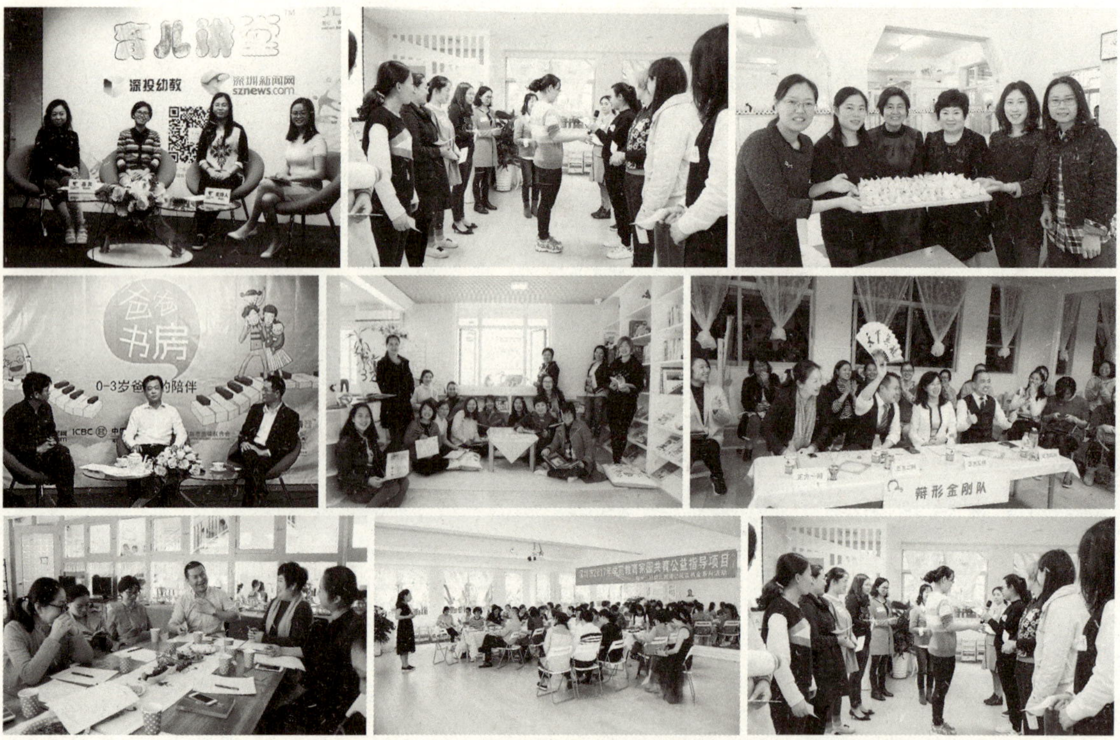

家长培训

表4–3 家委会自主运作的活动项目

序号	特色主题	活动内容
1	阅读推广组	亲子图书馆
		蒲公英读书会
		蒲公英亲子图书馆

续表

序号	特色主题	活动内容
2	义工支援组	放学前安保义工组
		大型活动义工招募
		家委会活动物品购置
3	活动策划组	故事妈妈分享日
		爸爸温暖周
4	信息反馈组	家委会轮值
		家委会督察
6	美食园艺组	美食欢乐秀
		亲子小菜园

2. 家委会引领家长参与活动案例

（1）家委会轮值与督察——参与管理与决策

家委会将创建家园之间真实的沟通渠道为己任，改良传统家委会督察日的活动方案，每学期从各班级中选出家长代表四组，针对幼儿园教育教学、膳食营养、卫生保健、安全设施进行全面督察检视，检视后由家委会召开会议，汇聚四个组的问题，向幼儿园提交督察报告书，并邀请园领导答疑解惑。针对检视的问题，幼儿园各部门负责人答复后，再由家委会张贴公示给全体家长。另外，为了让所有的家长都能有机会提出建议和困惑，每周二家委会会请两名家委会成员在大厅发放问题调查卷及聆听家长建议，一个月汇总一次报告，公示给全体家长，从而让家园双方建起更真实的联系。

家委了解教育教学

家委了解营养保健

家委了解安全保障

家委会成立会议

（2）蒲公英亲子图书馆——自主运作、全面参与

家委会自主运作的第一个活动即蒲公英亲子图书馆，从活动的设想、申请、筹建到成功运行获得家园一致称赞。图书馆成为儿童每天放学后最期待的地方，也成为家委会向全园推广亲子阅读一个阵地。成功的自主运作模式给了家委会极大的鼓舞，在阅读推广的领域又相继推出了蒲公英读书会。此活动主要目的是培养家长阅读推广的中坚力量，会员每月自助举行各种阅读的主题。从主题的选择到活动的场地，当天活动安排都由蒲公英读书会自主完成。从2011年至今，蒲公英读书会已经发展成为深圳三大亲子阅读组织之一，两次获得市级表彰，其中有8名会员被深圳市政府评为“市阅读推广人”。其后家委会又推出了蒲公英故事会、蒲公英故事义工培训、蒲公英专家讲座、蒲公英下午茶等系列阅读活动，将阅读夯实成为我园课程的一大特色。

筹备会议

编写程序

图书募捐

编写程序

值班主任会议

整理上架

蒲公英亲子图书馆藏有精美绘本6000多册，近几年来共计招募家长义工500多名，每天下午4：30—5：30为全园家长和儿童提供借阅服务，馆内井然有序的亲子共读成为园内固定的风景线。

图书馆义工——指导阅读

图书馆义工——办理借阅

（3）蒲公英读书会——家长的自我学习与成长

蒲公英读书会自主运作活动——主题读书例会。幼儿园亲子图书馆的“蒲公英读书会”于2011年6月正式成立。线下精彩活动随之展开。志同道合的家长抽出自己的宝贵时间，本着“以书会友”的精神，在活动中推荐了许多有益身心健康的书籍给大家分享，于浓浓的书香氛围中互相探讨实在是一件幸福无比的事情……

热爱阅读的家长加入到集体中来，以阅读的名义，释放思想的力量，不搞深沉和学术，享受纯粹的阅读快乐，交流彼此在阅读中的感悟，像儿童一样在阅读中成长。例会每月一次，形式有阅读下午茶、阅读专家讲座等。

开展读书会的目的，是培养更多的成员来幼儿园每周五的故事分享会上，给全园儿童讲故事。

读书会——读书下午茶

读书会——阅读梅州行

（4）蒲公英故事会——丰富课程资源

每周五下午4点，由爸爸妈妈们组成的故事义工团队，为来自各年级的40名孩子讲故事，这些义工家长都来自蒲公英读书会，有较好的带领孩子读书的能力。每次故事会开始前，幼儿园图书馆的门口都站满了急切想进来听故事的“小书虫”。

这个读书会完全由家长自主运作，组织的流程严谨而有序，门口有负责安全的义工在迎接儿童。进入图书馆，义工引导儿童有序安静地找到位置。当天的故事带讲人，用各种有趣的形式把故事展示给儿童。

a. 蒲公英故事义工培训。

每学期亲子图书馆将于开学后正式开放。从周一至周四（下午4:20—5:10）均提供借阅和还书服务，而每周五的下午放学后，是欢乐的故事会时间，由资深义工为全园儿童分享精彩绘本。

亲子图书馆的发起、设立皆因一群热爱阅读、热爱孩子的家长义工，在幼儿园的全力支持下，他们积极探索自主运作、自主管理的发展之路，无私奉献着宝贵的时间、精力和资源，只为了让孩子们沐浴在书籍的阳光里。

b. 蒲公英故事妈妈分享日。

家委会积累一定的自主运作经验，认识和感受到家委会的工作给全园儿童带来诸多的正向利益后，团队整体的凝聚力得到进一步提升，开始向承办大型活动发起挑战。在家委会全力运作下，蒲公英读书会承办了全园故事妈妈会演，从节目的排练、服装、道具到最后会演成功，由家委会、蒲公英读书会带领各班级家委会一力承担，活动推出后受到儿童的热烈欢迎和家长的称赞，成为家委会每年运作的传统项目。

故事会——一百层的房子

故事妈妈童话剧

（5）安全义工轮值——协力合作

为促进家园双方的理解和沟通，家委会作为家园沟通的桥梁，主动切实负起责任和承担义务，开展了轮值活动，也就是在每周二、周四下午放学时间，由两名家委会委员在幼儿园大厅听取家长对家委会以及幼儿园所提出的建议、期望、意见与投诉，值班委员进行谈话记录，全面、真实反映家长们所关心、关切的幼儿园各项事务，反馈给幼儿园。幼儿园马上就家长意见和建议给予答复，对有关一些决策的问题听取家委会的意见，由家委会将解决的方案公示给全园家长。家委会的快速、高效运作架起了家园真实、有效的沟通渠道，受到家长的认可和称赞，也为进一步开展工作打下了良好的基础。

倡议书

爱是一份责任，爱是一种守候

——记家长安全护卫队

为了保障幼儿园放学时孩子们出入的安全，园家委会从2012年9月起向各班家委会发起倡议，希望招募有爱心、有责任心的家长或爷爷奶奶们积极参与，配合幼儿园做好孩子们的安全工作，共同为孩子们打造一个和谐、安全、舒适的大环境。

安全义工以班级为单位轮值，每周放学时分由班级家委会安排两位家长义工，在幼儿园门口协助安全、保卫工作，并听取记录家长的建议。

本学期由园家委会发起倡议，家委会会长畅爸负责组织，各班级家委会积极响应，在一周之内招募到100多名义工参与放学时的安全护卫。

爱是一份责任，爱是一种守候！感谢所有积极参与的家长，让我们携手家园共建为孩子们打造一个舒适、安全的童年乐园。

家委听取建议

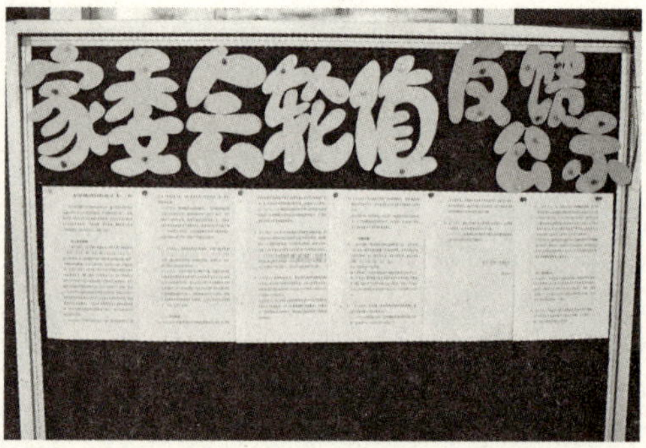

家委建议反馈

（6）幼儿园爸爸日活动——爸爸参与实例

为了提升爸爸们的参与意识，家委会将每年的11月18日后的这一周定为梅林一村幼儿园爸爸温暖周，由班级家委会发起倡议，邀请爸爸们带来丰富多彩的活动，参与儿童在园的学习。班级选择一天，爸爸们在当日准备好活动，各显身手，拿出自己的绝活，陪伴孩子一起游戏。

随着有准备的全环境支持系统下的家长课程的深入，家长对幼儿园的教育方向及政策保持了比较积极正向的情感，提升了对幼儿园办园方向的认同感，教学成效显著。

我们欣喜地发现，家长和教师对有准备的全环境支持系统下的家长课程给予了高度的评价和认可，认为其非常有效地促进了儿童的发展。这种教育形式真正地促进了亲、子、师的共同成长，我们将向这个方向继续努力！

后记

POSTSCRIPT

《幼儿园全环境支持系统课程——探索与成长》一书是深圳市梅林一村幼儿园自主研发的具有中国时代特征和深圳特点的园本课程的经验总结。

自2009年全环境支持系统课程的研究启动，8年多来历经一次次课程建构、解构、重构，终于完整呈现。本书凝聚了全体编委和梅林一村幼儿园教师团队的努力和无私奉献。感谢北京师范大学霍力岩教授一直以来的引领与鼓励，从课程框架到内容撰写，霍力岩教授及其教育团队都给予专业指导，让我们的教育实践有了更高的理论高度。感谢梅林一村幼儿园课程编写小组成员，他们在自己的岗位上兢兢业业，为了课程成果的讨论与撰写牺牲了很多休息时间。每次与霍力岩教授一起进行书稿修改与修正课程实践时，大家常常兴奋不已，滔滔不绝，智慧如泉涌。此时疲劳被冲淡，激情被点燃，专业责任感也一次次被激励。编写过程中，霍力岩教授、姚艺园长设计了全书框架，钱小芹副园长统筹编写章节内容，幼儿园编写团队——钱小芹、胡彦丹、王丽、陈利碧、盛虹瑾、吕瑞旋、肖仕媚、代轶超八位教师共同协作努力，多次讨论合作撰写各章节具体内容和实践案例。同时，北京师范大学学前教育专业的部分博士生和研究生以及惠州师范学院教育系的李冉冉老师也参与指导。可以说，《幼儿园全环境支持系统课程——探索与成长》一书凝聚了专家学者、幼儿园园长和骨干教师的智慧，体现了团队的力量。

如今的成果呈现，离不开深圳市梅林一村幼儿园团队中每一位成员的不懈努力与勇敢尝试，更离不开那些一直关注、关心、支持梅林一村幼儿园发展的专家、领导的指导。感谢北京师范大学霍力岩教授，感谢深圳实验幼教集团的林瑛熙、吕颖、韩智、张敏，感谢兢兢业业、默默耕耘的梅林一村幼儿园的教师们。感谢为梅林一村幼儿园发展做出努力与贡献的所有人。我们将心怀感恩与责任，努力前行，在深圳这片具有创新精神的热土上，继续践行优质学前教育，传播科学育儿观念，培养具有国际视野的传承中国文化的中国儿童。

这是一本在实践中积累与沉淀的书，尽管我们已尽最大努力，但仍有遗憾与不足，恳请读者批评指正。

钱小芹

2017年6月

【撒向大地的蒲公英】

蒲公英飘扬
似谱写着乐曲一般
伴随着梦醒
承载期望的种子
已然开始发芽
慢慢地在成长
世上千言万语
却只想感恩
感恩遇到的一切
因有你们
燃起我们热情的小宇宙
因有儿童
成就今日的梅林一村幼儿园
生活仍在继续
梦想也未曾停息
蒲公英亦持续撒向大地
我们会继续努力
为那更美好的未来
迸发前进